위기는
보수를
부른다

위기는
보수를
부른다

초판 1쇄 2019년 01월 25일

지은이 이용우
발행인 김재홍
디자인 이슬기
교정·교열 김진섭
마케팅 이연실

발행처 도서출판 지식공감
등록번호 제396-2012-000018호
주소 경기도 고양시 일산동구 견달산로225번길 112
전화 02-3141-2700
팩스 02-322-3089
홈페이지 www.bookdaum.com
이메일 bookon@daum.net

가격 10,000원
ISBN 979-11-5622-429-7 03300

CIP제어번호 CIP2019000923
이 도서의 국립중앙도서관 출판예정도서목록(CIP)은 서지정보유통지원시스템 홈페이지(http://seoji.nl.go.kr)
와 국가자료공동목록시스템(http://www.nl.go.kr/kolisnet)에서 이용하실 수 있습니다.

이용우 지음

위기는
보수를
부른다

진 보 의 독 주 를 견 제 할 대 안 정 당 으 로

가장 바람직한 우리나라 보수 야당의 모습은 대화 위주의 온건한 대북 정책에 초당적인
자세로 협력하면서, 정부로 하여금 침체된 경제를 살리기 위한 각종 개혁 정책들을 최우선
국정 과제로 받아들이도록 최대한의 정치력을 발휘해야 한다.

지식공감

머리말

지금 우리는 어디를 향해 가고 있는가

"지금 당신은 어떤 세상에 살고 있으며 어디를 향해서 가고 있는가?"

누군가 우리에게 이런 질문을 던진다면 과연 어떻게 대답해야 할까?

"지금 우리는 매우 힘들고 재미없는 세상에 살고 있으며, 할 수만 있다면 이 땅을 벗어나 다른 좋은 세상에 가서 살고 싶다"고 말해야 할까? 또는 "지금 우리는 그런대로 살만한 세상에 살고 있으며, 좀 더 안락하고 복되게 사는 길을 추구하는 중"이라고 말해야 할까? 아니면 "지금 우리는 위기와 기회가 공존하는 세상에 살고 있으며, 현 위기를 기회 삼아 보다 안전하고 부강한 나라를 만들고 싶다"고 말해야 할까?

첫 번째 유형의 답변자는 대한민국을 청년실업, 노인빈곤, 금수저와 흙수저, 자살률 세계 1위, 묻지마 살인, 각종 성범죄 등을 떠올리게 하는 '헬조선'으로 비하하는 생각을 가지고 있다.

두 번째 유형의 답변자는 대한민국이 그런대로 살만한 세상이라고 생각하지만, 본인의 노력 또는 정부와 사회의 지원으로 보다 행복한 삶을 누릴 수 있기를 바란다.

마지막으로 세 번째 유형의 답변자는 지금 대한민국이 위기에 처해 있으며, 현 위기를 기회 삼아 국가를 개조 또는 개혁함으로써 전쟁 위험이 없고 미국과 중국, 일본 같은 주변 강대국들에게 제대로 대접받는 나라를 만들어야 한다고 생각한다.

지금 우리 국민들이 어떤 생각과 비전을 가지고 있는지 분류해 본다면 대체로 위 세 가지 유형 중 하나일 것이다. 그리고 위 세 가지 유형의 사람들 가운데 누가 옳고 누가 틀렸다고 말할 수도 없다. 각자 자신이 처한 환경에 따라 생각을 달리할 수밖에 없을 것이기 때문이다.

그렇지만 국민 여론을 결집하고, 국정 운영의 방향을 설정하고, 국정을 이끌어 가야 할 책무를 지닌 국가 엘리트 집단의 생각이 어떠하냐 하는 것은 나라의 운명을 좌우할 수 있는 매우 중대한 문제가 아닐 수 없다. 적어도 한 국가의 엘리트 집단에 속한 사람이라면 당연히 세 번째 유형의 답변자가 되어야 하지 않을까?

이 책은 이 땅의 엘리트 집단에 속한 사람들이 우리 모두가 현 위기를 벗어나 보다 안전하고 부강한 나라를 만들기 위해 어떤 길을 가야 하는지, 우리의 나아갈 바를 분명하게 밝혀주는 선구자가 되어줄 것을 간절히 바라는 마음으로 쓴 것이다.

지금 대한민국은 복합적 위기 상황에 처해 있다

2017년 들어 우리는 그동안 막연하게 느껴졌던 안보 위기가 머리끝부터 발끝까지 온몸으로 느껴질 정도로 심상치 않게 급변한 것을 실감하였다. 이 무렵 북한의 핵무기 실전 배치를 위한 기술 개발이 거의 완료된 상태여서 우리의 안보 환경이 이전과는 비교가 안 될 정도로 악화될 것임은 이미 예견된 바였다. 그런데 때마침 예측불허 돌발적 성격의 소유자인 미국의 트럼프 대통령과 북한의 김정은 위원장 간 실전을 방불케 하는 대립 격화로 언제 한반도에서 전면전이 벌어질지 알 수 없는 위기의 순간들이 지속되었다.

다행히도 그동안 미국을 비롯한 국제사회의 강도 높은 제재를 더 이상 감당할 수 없었던 김정은 위원장이 남·북 간, 북·미 간 합의를 통해 한반도 평화와 비핵화 의지를 표명함으로써 당장이라도 전쟁이 일어날 것 같았던 위기 상황은 모면하게 되었다. 그렇지만 이와 같은 상황은 어디까지나 '시한부 평화'에 지나지 않을 수도 있다는 것을 우리는 그동안 수많은 학습효과를 통해 너무나도 잘 알고 있다.

더욱이 지금 우리나라는 19세기 말처럼 주변 강대국들의 그림자에서 완전히 벗어나지 못한 상태에 있다. 한반도 및 주변 정세의 변화에 따라 언제든지 미국, 중국, 일본 등 주변 강대국들 사이에 당사자인 한국을 제쳐두고 자기네들끼리 북핵과 한반도 문제를 풀어나가고자 하는 '코리아 패싱(Korea passing)' 분위기가 조성될 수 있는 상황이다.

2018년 6월 북·미 정상 간 비핵화 합의로 당장 급한 불은 껐지만, 한반도를 둘러싼 동북아 정세 등 미래 불확실한 안보 환경에서 우리가 넘어야 할 산은 많고도 험하다. 살펴건대 앞으로 한반도와 동북아 정세가 한 치 앞을 내다보기 어려울 정도로 급변하는 가운데, 언제 우리 앞에 크고 작은 위험이 닥쳐올지 알 수 없는 복합적인 안보 위기 상황이 지속될 것 같다. 어쩌면 지금까지보다 훨씬 더 심각한 북한의 각종 도발과 전쟁 위험에 직면할 수도 있고, 우리 의지와는 무관하게 미·중·일 등 주변 강대국 간 세력 다툼의 틈바구니에 끼어 엉뚱한 피해 또는 화(禍)를 입을 수도 있다.

우리나라가 미래 불확실한 안보 환경의 변화에 빈틈없이 대처할 수 있는 힘을 충분하게 보유하고 있지 않는 이상, 지금 한반도에 불고 있는 훈풍에도 불구하고, 이와 같은 안보 위기 상황은 지속될 수밖에 없다.

한편, 우리 경제는 규제·노동시장 등 열악한 기업 환경과 우리 경제 내부의 구조적 문제점들이 중국 경제의 성장 둔화 및 공급 과잉, 주요 강대국들의 근린궁핍화(近隣窮乏化) 정책 등 대내외 악재들과 맞물리면서 장기 불황의 늪 속으로 서서히 빠져 들어가고 있다.[1]

더욱이 갈수록 한반도의 지정학적 위기가 심화되면서 속으로 깊은 골병이 들어 있는 우리 경제가 건강을 되찾고 그 체질이 강해지지 않고서는 더 이상 버텨내기 힘든 위기 상황을 맞게 될 것이 확실하다.

지금 우리에게는 감당하기 어려운 숱한 과제들이 어깨를 짓누르고 있다. 미래 불확실한 안보 환경에 대비하여 언제 무슨 일이 발생하더라도 우리 안보를 굳건하게 지킬 수 있는 자주국방 태세를 충분히 갖춰나가야 한다. 깊은 침체의 늪에 빠져 들어가는 경제를 살리기 위해 규제, 노동시장, 공기업, 금융, 서비스업 등 각종 개혁 과제들을 과감하게 추진함과 동시에, 세계 주요국들 간에 치열한 경쟁이 벌어지고 있는 제4차 산업혁명에도 선도적으로 대응해야 한다. 안보와 경제 위기 해소에 필요한 예산 확보를 위해 눈덩이처럼 불어나는 복지 예산을 합리적으로 조정해야 한다. 제4차 산업혁명 시대에 필요한 인재 확보를 위해 형편없이 무너져 내린 공교육 시스템을 정상화해야 한다.

정치권과 정부, 기업체 그리고 전 국민이 현 위기를 기회로 삼아 이 모든 개혁 과제들을 적극적으로 추진해 나간다면 우리 대한민국은 선진국의 문턱을 넘어 통일강국(統一强國)[2]의 꿈을 이루게 될 것이다. 그렇지

---

1 지금 우리 경제가 그런대로 잘 굴러가는 것처럼 보이지만 우리 경제의 각종 구조적 문제점, 기업하기 어려운 환경, 눈덩이처럼 불어나는 복지 예산, 한반도의 지정학적 위기 심화 등을 모두 고려할 때 특단의 개혁 조치가 없는 한 서서히 장기 침체의 늪 속으로 빠져 들어갈 수밖에 없는 실정이다. 제1부 제2장 '우리 경제, 깊은 침체의 늪에 빠지다' 참조.

2 우리나라가 현 위기를 기회로 삼아 국력을 배양함으로써 통일 대업을 이루고, 아울러 세계 주요 강대국의 일원이 되는 것을 의미한다.

않고 우리 모두가 현 위기를 간과한 채 각종 개혁 과제 추진 등 어렵고 힘든 길을 마다하고 적당히 국민 복지와 안락만을 추구한다면 우리 처지가 19세기 말처럼 매우 위험한 상황으로 내몰릴 수 있다.

위에서 말한 것처럼 한반도에서 안보 환경의 대변혁이 진행되는 가운데, 또다시 미·중·일 등 주변 강대국의 틈바구니에서 갈팡질팡하는 약소국으로 전락하게 될 것이라는 얘기다.

현 위기 극복을 위해 무너져 내린 보수를 일으켜 세워야 한다

지금부터 우리는 2차 개혁[3] 추진에 매진함으로써 현 위기를 기회로 삼아 우리 경제를 또다시 성장 궤도에 올려놓고, 불확실한 미래 안보환경 하에서 우리 안보를 굳건하게 지킬 수 있도록 자주국방 태세를 갖춰 나가야 한다. 그런데 우리가 자주국방 태세를 갖추기 위해 각종 첨단 무기를 구입 또는 개발하려면 막대한 예산이 들어갈 것이므로, 침체의 늪에 빠져 들어가는 우리 경제를 되살려 1970~1990년대 초의 고속성장세를 회복하는 것이 급선무다.

하지만 경제 위기 극복을 위해 각종 개혁 과제들을 추진하는 것은 말처럼 그렇게 쉬운 일이 아니며, 온갖 저항과 역경을 감수해야 하는 매우 어렵고 힘든 길이다. 그렇지만 지금 우리가 이렇게 어렵고 힘든 각종 개혁 과제 추진으로 부국강병(富國强兵)을 이루지 않고서는 앞으로 갈수록 험난해질 복합적인 안보 위기를 뚫고 살아남을 수 없다.

그런데 2017년 이후 우리나라는 지난해 촛불집회의 영향으로 이뤄진 조기 정권 교체로 대화와 협력 위주의 대북 정책과 분배 위주의 경제민

---

3 1960년대 이후 1차 개혁(1~5차 경제개발계획 추진)에 이어 2차 개혁을 추진하는 것이 필요하다.

주화 정책을 추구하는 진보 정당이 정권을 담당하게 됐다. 때마침 현 정부 집권 초기 한반도에서 당장이라도 전쟁이 일어날 것 같은 위기 상황이 지속되다가 극적으로 북·미간 정상회담이 추진되는 가운데, 우리 정부 또한 대화 위주의 온건한 대북 정책을 펴지 않을 수는 없었을 것이다. 이는 보수정당 집권 시라도 마찬가지였을 것으로 생각된다.

그렇지만 국정의 또 한 축인 경제 분야에서는 보수의 가치라고 할 수 있는 규제, 노동시장, 공기업, 금융, 서비스업 등 각종 개혁 정책 추진이 필요한 시기에, 현 경제위기 상황에 맞지 않는 분배 위주의 현금 살포식 정책 추진에만 몰두하는 등 심하게 역주행을 하고 있는 것 같다.

사실 지금 우리나라처럼 국가 안보 환경이 북한과 주변 강대국들이 움직이는 동북아 정세에 따라 끊임없이 변하고, 우리 경제의 글로벌 경쟁력 확보가 시급한 상황에서 보수와 진보 그 어느 쪽이 집권하든 자당의 정치적 이념에만 지나치게 집착하는 것은 국익에 아무런 도움이 되지 않는다. 격동하는 동북아 정세와 국내외 경제 상황이 항상 현 정부와 집권 여당의 성향에 맞게 움직여주지는 않을 것이기 때문이다.

예를 들어 최근 한반도 정세와 경제 상황 하에서는 진보의 가치라고 할 수 있는 대화 위주의 온건한 대북 정책 그리고 보수의 가치라고 할 수 있는 규제, 노동시장, 공기업, 금융, 서비스업 등 각종 개혁 정책이라는 두 개의 수레바퀴에 의해 국정을 운행하는 것이 가장 바람직하다. 아울러 보수와 진보의 가치를 융합해서 국내 중소기업의 경쟁력을 키우고[4] 복지 시스템을 효율적으로 개편하여 빈곤·저소득층의 자립 기반을 확충하는[5] 정책을 추진하는 것도 필요할 것이다.

---

4 제3부 제2장 「실질적으로 국내 중소기업의 경쟁력을 키워야 한다」 참조.
5 제3부 제4장 「대책 없이 늘어나는 복지예산을 구조조정해야 한다」 참조.

따라서 현 위기를 딛고 일어서서 우리 대한민국을 선진 강국으로 만들기 위해 국정의 한쪽 수레바퀴인 보수를 다시 일으켜 세우는 것이 절대로 필요하다. 지금 같은 상황에서 가장 바람직한 우리나라 보수 야당의 모습은 대화 위주의 온건한 대북 정책에 초당적인 자세로 협력하면서, 정부로 하여금 침체된 경제를 살리기 위한 각종 개혁 정책들을 최우선 국정 과제로 받아들이도록 최대한의 정치력을 발휘해야 한다. 그리고 이렇게 되기 위해서는 우리나라 보수정당이 지난 3년간의 좌절과 방황을 끝내고 떨쳐 일어나야 한다.

중국 춘추시대 초나라(楚) 장왕(莊王)은 즉위 후 3년간을 음주와 음악 그리고 사냥으로 소일하면서 정사를 돌보지 아니하였다. 그러다가 즉위 3년이 되는 해에 오거(伍擧)와 소종(蘇從) 같은 충신들의 간언을 받아들임으로써, 그때부터 부국강병에 힘쓴 결과 춘추오패(春秋五霸)[6] 중 한 사람이 되었다.

대한민국 보수 야당이 아직까지는 박근혜 전 대통령 탄핵의 여파 그리고 얽히고설킨 당 내부 갈등을 극복하지 못하고 지리멸렬한 상태에 있지만, 누군가 보수 야당을 깨우쳐 국정 운행의 한 쪽 수레바퀴로서 그 역량을 결집하고 발휘할 수 있도록 해줘야 한다.

우리나라 정치권, 이젠 정말 변해야 한다

대한민국 보수정당은 2017년 5월 대선에서 패배하여 제1야당이 된 후에도 당내 인적 쇄신과 갈등 수습에 실패한 채, 보수의 가치를 재정립하

---

6 중국 춘추시대(春秋時代, BC770~403) 각국 제후들을 모아 회맹을 열고 그 맹주(盟主)가 되었던 5명의 패자(霸者)로서 제나라(齊) 환공(桓公), 진나라(晉) 문공(文公), 초나라(楚) 장왕(莊王), 오왕(吳王) 합려(闔閭), 월왕(越王) 구천(勾踐)을 가리킨다.

고 이를 구현하고자 하는 노력도 전혀 기울이지 아니함으로써 국민 지지도가 10~20퍼센트 대를 맴도는 실정이다. 한편, 대한민국 진보 여당은 여전히 분배 위주의 정치 이념을 크게 벗어나지 못한 채, 현 경제 위기 극복을 위해 꼭 필요한 노동시장 개혁 등 각종 개혁 과제 추진을 철저하게 외면하고 있다.

우리 국민들 또한 국정 운행의 한쪽 수레바퀴인 보수정당의 몰락을 지켜보기만 할 뿐, 이 나라 보수정당과 보수의 가치를 재건하여 국가 위기 극복을 위한 각종 개혁 과제 추진에 선도적인 역할을 할 수 있도록 영향력을 행사하지 못하고 있다.

미래 불확실한 안보 환경에 대처할 수 있는 힘을 충분히 보유하지 못한 상태에서 우리의 안보 위기는 여전히 현재진행형이고, 주요 선진국들의 경제가 되살아나면서 제4차 산업혁명에 박차를 가하고 있는 지금 우리 경제는 여전히 침체의 늪에서 헤어날 기미를 보이지 않고 있다. 이러한 때 위에서 말한 것처럼 우리나라 정치권은, 진보 여당이든 보수 야당이든, 어렵고 힘든 개혁의 길을 마다한 채 당장 편한 길만을 가려고 하는 것 같다.

이제는 시간이 별로 없다. 언젠가 예고 없이 다가올 수 있는 복합 위기는 우리의 안보 환경을 지금까지와는 비교가 안 되는 지극히 위험한 상황으로 내몰게 될 것이며, 지금 주요 선진국을 중심으로 활활 타오르고 있는 제4차 산업혁명의 불길은 우리가 더 이상의 게으름을 피우는 것을 결코 용납하지 않을 것이다.

우리 정치권은 당장 발등에 불이 떨어진 것처럼 행동하지 않으면 안 된다. 보수와 진보가 한 마음으로 거추장스러운 이념의 속박에서 벗어나 국가 위기 극복을 위한 각종 개혁 과제 추진에 매진해야 한다.

새로운 국정 로드맵으로 통일 강국의 꿈을 이뤄야 한다

이제 우리는 미래 우리의 대한민국이 지금보다 못한 상태로 추락하여 주변 강대국들의 업신여김을 받는 대신, 통일 강국으로서 주변 강대국과 어깨를 나란히 하여 세계 정치를 이끌어가는 지도국이 될 수 있도록 현명한 선택을 해야 한다.

우리에게 선택은 오직 한 길 정치권과 정부 그리고 국민 모두가 창조적으로 결집하여 새로운 대한민국의 정치와 국정 로드맵을 다시 그려야 한다. 새 정부의 국정 책임자와 정치 지도자 및 정부 수뇌들이 합심하여 강하고 효율적인 대한민국 정부를 이끌어갈 수 있도록 지금까지는 전혀 다른 새로운 정치, 새로운 국정 운영의 새판을 짜야 한다.

새로운 모습으로 다시 태어나는 대한민국 정부는 한편으로는 각종 권력형 비리와 전횡 및 낙하산 인사가 판치는 등 권위주의적인 행태를 보이면서, 또 한편으로는 국정 수행 면에서 지극히 나약하고 무기력한 모습을 보이는 등 기형적인 정부 스타일을 완전히 탈피해야 한다.

그리하여 1980년대 영국과 2000년대 독일처럼 강하고 효율적인 정부로 거듭나야 한다. 그리고 나서 현 위기 극복을 위해 근본적·종합적인 국가 개혁 프로그램을 마련하여 역동적으로 추진해 나가야 한다. 지금부터 이 모든 개혁 과제들을 하나하나 살펴보기로 하겠다.

이 책에서 다루게 될 각종 개혁 과제들은 우리나라가 현 위기를 슬기롭게 극복하고 통일 강국의 꿈을 이루는 데 없어서는 안 될 '보수의 가치'이기도 하다.

●●● CONTENTS ●●●

제2부 위기는 개혁을 부른다

제3부 분야별 위기 해소 및 개혁 방안

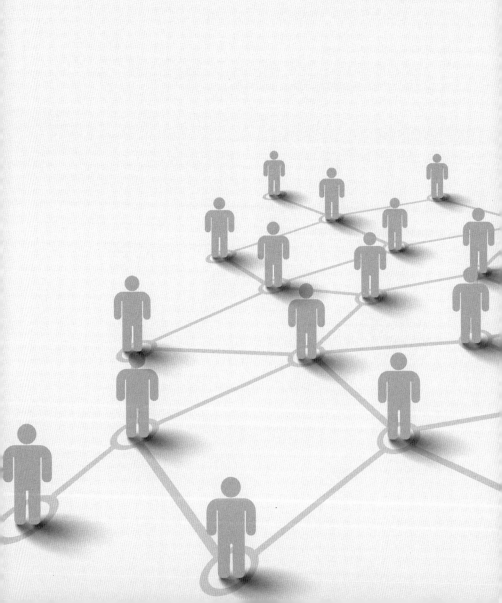

제1부

위기의 실체와
그 원인

1

안보 위기

현재의 안보 위기는 19세기 말에서 비롯된다

지구상에서 패권 국가가 사라진 것을 뜻하는 'G제로' 이론의 주창자인 이언 브레머(Ian Bremmer) 유라시아그룹 회장은 최근 저서인 『리더가 사라진 세계』에서 G제로 시대의 승자를 '중심축 국가'로, 패자를 '그림자국가' 등으로 구분한다.

그는 중심축 국가의 정의를 특정한 몇몇 국가에 지나치게 의존하기보다는 여러 다양한 국가와 더불어 서로 이익이 되는 관계를 구축해 나갈수 있는 능력을 갖춘 나라로 정의하였다.[7] 반면에 그림자 국가는 중심축국가가 되어 자유를 누리고 싶어 하지만 강대국의 그림자 아래서 꼼짝달싹하지 못하는 나라로 정의를 내렸다.[8]

18~19세기 서구 선진국들을 중심으로 산업혁명의 불길이 번져 나갈

---

7 이언 브레머 지음, 박세연 옮김, 『리더가 사라진 세계』, 다산북스, 2014, 203쪽.
8 이언 브레머 지음, 박세연 옮김, 『리더가 사라진 세계』, 다산북스, 2014, 235쪽.

때 우리는 나라의 문을 굳게 닫아건 채 문약(文弱)에 치우치고 당파싸움만 일삼아 나라는 점점 쇠약해져 가고 국제무대에서 설 땅이 없게 되었다. 결국 우리나라는 19세기 말에서 20세기 초에 걸쳐 전형적인 그림자국가로서 중국, 일본, 러시아 등 주변 강대국의 틈바구니에 끼어 우왕좌왕하다가 종국에는 나라를 잃고 말았다.

그 당시 이 나라 정치 지도자들은 병인양요(1866년)와 신미양요(1871년)라는 두 차례의 외침(外侵)을 자력으로 물리쳤다는 착각과 오만에 사로잡혀 망국의 단초를 제공했다고 볼 수 있다. 역사학자이면서 독립운동가인 박은식은 저서인 『한국통사(韓國痛史)』에서 조선 말기의 위정자들을 이렇게 평가했다. "인습에 젖어 남을 따라 하기만 좋아하고, 즐기고 놀기만 하고, 게으르고 오만하여, 털끝만큼도 자강 사업에 힘을 기울이지 않아 우리 사직을 멸망시켰으니, 그 죄가 더욱 심한 것은 어찌할 것인가."9

당시 서구 열강과 일본에 비해 크게 낙후된 제도와 쇠잔할 대로 쇠잔해진 조선의 국력 그리고 머지않아 불어 닥치게 될 외세의 거센 풍랑을 의식하지 못한 채, 맹목적인 아집과 자만에 빠져 국가 제도를 일신하고 부국강병을 추진하는 데 관심조차 기울이지 않았던 것이다. 결국 스스로 일어서지 못하고 외세의 희생양이 되거나 외세의 도움 또는 영향을 받아야 하는 신세로 전락하고 말았다.

반면에 이때부터 일본은 '메이지 유신'을 통해 서양 문물과 제도를 받아들이고 부국강병에 매진하는 등 국가 개혁을 본격적으로 추진함으로써 결국 서구 열강과 어깨를 나란히 하는 강대국이 되었다.

결국 힘없는 약소국은 강대국의 먹잇감이 될 수밖에 없는 19세기 말

---

9 신채호·박은식 지음, 윤재영 역해, 『조선상고사·한국통사』, 동서문화사, 2014, 376쪽.

에서 20세기 초에 걸친 제국주의 시대에 우리나라는 신생 강대국인 일본 제국주의의 먹잇감이 되어 36년간의 식민 지배를 받았다. 우리는 그후 미국을 비롯한 서방 연합군의 힘으로 나라를 되찾게 되었으나, 주변 강대국들의 개입으로 국토가 남북으로 분단된 채 오늘날까지 이르게 되었다.

우리가 외세의 힘을 빌려 나라를 되찾는 과정에서 받아들일 수밖에 없었던 분단의 비극은 오늘날 이 땅에 '북핵'과 '안보 위기'라는 커다란 불행의 씨앗을 잉태하고 말았던 것이다.

우리는 여전히 외세에 둘러싸인 채 국가 안보가 위태롭다

지금 한반도를 둘러싼 동북아 정세를 가만히 들여다보면 우리나라가 주변 강대국 간 세력 다툼의 틈바구니에 끼어 그 영향권에서 벗어나지 못하고 있는 모습이 마치 19세기 말 당시로 되돌아간 것 같은 느낌이 든다. 비록 지난 반세기에 걸친 경제개발로 우리의 경제 규모가 선진국의 문턱에 이르게 되었다지만, 아직까지도 미국, 중국, 일본 등 우리를 둘러싸고 있는 주변 강대국들에게 경제력과 군사력 면에서 월등하게 뒤떨어져 이들 강대국의 영향력을 벗어나기 어렵다.

우리는 동북아에서 경쟁적으로 세력을 키워가는 미·중·일 등 강대국의 틈바구니에 끼어 이러지도 저러지도 못하는 등 운신의 폭이 좁아질 수밖에 없는 실정이다. 우리나라는 세계 주요 강대국에 둘러싸인 지정학적 여건과 남북 대치 상황으로 인해, 세계 10위권의 경제력을 가졌으면서도 주변 강대국의 그림자에서 완전히 벗어나지 못하는 이중성(二重性)을 지니고 있는 것이다.

• 복합적 안보 위기, 우리에게 달라진 것은 아무것도 없다

1990년대 이후 북한은 통미봉남(通美封南) 전략을 내세워 한국정부를 배제하고 북·미간 대화로 남북문제를 풀어가고자 하는 경향이 있다. 그런데 최근에는 미·중·일 등 강대국들 사이에 이따금씩 한국을 배제하고 자기네들끼리 북핵문제를 풀어가고자 하는 소위 코리아패싱(Korea Passing)이란 말이 회자되고 있는 실정이다. 아직도 19세기 말처럼 대한민국의 운명이 주변 강대국들의 손에 달려있다는 생각을 지워버릴 수 없다.

지금 우리나라는 19세기 말처럼 주변 강대국 간 틈바구니에 끼어 제대로 기를 펴지 못하는 가운데 언제, 어디서, 어떤 유형으로 다가올지 알 수 없는 복합적인 안보 위기 속에 살아가지 않으면 안 되는 처지에 놓여있는 것이다.

2018년 6월 북·미 정상회담 결과 북한이 한반도 비핵화에 합의함으로써 2017년 이후 당장이라도 전쟁이 터질 것 같았던 분위기가 가라앉고, 모처럼 남·북 간에 화해 무드가 조성되었다고 해서 우리에게 더 이상 안보 위기가 존재하지 않는다고 생각한다면 크게 착각하는 것이다. 우리는 여기서 우리에게 안보 위기는 여전히 존재하며, 우리에게 본질적으로 달라진 것은 아무것도 없다는 점을 분명히 짚고 넘어가지 않을 수 없다.

• 한반도 비핵화 합의, 축복이지만 한순간에 깨질 수도 있다

북한은 전략·전술을 구사하는 데 아주 능란하다. 그들은 지금 미국과 국제사회의 강도 높은 제재로 인한 체제 위기를 벗어나기 위한 긴급 조치로 비핵화 합의에 응한 것이다. 그렇지만 당초 예상과는 달리 비핵화 협상이 장기화되면서 북한에 대한 제재가 느슨해지는 가운데 여러 가지 불확실한 변수들이 발생할 가능성을 배제할 수 없게 됐다.

예를 들어 북한이 미국과 밀고 당기는 협상을 벌이는 동안에도 비밀리에 핵탄두 제조와 핵능력 고도화를 진행할 수 있고, 북·미간 협상 결렬로 2017년 말 이전 상태로 되돌아갈 수도 있으며, 북한이 미국 정부의 대북 정책이 누그러질 때를 기다려 또다시 핵개발을 강행할 수도 있다.

만약에 한반도 비핵화 과정이 순조롭게 진행되어 북한이 핵실험과 미사일 개발을 일체 중단하고 기존 핵무기 또한 모두 폐기한다 해도, 북한이 그동안 축적해 온 핵개발 기술과 노하우까지 몽땅 지워버릴 수는 없다. 더욱이 북한 비핵화 정책의 대가로 미국과 국제사회의 지원이 이뤄져 북한 경제가 살아날 경우, 북한의 핵개발 재개는 물론 전쟁 수행 능력까지 키워주는 결과를 가져다주게 될 것이다.

만약에 우리가 북한의 비핵화 약속을 철석같이 믿고 평화 무드에 젖어 아무런 대비를 하지 않고 있다가 어느 날 갑자기 북한이 당초 합의를 깨고 핵개발을 재개할 경우, 우리가 지금까지보다 훨씬 더 위험한 안보 위기 상황으로 내몰리게 될 것은 불을 보듯 뻔한 일이다.

우리는 이번 합의가 실질적으로 남·북간 합의가 아니라 북·미간 합의라는 점을 명심해야 한다. 미국의 대북 정책은 한국보다 미국의 이익이 절대로 우선이다. 따라서 언제든지 한국의 안전 및 국익과 배치되는 방향으로의 정책 변화가 가능하다는 사실 또한 잊지 말아야 할 것이다.

• 우리의 국가 안보, 외생변수가 너무 많다

고대 그리스의 역사가인 투키디데스(Thukydides)의 말에 따르면 강한 나라는 '자기가 할 수 있는 일'을 하지만, 약한 나라는 '자기가 하지 않으면 안 되는 일'을 할 수밖에 없다. 그런데 우리 대한민국은 세계 10위권의 경제대국임에도 세계 주요 강대국의 각축장인 동북아에서는 여전히 약한 나라에 불과하다.

한반도 문제에 대한 주변 강대국들의 관심과 이해관계가 첨예하게 얽히고설킨 가운데 우리는 북핵 위협에 대응하기 위한 자체 핵개발은 물론, 각종 대북정책 추진과 주변 강대국들과의 갈등 해소 등 그 어느 것 하나 마음대로 할 수 있는 일이 없다. 따라서 우리의 안보 환경은 앞으로도 북한과 주변 강대국들이 움직이는 동북아 정세의 변화에 따라 시시때때로 급변할 수밖에 없는 실정이다.

중요한 것은 현재 우리의 안보 환경이 어떤 상태에 있느냐 하는 것이 아니라, 여러 가지 외생변수(外生變數)에 의해 우리의 안보 환경이 최악의 상태로 변할 경우에도 이에 대처할 수 있는 힘을 보유하고 있느냐 하는 것이다. 결국 우리에게 달라진 것은 아무것도 없는 셈이다.

• 한반도 비핵화가 이뤄져도 안보 위기는 사라지지 않는다

만약에 한반도에서 영구 비핵화가 실현될 경우 그때는 정말 이 땅에서 안보 위기가 사라질 것이라고 말할 수 있을까?

북·미 정상회담 이후 남과 북 그리고 주변 강대국 간 협의가 순조롭게 진행되어 한반도에서 영구 비핵화가 이뤄진다고 하자. 서로 이해관계가 다르고 때로는 상반되기까지 한 남과 북 그리고 주변 강대국 간에 의

견을 조율하는 과정에서 우리가 양보하지 않으면 안 되는 곤란한 요구
사항들이 발생할 수 있다.

유감스럽게도 우리나라는 동북아에서 자신의 주장을 관철하는 것이
쉽지 않은 약한 나라이다. 한반도에서 영구 비핵화가 이뤄지는 대신에
주한미군 철수 또는 감축이나 한·미 군사동맹 해제 또는 약화 등 유사
시 미국으로부터 군사적 지원을 받을 수 있는 길이 제한될 가능성도 배
제할 수 없다.

이렇게 될 경우 핵무기를 제외하더라도 북한보다 각종 비대칭 전력이
취약한 우리가 북한의 침공을 자력으로 막아내는 것 또한 쉽지 않은 일
이다. 경우에 따라서는 미국 대신 일본에게 우리의 안보를 맡겨야 하는
상황이 전개될 수도 있다. 생각만 해도 기분 나쁜 일이 아닐 수 없다.

• 북한 우위(優位)의 비대칭 전력, 재래식 전쟁도 위험하다

북한은 우리보다 턱없이 부족한 전비(戰費) 규모와 첨단무기의 질적 열
위(劣位)를 극복하기 위해 비교적 돈이 적게 들어가면서 우리에게 치명적
인 타격을 가할 수 있는 핵무기 이외의 비대칭 전력 개발에 박차를 가
해 왔다. 그 결과 핵무기를 제외하더라도 장사정포, 잠수함, 탄도미사일,
특수부대, 사이버 전력, 생화학무기 등 우리보다 뛰어난 비대칭 전력을
개발함으로써 갈수록 남·북 간 군사력 격차를 키웠던 것이다.

북한의 신형 300밀리미터 장사정포(사정거리 200킬로미터)는 군사분계선
에서 발사할 경우 수도권은 물론 충남 계룡대까지 타격권에 들어가고,
현재 우리 군이 보유하고 있는 패트리엇 미사일이나 2020년대 구축 예
정인 한국형미사일방어체계(KAMD)로도 완전 요격이 어렵다고 한다.

잠수함의 경우에도 아직 성능 면에서는 우리가 뛰어나지만, 수적인 면

에서 북한(70여 척)이 우리(10여 척)보다 7배나 많으며, 잠수함을 통해 신출귀몰할 정도로 다양한 침투와 포격 및 미사일 발사 등 기습 공격을 감행할 수 있다.

북한은 20만 명에 달하는 세계 최대·최강의 특수부대를 보유하고 있으며 고속부양정, AN-2 수송기, 헬기 등을 이용하여 해상 또는 공중으로 특수부대 병력을 신속하게 침투시켜 게릴라전을 벌이거나 주요시설 파괴, 요인 암살, 후방지역 교란 등의 작전을 수행할 수 있다.

북한은 또 치밀하게 준비된 사이버 공격을 통해 군부대를 포함한 국가 주요 시설의 기능을 마비 또는 저하시킴으로써 우리 군과 정부에 치명적인 타격을 입힐 수 있다.

북한은 핵무기와 함께 대량살상무기(WMD)로 분류되는 생화학무기 보유량도 2,500~5,000톤이나 되어 러시아, 미국에 이어 세계에서 세 번째로 많으며, 유사시 서울을 비롯한 인구 밀집지역에 살포될 경우 그 피해는 상상을 초월할 것으로 보인다.

더욱이 북한은 한반도 유사시 대한민국을 지원하기 위해 우리 해역으로 출동하는 미 항공모함에 치명적인 손상을 입힐 수 있는 대함탄도미사일(ASBM)까지 이미 개발해 놓은 상태여서 유사시 북한의 공격에 대한 미군의 즉각 대응이 어려워질 수도 있다.

• 동북아 안보 위기, 고래 싸움에 새우등 터진다

우리는 지금까지 북핵 문제에만 몰입하다 보니 더 큰 세상에서 벌어지는 동북아 안보 문제에는 다소 무신경했던 것 같다. 현 안보 위기의 시발점인 19세기 말 당시 한반도는 동북아 패권을 노린 일본이 중국, 러시아와 차례로 맞붙은 전쟁터가 되었고, 결국은 최종 승자인 일본에게 나라를 빼앗겼다.

지금은 세계 최강국인 미국과 1인 장기집권체제를 갖추고 동북아 패권을 노리는 중국이 각각 한반도에 한 발을 올려놓은 상태에서 서서히 양자 대결 구도를 만들어가고 있다. 게다가 점점 군사대국화의 길을 재촉하는 일본과 기존 군사대국인 러시아까지 끼어들면, 상대적으로 이들보다 약소국인 한국으로서는 그야말로 고래 싸움에 새우등 터지는 신세가 될 수밖에 없을 것이다.

무엇보다 가장 최악의 시나리오는 동북아에서 강대국 간 분쟁이 발생한 가운데 북한이 도발해 오는 경우이다. 이때 우리의 국력이 복합적·동시다발적인 안보 위기를 감당할 수 없을 만큼 허약한 상태에 머물러 있다면, 우리에게 또다시 19세기 말에 겪었던 것과 같은 불행한 역사가 되풀이될 수 있다.

우리가 모처럼 찾아온 남·북 간 평화와 화해 분위기를 마음껏 누리면서도, 미래 불확실한 안보 환경에 대한 위기의식은 항상 간직해야만 하는 이유다.

• 그런데도 국가 안보 대비 태세, 전반적으로 미흡하다

그동안 역대 정부에서는 날로 커지는 북한의 군사적 위협에 대응하는 국방개혁 예산을 충분히 확보하지 못한 채 북한의 핵무기 등 비대칭 전력 증강에 훨씬 못 미치는 대응책 마련에 급급해 왔다.

노무현 정부에서 2006년에 발표한 국방개혁 추진 계획에 따르면 2020년까지 군 병력을 65만여 명에서 51만여 명으로 감축하는 대신 각종 군 장비를 현대화하는 것으로 돼 있다. 그런데 2017년 현재 군 병력은 63만여 명으로 당초 계획보다 2만여 명밖에 줄지 않았다. 따라서 국방비 예산 중 병력 유지비용은 거의 그대로이고 국방비 예산 증가 속도도 완만하여 군 현대화 추진은 지지부진할 수밖에 없었다.

사정이 이렇다 보니 언제 갑작스럽게 북한의 핵무기 실전 배치가 이뤄질지 알 수 없는 상황에서 킬체인(KillChain)과 한국형미사일방어체계(KAMD) 등 우리 스스로의 핵공격 억제 시스템 구축을 계속해서 2020년대 초반까지 미룰 수밖에 없었던 것으로 보인다. 게다가 일선 군부대에서는 오래전부터 사용하던 구식 무기를 그대로 보유하고 있는 경우가 많아 유사시 전쟁 수행에 차질이 우려되는 실정이라고 한다.

사이버 전력이 현대전의 승패에 결정적인 영향을 미칠 수도 있는 상황에서, 우리 군의 사이버 전력이 북한에 비해 인력과 조직 그리고 기능면에서 형편없이 취약한 상태에 있음에도, 이를 증강하기 위한 예산 확보가 어려운 것도 문제이다. 사이버 전력은 방어와 보안 기능 못지않게 공격 기능 또한 완벽하게 갖춰져야 함에도, 우리 군은 적군에게 사이버 공격을 가할 수 있는 사이버무기 개발 예산을 확보하지 못해 주로 방어와 보안 기능만 수행하고 있다고 한다.

한편, 예나 지금이나 국가 안보를 유지하는 데 절대적으로 필요한 것은 적국은 물론 자국 안보에 영향을 미치는 나라 또는 집단에 대한 방첩(防諜) 및 정보수집 능력이므로 국가 안보의 파수꾼으로서 국가정보원(이하 국정원)의 역할이 대단히 중요하다. 그런데 지난 김대중·노무현 정부 10년 동안 대북 포용정책을 추진하는 과정에서 국정원의 대공 및 정보수집 기능 약화를 가져왔다.

그 후 지금까지 국정원은 대공 및 정보 수집 등 본연의 업무 수행 능력을 회복하지 못한 채 국가 안보의 파수꾼 역할을 제대로 수행할 수 없게 됐다. 더욱이 국정원은 2013년과 2014년에 대선 댓글 및 간첩 조작

사건 등으로 계속해서 국민에게 실망감을 안겨주고, 진보 정당에게 국정원 기능 강화를 반대하는 빌미를 주기까지 했다.

우리나라 진보 정당에서는 국정원의 기능이 강화될 경우 옛날처럼 선거 개입이나 민간인 사찰 등 권한을 남용할 소지가 있다는 등의 이유로 국정원의 기능을 최대한 억제한다는 입장을 일관되게 고수하는 것 같다. 심지어 현 정부에서는 국정원의 국내 정보활동과 대공 수사권마저 폐지를 추진하는 등 갈수록 국정원의 기능 약화에 주력하는 것처럼 보인다.

그렇지만 언제 어떤 형태로 급변할지 알 수 없는 복합적 안보 위기 상황에서, 지금처럼 국정원이 대공 및 정보수집 능력이 취약한 상태를 계속 유지하게 될 경우 국가 안보에 구멍이 뚫릴 수 있다. 지금 우리에게 국가 안보를 튼튼히 함으로써 오천만 국민의 생명과 재산을 지켜주는 일만큼 더 중요한 일이 또 있을까?

만약에 한반도에서 핵전쟁이든 재래식 전쟁이든 전쟁이 일어날 경우 허술하기 짝이 없는 민방위 태세도 걱정이 아닐 수 없다. 막상 전쟁이 나면 대부분의 행정 지원체계 및 치안, 전기·통신·수도 등 공급체계, 상거래 등이 거의 마비될 것인데, 이런 가운데 가족 단위의 대피 및 전시 생활을 비교적 안전하게 영위하는 일이 무척 어려워질 것이 틀림없다.

더욱이 남·북 간의 전쟁은 선전포고 없이 기습적으로 일어날 가능성이 크기 때문에 갑자기 닥치게 되는 전시 혼란은 상상을 초월할 것이다. 비록 가능성이 희박하다고 믿고 싶지만 그렇다고 남·북 간에 전쟁이 일어나지 않을 것이라고 자신 있게 말할 수 있는 사람은 한 사람도 없을 것이다. 그런데 우리 국민 가운데 막상 전쟁이 일어났을 경우 뭘 어떻게 해야 할지 제대로 숙지하고 있는 사람이 과연 얼마나 될까?

우리는 현재 민방위 기본법의 규정에 따라 연간 3~4회에 걸쳐 전 국민을 대상으로 하는 민방위 훈련을 하고 있지만, 훈련 내용이 형식적이고 국민 호응도 또한 매우 낮다.

국민 70퍼센트 정도는 유사시 비상대피장소가 어디 있는지조차 모르고 있으며, 국민 7퍼센트만이 북한 생화학무기 등 공격에 대비한 방독면을 보유하고 있다고 한다. 북한 공습이나 핵 공격으로부터 국민의 생명을 지켜줄 전국 2만여 곳의 대피시설도 시설 미비 또는 비상 물품 미비치 등 보완이 필요한 곳이 많다.

• 현 정부의 안보정책, 미래 안보 환경을 더욱 어둡게 만든다

국내외 안보·군사 문제 전문가들은 지난 북·미 정상회담이 당초 기대에 훨씬 못 미치는 수준이었다고 평가한다. 당초 예상과 달리 북한이 정말 '완전하고 검증 가능하며 불가역적인 비핵화(CVID)'를 실행할 의지를 갖고 있는지 확신하기 어려운 상황이 되었다. 그런데도 미국의 트럼프 대통령은 북한의 비핵화가 첫발을 떼지도 않은 상태에서 한·미 연합 군사훈련을 중단하는 결정을 내리고 주한미군 철수 가능성까지 시사하는 등 미래 우리의 국가 안보를 흔드는 일을 서슴지 않고 있다.

물론 미국이 북한과 비핵화 문제 등을 합의하면서 우리 의사를 무시하는 게 일상화되었지만, 그래도 우리 정부로서는 미국이 미래 우리의 국가 안보를 크게 위협할 수 있는 결정을 내리지 않도록 최대한의 외교적 노력을 기울여야 할 것이다. 그런데 현 정부의 안보 정책은 우리 스스로 무장을 해제하는 쪽으로 오히려 트럼프 대통령보다 한발 앞서가는 것 같다.

전시작전통제권(이하 전작권) 조기 환수, 국군만의 단독훈련 중단, 군 병력 감축, 군 복무기간 단축, '북한이 주적(主敵)'이라는 표현 삭제 등 북한의 도발에 대한 대비태세를 약화시키는 정책을 줄줄이 내놓고 있다.

전작권 환수는 북한 급변사태 발생 등 한반도 유사시 우리 스스로 한반도 문제를 풀어나간다는 점에서 장기적으로 볼 때 반드시 이뤄져야 할 사안이다. 그 대신 우리가 전작권을 차질 없이 행사하기 위해서는 자주국방태세를 갖추는 일이 선결돼야 한다. 우리가 북한의 각종 도발을 독자적으로 막아낼 수 있는 자주국방력을 완전히 갖추지 못한 상태에서 섣부른 전작권 환수는 유사시 국가 안보에 치명적인 취약점으로 작용할 수 있다.

더욱이 현 정부에서는 2018년 9월 개최된 제3차 남북정상회담을 통해 비무장지대(DMZ) 전방초소(GP) 철수, 서해북방한계선(NLL) 인근에서 포병·함포사격과 해상기동훈련 중지, 군사분계선(MDL) 일대 공역(空域)에서 무인정찰기 비행 금지 등 대북 경계 태세를 아주 놓아버리는 수준의 합의에 이르렀다.

한반도가 남북으로 분단된 이후 70여 년 동안 우리는 단 한 번이라도 북한을 향해 도발을 감행한 적이 없다. 도발하는 쪽은 언제나 북한이었다. 6·25 전면 남침을 비롯하여 북한은 항상 위장 평화공세로 우리를 안심시킨 후 크고 작은 도발을 감행함으로써 우리의 소중한 인명을 살상하곤 했다.

따라서 군사분계선이나 서해북방한계선 일대의 육상, 해상, 공중에서 남북한이 함께 경계태세를 풀 경우 위험한 쪽은 100퍼센트 우리 쪽이다. 이는 삼척동자도 알 수 있는 기본 상식이 아닌가.

만약에 북한이 어떠한 경우에도 남북 정상간 합의 내용을 어기지 않을 것이라고 확실히 보장할 수 있다면 안심이 되겠지만, 과연 누가 나서서 이를 보장해줄 수 있을까. 적어도 북·미간에 비핵화 협상이 진행되는 동안에는 남북 정상간 합의가 없더라도 북한이 도발하는 일은 없을 것이다. 그렇지만 협상이 결렬되는 순간 남북 정상간 합의에도 불구하고 북한의 도발은 재개될 것이다. 이와 같은 법칙은 지난 70여 년 동안의 남북 관계에서 단 한 번도 빗나간 적이 없다.

정부는 재래식 전력에서 우리가 북한보다 월등하기 때문에 우리가 손해 볼 것이 없다고 하지만, 북한은 핵무기를 제외하더라도 생화학무기, 장사정포, 미사일, 특수부대, 사이버전력 등 비대칭 전력에서 우리보다 월등하다. 이런 상황에서 우리가 북한군의 움직임을 전혀 알지 못한 채 기습 공격을 받게 되면 속수무책이 될 수밖에 없다. 이는 북한 비핵화 상태에서도 별로 달라질 것이 없는 일이다.

우리나라는 6·25전쟁이 끝난 후 60여 년 동안 지속된 남북 대치 상황 속에서도 국지전이나 전면전으로 발전하는 일 없이 그럭저럭 일상적인 평화를 유지할 수 있었다. 그동안 우리 정부와 국민들은 평화에 너무 익숙해졌다. 이솝 우화에 나오는 '양치기 소년과 늑대 이야기'처럼 지난 60여 년 동안 북한의 숱한 엄포와 도발에도 불구하고 국지전이나 전면전으로 확대되는 일은 일어나지 않았으며 앞으로도 계속 그럴 것이라는 낙관론에 사로잡혀 있는 것 같다. 우리 모두 심각한 안보불감증에 빠져 있는 것이다.

2

경제 위기

우리 경제, 깊은 침체의 늪에 빠지다

우리나라는 1960년대 이후 5차에 걸친 경제개발계획의 성공적인 추진으로 10여 년 전까지 연 6~10퍼센트의 높은 경제성장률을 유지해 오면서 세계 10위권의 중견 국가로 자리매김하게 되었다. 아직도 대한민국은 세계 GDP 순위 12위에 세계 6위의 수출 대국이며, 국제 신용평가기관인 무디스는 2015년 12월 한국의 국가 신용 등급을 Aa2(상위 3등급)로 상향 조정함으로써 세계 신용등급 상위권 국가에 포함됐다.

우리나라의 2016년 말 기준 국가 부채비율은 38퍼센트로서 미국(107퍼센트), 일본(239퍼센트), 독일(68퍼센트), 영국(89퍼센트), 프랑스(96퍼센트) 등 선진국들보다 훨씬 낮다. 이상과 같은 일부 경제지표의 국제 비교를 통해서 본 한국 경제의 모습은 우리나라가 이미 선진국의 문턱을 넘어선 것 아니냐는 생각이 들 정도로 양호해 보인다. 그런데 과연 그럴까?

일부 경제 지표의 양호한 성적표에도 불구하고[10] 지금 우리 경제는 속으로 깊은 골병이 들어 통상적인 경기부양 정책만으로는 회복이 불가능한 상태이다. 공교롭게도 현 정부 출범 이후에 지속적인 감소 추세를 보이던 수출이 증가 추세로 돌아서는 등 한때 우리 경제가 호전되는 것처럼 여겨지기도 했지만, 이제는 국민들도 우리 경제가 매우 어려운 상황에 처해 있다는 것을 누구나 피부로 느끼고 있다.

• 우리 경제의 구조적 문제점 심각, 경제 침체는 필연이다

경제 전문가들은 반도체 등 일부 종목을 제외하고 지금 우리나라 경제가 침체 국면이며, 그 근본 원인이 국내외 경기 변동 추세에 따라 달라질 수 있는 순환적 현상이 아니라 각종 구조적 문제점과 기업하기 어려운 환경으로 인해 발생되는 필연적 현상이라고 한다.

얼마 전까지만 해도 우리 경제가 어려운 것이 금융위기 이후 세계 경제가 장기 침체에 빠져있기 때문이라고 말할 수 있었다. 그런데 지금은 세계 주요국들의 경제가 호전되어 순항을 하고 있는데도 우리 경제는 더더욱 침체의 늪에 빠져 들어가는 형국이다.

우리나라에서 가파르게 진행되는 저출산·고령화, 과도한 규제, 강성노조와 경직된 노동시장, 눈덩이처럼 불어나는 복지예산 등 각종 구조적 문제점과 기업하기 어려운 환경 때문에 우리 경제는 특단의 개혁 조치가 없는 한 깊은 침체의 늪 속으로 빠져 들어갈 수밖에 없는 구조이다.

그동안에 우리 경제가 그런대로 잘 굴러가는 것처럼 보였던 것은 반도체 등 일부 업종의 특수 효과에 기인한 것이며 이를 제외한 나머지 업종

---

10 1997년 11월 한국이 IMF에 구제 금융을 신청할 당시에도 무디스는 한국의 국가 신용 등급을 A1(상위 5등급)로 평가했었다. 그러다가 IMF 구제 금융 신청 직후인 같은 해 12월에는 우리나라 국가 신용 등급을 투기(投棄, 투자 부적격) 등급인 Ba1(11등급)로 급격하게 떨어뜨렸다.

은 갈수록 침체 국면이다. 우리나라에서 반도체 산업이 언제까지 지금과 같은 호황을 누릴 수 있을지 알 수도 없고, 그보다 우리 경제를 삼성 등 소수 재벌기업에 전적으로 의존하는 것은 위험하기 짝이 없는 일이다. 글로벌 시장조사 기업들의 분석에 따르면 2018년 이후 반도체 시장의 공급 과잉, 미국 등 선진국들의 통상 압박, 중국 기업의 약진 등으로 삼성전자가 세계 1위 자리를 계속 유지하기는 어려울 것으로 보인다.

지금 우리 경제가 처한 위기 상황을 제대로 인식하지 못하고 각종 개혁 과제 수행을 소홀히 한다면 머지않아 우리 경제가 돌이킬 수 없는 저성장의 늪 속으로 빠져 들어갈 것임을 경계하지 않으면 안 된다. 눈에 보이지 않는 우리 경제의 구조적 문제점과 열악한 기업 환경에 대한 정밀 진단을 통해 현 위기 상황을 분명하게 인식하는 것이 급선무다.

• 지속적인 성장률 하락과 기업 실적 악화, 사면초가에 몰리다

우리 경제는 2000년대에 들어서면서부터 지난 반세기에 걸쳐 역동적으로 이어져 온 성장 동력이 점점 약해지는가 싶더니 2008년 세계 경제 위기의 소용돌이에 휩쓸려 헤어나기 어려운 깊은 침체의 늪에 소리 없이 빠져 들어가고 말았다.

한 나라의 지속 가능한 최대 성장 능력을 의미하는 잠재성장률도 2000년 이후 지속적인 하락 추세를 보이고 있다. 한국은행에 따르면 우리나라의 연평균 잠재성장률이 2001~2005년 4.8~5.2퍼센트, 2006~2010년 3.7~3.9퍼센트, 2011~2015년 3.0~3.4퍼센트로 계속 떨어졌으며, 2016~2020년에는 2.8~2.9퍼센트까지 떨어질 것으로 내다봤다. 더욱이 국제통화기금(IMF)은 한국의 잠재성장률이 2020년대에는 2퍼센트 초반, 2030년대에는 1퍼센트대로 떨어질 것이라고 장기 전망을 내놨다.

실질성장률 또한 1990년까지 평균 9.1~9.5퍼센트의 높은 성장률을 유지해오다가 그 후 2000년까지 6.7퍼센트, 2010년까지 4.3퍼센트, 2017년까지는 2~3퍼센트대로 계속 떨어지는 추세에서 2018년 이후 성장률은 2퍼센트대에 머물 것으로 보인다.

이런 가운데 국가 경제 성장의 견인차 역할을 하는 국내 기업들의 영업 실적도 악화 일로를 치닫고 있는 등 경제 불황의 악순환이 계속되고 있다. 한국경제연구원이 2011~2016년간 국내 30대 그룹 상장사 164곳의 영업 실적을 분석한 결과 1인당 매출액은 연평균 1.8퍼센트, 1인당 영업이익은 연평균 3퍼센트씩 줄어든 것으로 나타났다. 국내 30대 그룹 계열사 중 20퍼센트는 한 해 동안 벌어들인 영업이익으로 이자 비용조차 감당하지 못하는 실정이라고 한다. 국내 제조업 가동률 또한 금융위기 이후 최저 수준인 70퍼센트까지 떨어졌다.

전국적으로 많은 기업의 파산·폐업 및 조업중단 사태가 줄을 잇고, 남아 있는 기업들도 하나같이 영업 실적 부진으로 어려움을 겪는 가운데 국내 내수시장 또한 극심한 침체를 겪고 있다.

게다가 우리 경제의 버팀목이라고 할 수 있는 현대자동차 등 국내 대표기업들의 영업 실적마저 계속 내리막길을 치닫고 있으며, 한때 잘나가던 조선·해운업 또한 강도 높은 구조조정을 거치지 않고서는 살아남을 수 없을 만큼 벼랑 끝 위기에 몰려 있다. 문제는 그동안 우리 경제를 지탱해 왔던 스마트폰과 자동차 그리고 조선, 철강, 해운, 정유, 석유화학 등 중후장대(重厚長大) 산업이 모두 중국 기업들의 발 빠른 추격과 공급 과잉 등으로 커다란 위기에 처해 있다는 사실이다.

더욱이 지금 국내 기업들은 정치권과 정부의 반(反) 대기업 정서, 통상임금 소송이 진행 중인 기업들이 지급해야 하는 추가 임금 부담, 정부의 최저임금 및 비정규직 정규화 정책, 근로시간 단축 등 그야말로 사면초가(四面楚歌)에 몰려 있는 상황이다.

설상가상으로 우리나라의 대외무역 의존도가 80퍼센트를 넘는 상황에서 지금 세계 경제 기상도는 우리 경제에 치명적 위협이 되는 보호무역주의라는 먹구름이 드리워지기 시작하는 것 같다. 브렉시트(Brexit, 영국의 EU 탈퇴) 이후 영국발 보호무역주의의 바람이 거세게 불고 있는 데다, 세계 최대 경제 대국인 미국마저도 2017년 신정부 출범 이후 미국 우선주의를 내세우면서 노골적인 보호무역주의로 돌아선 것처럼 보인다.

최근 들어 세계 1·2위 경제대국인 미국과 중국 간에 격화되고 있는 무역전쟁은 글로벌 시장 질서를 한순간에 무너뜨릴 수도 있다. 우리나라가 미국, 중국 등 주요 강대국들에게 제대로 목소리를 낼 수 없는 처지에서, 이와 같은 세계 무역 환경은 우리 경제에 직·간접적으로 치명적인 약점이 될 수밖에 없다.

미국 연방준비제도(FED)에서 2018년 9월에 기준 금리를 0.25퍼센트 올린 데 이어 2019년까지 네 차례 더 올리겠다고 하는 등 돈줄을 바짝 죄는 것도 우리 경제를 더욱 어렵게 만드는 요인이 될 수밖에 없다.

• 한반도의 지정학적 위기는 필연적으로 경제 위기를 부른다

북한이 비핵화 약속을 깨고 핵무기와 각종 미사일을 실전 배치하게 될 경우 우리의 국가 안보는 지금보다 훨씬 더한 위기 상황을 맞게 될 것이며, 북핵 위협으로부터 오천만 국민의 생명과 재산을 지키기 위해 국방 예산 또한 지금보다 훨씬 더 많이 소요될 것임은 말할 나위도 없다. 다행히 한반도에서 영구 비핵화가 이뤄진다고 해도 미국의 도움 없이 우리 힘으로 북한의 각종 도발을 막아낼 수 있는 자주국방 태세를 갖추기 위해서는 많은 예산이 소요될 수밖에 없다.

한 치 앞을 내다볼 수 없는 급변하는 동북아 정세 하에서 우리가 살아남기 위해서도 최악의 상황에서 최소한 중·일 등 주변 강대국들에게 일방적으로 휘둘리지 않을 정도의 국방력은 갖추고 있어야 한다. 이와 같은 복합적 안보 위기 상황에서 우리 경제가 국가 안보를 뒷받침할 수 없을 만큼 허약해진다면 더 이상 국가의 존립 자체가 불가능해질 수도 있다.

한편, 지난번 고고도미사일방어(THAAD) 체계 배치에 따른 한·중 간 갈등으로 우리 경제가 많은 어려움을 겪은 것처럼 우리의 취약한 국가 안보를 빌미로 주변 강대국에 의한 경제적 침탈 행위가 언제든지 재발될 수 있다. 이렇게 맹수들이 들끓는 정글 생태계에서 우리 경제 체질이 지금처럼 속으로 골병이 든 상태를 계속 유지한다면 우리 경제가 더 이상 버텨내는 것이 힘들어질 것이다.

백번 양보해서 지금 우리 경제가 위기 상황이 아니라고 해도 북한과 동북아 정세 등 복합적인 안보 위기 상황에서, 우리 경제 체질이 지금보다 훨씬 더 강해지지 않고서는 견뎌내기 힘든 위기 상황을 맞게 될 것이라는 얘기다.

속으로 깊은 골병이 들어있는 우리 경제가 아직 그런대로 잘 굴러가는 것처럼 보인다거나 잠깐 동안 호황 국면을 보인다고 해서 규제·노동 시장 등 개혁 추진을 게을리한다면 위에서 말한 대로 국가 안보 및 지정학적 위기와 겹쳐 우리 경제가 소리 없이 무너져 내리는 것을 피할 수 없게 될 것이다. 얼마 전까지만 해도 막연하게 느껴졌던 안보 위기가 최근 들어 심상치 않게 느껴졌던 것처럼, 지금 이대로 가면 경제 위기 또한 마찬가지의 경로를 밟게 될 것이다.

• 현 정부의 대증요법적인 경제 정책, 침체를 가속화 한다

지금 우리 경제는 겉으로 멀쩡한 것처럼 보이지만 속으로는 깊은 골병이 든 상태이므로, 병의 근본 원인을 찾아내어 제대로 된 치료를 하는 것이 급선무다. 다시 말해서 각종 구조적 문제점으로 골병이 든 우리 경제를 살리기 위한 실효성 있는 개혁 과제들을 정부 정책으로 채택하여 시종일관 적극적으로 추진해야 한다.

그런데도 현 정부에서는 규제·노동시장 개혁, 법인세 인하 등 기업환경 개선과 우리 경제의 구조적 문제점 개선을 통해 자연스럽게 경제가 성장하면서 일자리가 늘어나도록 하는 정책을 추진해야 한다는 전문가들의 의견을 무시하고 대증요법(對症療法)적인[11] 현금 살포식 정책 추진만을 강행하고 있다. 지금 국내에서는 국력을 총동원해서 주변 강대국 못지않은 부국강병을 이루기 위해 매진해야 한다고 생각하는 대신 그동안 어렵게 쌓아올린 국부를 골고루 나눠먹자는 분위기가 대세다.

현 정부에서 추진하고 있는 최저임금 인상 정책은 영세 자영업자와 중소기업의 자금난을 심화시켜 결과적으로 국내 중소기업들의 경쟁력 약화를 초래하게 되었으며, 정책 수혜 대상인 청년들에게는 일자리 감소라는 부메랑이 되어 돌아왔다.

정부는 향후 5년 동안 공공부문 일자리 81만 개를 확충하겠다고 하지만, 여기에는 막대한 예산이 들어갈 뿐 아니라 공시족(公試族, 공무원 시험 준비생) 양산(量産)이라는 바람직스럽지 못한 결과를 초래할 뿐이다. 그리고 지금 우리나라 실정에서는 공공부문 일자리를 줄이는 것이 오히려 합리적인 정책이라고 할 수 있다.

중소기업 취업자에 대한 임금보전 정책 또한 막대한 예산이 들어가는

---

11   제2부 제2장 「대증요법으로는 해결이 안 된다」 참조.

포퓰리즘 정책에 불과하며, 전문가들의 의견에 따르면 3~4년간 현금 1,800만 원과 주거비 대출 등 한시적 지원으로 대기업 지원자들이 중소기업으로 발길을 돌리게 할 수는 없다는 것이다.

지금 우리의 경쟁국들은 각종 규제를 풀고 노동시장을 개혁하고 법인세를 인하하는 등 기업환경 개선에 총력을 기울임으로써 해외로 나간 기업들이 속속 들어오고 있건만, 우리나라는 대부분의 정책이 역주행을 하고 있어 국내 기업들은 줄줄이 해외로 나가고 있는 실정이다.

정부에서 경제 성장에 별 도움이 안 되는 현금 살포식 일자리 정책과 무상복지 등 포퓰리즘 정책에 막대한 예산을 투입하느라 경기 부양 및 기업 경쟁력 향상을 위한 예산 확보에는 매우 소극적으로 대처할 수밖에 없는 것 또한 간과할 수 없는 심각한 문제점이다.

결국 현 정부의 대중요법적인 경제 정책은 막대한 국민 세금을 들여 경제 성장과는 동떨어진 방향으로 심한 역주행을 하고 있을 뿐 아니라, 저소득·취약 계층의 일자리를 감소시키고 이들이 갈수록 빈곤의 늪 속에 빠져들게 하는 등 경제민주화 정책에도 역행하는 결과를 초래하게 되었다.

그나마 현 정부 출범 이후 세계 경제가 모처럼의 호경기를 맞이한 덕분에 정부의 심한 역주행에도 우리 경제가 그럭저럭 버텨낼 수 있었으나, 경제 전문가들은 이구동성으로 2018년 하반기 이후 세계 경제가 또다시 침체 국면에 접어들 것이라는 전망을 내놓고 있는 실정이다.

이러니 우리 경제가 앞으로 계속해서 침체의 늪 속에 빠져 들어가지 않을 것이라고 어찌 장담할 수 있겠는가.

저마다 각자도생, 누가 우리 경제를 살려낼 것인가

지금 우리 경제는 앞에서 말한 대로 각종 구조적 문제점과 규제·노동 시장 등 열악한 기업 환경에다 중국 경제의 성장 둔화 및 공급 과잉, 한반도의 지정학적 위기 심화 등 현상들이 맞물리면서 갈수록 장기 불황의 늪 속에 빠져들 것으로 보인다.

그런데 지금 우리나라 정치권, 정부, 기업, 노조를 비롯한 각계 이해관계 집단들은 다 함께 지혜를 모으고 힘을 합쳐 깊은 골병이 들어 있는 우리 경제를 살릴 생각은 하지 않고 각자도생(各自圖生)¹²의 길을 가고 있는 것이다.

여러 가지 구조적 문제점 등으로 인해 중병을 앓고 있는 우리 경제를 살리기 위해서는 정치권과 정부가 호흡을 잘 맞춰 아주 특별한 구조개선 및 경기부양 대책을 마련하고, 관련 법안을 통과시켜 역동적으로 추진해야 한다. 그런데 그동안 우리 정치권과 정부는 원활한 소통과 협력 관계를 유지하면서 경제 살리기 정책 추진에 매진하는 모습을 보여주질 못하고 여·야 간 또는 당·청 간의 극심한 의견 차이, 불통, 갈등관계 등을 해소하지 못한 채 지속적인 엇박자를 내왔다.

특히 정치권에서는 위기에 처한 경제를 살리는 일보다 포퓰리즘적 복지 경쟁, 계파 간 세 불리기, 차기 대권 또는 공천권 확보에 훨씬 더 비중을 두고 몰입하다 보니 정부에서 각종 경제 살리기 정책을 추진하기 위해 정치권의 협조를 구하는 것은 백년하청(百年河淸)¹³이 될 수밖에 없었다.

---

12 사람들이 남을 돌볼 겨를도 없이 제각기 살길을 도모하는 것을 말한다.
13 '100년이 지나도 중국 황하강의 흐린 물은 맑아지지 않는다'는 뜻이다.

편협한 집단 이기주의에 사로잡혀 정부의 각종 개혁 과제 수행의 발목을 잡는 노동조합 등 각계 이해관계 집단의 행태 또한 우리 경제의 갈 길을 어둡게 한다.

한때 강성노조의 대명사였던 미국자동차노조(UAW)는 글로벌 금융위기 이후 회사가 망하면 노조 역시 망한다는 사실을 뼈저리게 느끼고 자사의 경쟁력을 높일 수 있도록 2교대제에서 3교대제로 전환, 고임금 근로자 명예퇴직, 이중 임금제 도입 등 회사 방침에 따랐다. 세계 1위 자동차 회사인 일본의 도요타는 2011년 이후 꾸준한 영업이익 상승세에도 직원 임금 인상을 계속 미뤄오다가 2015년 들어 3.2퍼센트만 인상하기로 노사가 합의했다.

이렇게 선진국 기업 노조들이 자사의 글로벌 경쟁력 제고를 위해 기득권을 내려놓고 회사의 비용절감 노력에 동참하는 모습을 보이지만, 국내 기업 노조들은 회사 경영 사정은 아랑곳하지 않고 자신들의 이익을 챙기는 데 급급하여 강성 투쟁을 일삼고 있다.

현대중공업 노조는 회사가 2013년 4분기부터 3년 연속 적자로 누적적자가 5조 원에 달하는 데도 매년 기본급 인상 등 갖가지 처우 개선을 요구하며 회사 측과 갈등을 빚는 중이다. 현대자동차 노조는 직원 1인당 평균 연봉이 9,400만 원으로 국내 근로자 평균 연봉의 3배에 육박하는 데도, 기본급과 성과급 인상을 요구하면서 파업을 무기로 회사를 압박하는 일이 매년 되풀이되고 있다. 상대적으로 강한 쪽인 경영진으로부터 부당한 대우를 받지 않으려고 결성한 자구적 조직체로서, 오히려 스스로 강한 쪽이 되어 경영진을 쥐락펴락하면서 회사를 고비용·저효율 구조로 몰아가는 것이다.

그리고 이와 같은 사례는 국내 대부분의 대기업에 공통적으로 나타나는 현상이어서 경쟁국들에 비해 국내 기업의 경쟁력을 떨어뜨리는 요인이 되고 있다.

한국경제연구원이 국내 30대 그룹 상장사 164곳의 인건비를 분석한 결과, 2011~2016년간 지속적인 수익성 악화에도 불구하고 직원 1인당 인건비가 연평균 4퍼센트씩 꾸준히 상승한 것으로 나타났다. 한국자동차산업협회에 따르면 현대·기아차 등 국내 완성차 5개 업체의 매출액 대비 인건비 비중은 12.2퍼센트로서 경쟁사인 일본의 도요타(7.8퍼센트), 독일의 폭스바겐(9.5퍼센트)보다 훨씬 높다. 악화일로의 대내외 경제여건 하에서 극심한 실적 부진으로 어려움에 처한 가운데 국내 대기업들이 겪어야 하는 강성노조의 폐해는 링 위에서 비틀거리는 선수에게 크게 한방을 먹이는 격이다.

그 밖에 언제부턴가 정부에서 침체된 경제를 살리기 위해 각종 개혁 과제를 추진할 때마다 이에 불만을 가진 각계 이해관계 집단의 강한 반발에 부딪히는 것이 마치 당연한 일처럼 여겨지는 것 같다.

지금은 정부에서 이해관계 집단의 강한 반발이 예상되는 개혁 과제 추진을 최대한 자제하는 입장이지만, 지금이라도 관련 이해관계자들이 반대하는 개혁 과제를 추진하겠다고 나서기만 하면 강하게 반발할 것이 틀림없다. 그래도 정부에서 개혁 추진을 강행할 경우에는 시위·파업 등 집단행동으로 나올 것이 불을 보듯 뻔하다.

지금 대한민국은 심각한 경제 위기 상황을 외면한 채 집단 이기주의에 매몰되어 정부의 각종 개혁 과제 추진 때마다 집단행동을 일삼는 각계 이해관계 집단으로 인해 한 발짝도 앞으로 나아가지 못하고 있다.

제4차 산업혁명 대열에서도 밀리면 그땐 끝장이다

세계는 바야흐로 기계화와 대량 수송이 가능하게 된 제1차 산업혁명, 자동화와 대량 생산이 가능하게 된 제2차 산업혁명, 컴퓨터와 인터넷 기반의 정보화를 가져온 제3차 산업혁명 시대를 거쳐 제4차 산업혁명 시대로 숨 가쁘게 넘어가고 있다.

그런데 우리나라는 18~19세기 동안 서구 선진국들이 두 차례에 걸친 산업혁명을 통해 세계열강으로서 그 세력을 넓혀가는 동안에도 바깥세상의 혁명적 변화를 전혀 알지 못한 채 안일함과 혼돈의 세월만 축내다가 그만 나락에 떨어지고 말았던 것이다. 다행히도 우리나라는 1960년대 이후 경제개발계획의 성공적 추진으로 급속한 산업화를 이룩함으로써, 이때부터 시작된 제3차 산업혁명 대열에 참여하여 정보화 선진국으로 자리매김하게 되었다.

지금 우리는 또다시 양 극단적인 두 갈래의 갈림길에 서 있다. 그 하나는 우리나라가 현 경제 위기 해소 전략을 올바르게 설정하고 각종 개혁 과제 추진에 매진하면서, 동시에 미국, 독일, 일본, 중국과 함께 제4차 산업혁명에도 전력투구하는 길이다. 이렇게 하면 현 경제 위기를 벗어나 선진국 대열에 진입할 수 있게 될 것이다.

우리나라가 정보통신기술(ICT)과 반도체 강국의 이점을 최대한 활용함으로써 미국, 독일, 일본, 중국과 함께 제4차 산업혁명 선도 국가로 굴기하는 것은 충분히 가능한 일이다. 21세기 기술 혁신의 아이콘인 사물인터넷(IoT), 빅데이터, 인공지능을 기반으로 하는 제4차 산업혁명을 추진하는 데서 생성되는 만물초지능 생태계는 저출산·고령화, 고비용·저효율 등 우리 경제의 구조적 문제점을 치유하는 묘약이 될 수도 있다.

나머지 하나는 우리나라가 열악한 기업 환경 및 각종 구조적 문제점으로 인한 경제 위기를 벗어나지 못한 채 제4차 산업혁명의 물결에도 순항하지 못해 19세기 말처럼 주변 강대국의 틈새에 낀 약소국의 운명을 맞이하는 길이다.

미국은 GE(General Electric Company)를 비롯한 글로벌 IT 기업들을 중심으로 IoT 시대의 도래를 대비한 '산업 인터넷(Industrial Internet)' 전략을 추진함으로써 제4차 산업혁명의 문을 활짝 열어가고 있다.

독일 또한 IoT, 빅데이터, 인공지능 기술 기반의 제조업 경쟁력 강화를 위해 정부 주도의 '인더스트리 4.0' 전략을 추진하고 있다. 미국과 독일은 2010년대에 들어서 제조업 및 IT 강국으로서의 이점을 최대한 살려 자국 기업은 물론 외국 기업까지 참여하는 글로벌 디지털 산업 플랫폼 구축을 추진하는 등 제4차 산업혁명을 선도하고 있다.

미국과 독일에 이어 일본 또한 2015년부터 IoT, 빅데이터, 인공지능 기술 등을 기반으로 하는 제4차 산업혁명 시대에 대응하기 위한 국가 신전략을 추진하기 시작했다. 특히 일본은 로봇 강국의 이점을 활용하여 '로봇'을 기축으로 하는 제4차 산업혁명 플랫폼 구축을 추진하고 있다.

중국 또한 2015년에 발표한 '중국 제조 2025(Made in China 2025)' 계획 추진을 통해 미국의 산업 인터넷, 독일의 인더스트리 4.0, 일본의 로봇 신전략 등에 대응하는 중국판 제4차 산업혁명 시대를 열어가고 있다.

그런데 이제 막 미국, 독일, 일본, 중국 등 주요 경쟁국들을 중심으로 제4차 산업혁명이 활발히 진행되는 시기에, 우리 대한민국은 대내외 경제 환경 악화에다 설익은 정책으로 경제상황이 점점 더 어려워지면서, 제4차 산업혁명 대열에서도 저들 경쟁국에게 갈수록 뒤처지고 있는 실정이다.

한국경제연구원의 조사 결과에 따르면 우리나라의 제4차 산업혁명 기술 수준이 미국을 비롯한 선진국들의 70퍼센트 대에 불과하며, 지금 이대로 가면 갈수록 저들 경쟁국들과의 기술 격차가 더 벌어질 것이라고 한다.

특히 제4차 산업혁명을 추진하는 데 없어서는 안 될 핵심 키워드라고 할 수 있는 빅데이터 활용 분야에서 우리가 다른 경쟁국들에게 많이 뒤처져 있는 것은 매우 심각한 문제가 아닐 수 없다. 스위스 국제경영개발대학원(IMD)에서 발표한 2017년 국제 디지털 경쟁력 순위 가운데 '빅데이터 활용과 분석' 분야에서 우리나라는 63개국 중 최하위권인 56위를 차지했다.

미국은 민간 분야의 경우 당사자가 자신의 데이터를 수집하는 데 거부 의사를 표시하지 않는 한 본인 동의 없이 개인 정보를 처리할 수 있도록 되어 있다. 일본은 2015년 개인정보보호법 개정을 통해 익명 가공 정보 형태로 본인 동의 없이 개인 정보를 처리할 수 있게 되었다. 중국은 특별한 제한 없이 개인 정보를 비교적 자유롭게 처리할 수 있다.

이렇게 우리의 주요 경쟁국들이 방대한 개인 정보를 빅데이터화할 수 있는 체제를 갖추고 제4차 산업혁명 관련 신산업·신기술 개발에 박차를 가하고 있는데 반해, 우리나라는 개인정보보호법상 개인 정보 활용이 엄격하게 제한되어 제4차 산업혁명 대열에서 계속 뒤처질 수밖에 없는 실정이다.

갈수록 ICT 산업의 중심축이 하드웨어에서 소프트웨어로 옮겨가는 추세에서, 우리는 ICT 산업에서 소프트웨어에 비해 하드웨어가 차지하는 비중이 월등하게 높은 것도 우리가 안고 가야 하는 커다란 약점이 될 수밖에 없다. 제4차 산업혁명 시대를 이끌어 갈 국내 소프트웨어 개발 인력이 미국의 20분의 1, 중국의 30분의 1에 불과하다고 한다.

이런 식으로 우리나라가 이제 막 대장정 길에 오른 제4차 산업혁명 대열에서 선두 주자가 되지 못하고 계속 뒤처진다면, 미·중·일 등 주변 강대국과의 국력 격차가 갈수록 더 심하게 벌어지고 동북아에서 그 존재 가치가 미미해지는 수모를 감수하지 않으면 안 될 것이다. 최악의 경우 18~19세기에 우리나라가 1·2차 산업혁명 대열에 낙오되어 약소국으로서 주변 강대국의 핍박을 받았던 역사가 되풀이되는 비극을 맞게 될 수도 있다.

2017년 9월 글로벌 경제 정보 분석기관인 '이코노미스트 인텔리전스 유닛(EIU)'의 사이먼 뱁티스트(Simon Baptist) 수석 이코노미스트는 세계 경제연구원 초청 강연회에서 "2050년이 되면 한국의 경제규모(GDP)가 세계 10위권 밖으로 밀려날 것"이라고 주장했다. 지금 이대로 가면 32년 뒤 우리나라는 아시아에서 중국, 일본, 인도는 물론 인도네시아에도 한참 뒤처지는 별 볼 일 없는 나라로 전락하게 될 것이라는 얘기다.

3

외바퀴로 굴러가는 대한민국

보수와 진보의 덜 숙련된 경쟁체제, 위기를 더욱 심화시키다

원래 보수와 진보정당의 구분은 현대 민주주의의 발원지인 서구에서 그 뿌리를 찾을 수 있다. 서구 민주주의 국가에서 보수정당은 정부의 역할을 줄이고 시장 중심의 경제 운용을 통해 성장 위주의 정책을 추구하는 경향이 있다. 반면에 진보정당은 정부의 역할을 늘리고 시장경제에 개입하여 경제·사회적 불평등을 완화하고자 하는 정책을 추구한다.

우리나라에서 권위주의적 정부 행태가 유지된 1980년대 중반까지는 보수와 진보정당의 구분이 뚜렷하게 나타나지 않았으나, 1980년대 말부터 급속한 민주화가 진행되면서 서구 선진국들처럼 보수와 진보정당의 구분이 분명해졌다. 그리고 1990년대 이후에는 보수와 진보정당이 성장과 분배 위주의 상이한 정책 이념을 표방하면서 번갈아 국정을 운영하고 있다.

• 보수와 진보, 국가 위기 극복 위해 가치 융합이 필요하다

현대 민주주의의 발원지인 서구와 미국에서는 지금 우리처럼 보수와 진보 정당이 번갈아 집권해서 국정을 운영하면서도, 시대 상황과 국내 형세에 맞게 보수와 진보의 가치를 융합한 창조 정치를 구현함으로써 국익을 극대화하는 것처럼 보인다.

예를 들어 좌파(진보)의 슈뢰더 독일 전 총리는 2003년 3월부터 위기에 처한 경제를 살리겠다는 일념으로 소득세율 인하, 노동시장 유연화, 재정지출 축소 등 우파적 개혁 정책을 강하게 밀어붙임으로써 결국 독일 경제를 일으켜 세우는 원동력이 됐다.

영국의 진보정당인 노동당의 경우 마거릿 대처(Margaret Thatcher) 전 총리의 국가 개혁이 착수된 1979년 이후 18년 동안 보수당에 정권을 내주면서 위기에 처했지만, 노동시장 유연화, 복지 축소 등 보수의 가치를 과감히 수용함으로써 1997년 총선을 통해 정권을 되찾았다. 이때 토니 블레어(Tony Blair)가 이끄는 노동당은 하원 659석 중 418석(63퍼센트)을 차지하는 압승을 거두었다.

21세기는 융합의 시대이다. 전통 제조업과 ICT 융합을 통해 혁신적인 제품을 만들어내지 않고서는 글로벌 경쟁에서 살아남을 수 없으며 제4차 산업혁명 대열에서도 낙오될 수밖에 없다. 정치도 마찬가지다. 보수와 진보의 가치가 시대 상황 또는 국가 형세를 감안하여 일정 비율로 융합되지 않고서는 국가 발전을 기대할 수 없다.

더욱이 우리나라에서 보수와 진보의 가치인 안보, 성장, 복지, 경제민주화 등은 국가를 유지·발전시키고 국민 삶의 질을 향상시키는 데 빠져서는 안 될 핵심 가치들이다. 이는 선택의 문제가 아니라 조합 또는 융합의 문제인 것이다.

다시 말해서 보수와 진보 가운데 "어느 쪽의 정책을 취할 것이냐" 하는 문제가 아니라 세부 정책 항목별로 "어느 쪽 정책을 몇 퍼센트 정도 취하고 다른 쪽 정책을 몇 퍼센트 정도 취할 것이냐" 하는 문제인 것이다. 나아가서 양쪽의 정책 가운데 몇 개 항목을 창조적으로 융합해서 완전히 새로운 정책을 만들어내는 전략이라고 할 수 있다.

우리가 현 안보와 경제 위기를 슬기롭게 극복해 가면서 제4차 산업혁명 선도 국가로 굴기하려면 서구 선진국들처럼 국가 위기 해소와 각종 개혁 과제 추진에 적합하도록 보수와 진보의 가치를 융합하는 창조정치를 구현해야 한다.

다시 말해서 우리나라 진보정당은 현 경제 위기를 극복하기 위해 성장을 중시하는 보수의 가치를 과감히 받아들여야 한다. 보수정당 또한 경제민주화는 말할 것도 없고, 그때그때 상황에 따라 온건적·진취적인 안보관 등 진보의 가치를 슬기롭게 받아들일 수 있어야 한다.

• 보수와 진보, 태생적 한계로 인해 위기를 심화시키고 있다

우리나라에서는 덜 숙련된 보수와 진보 정당이 번갈아 가면서 국정을 운영하다 보니 정권이 바뀔 때마다 주요 정책 기조가 완전히 뒤바뀌는 현상이 되풀이되고 있는 실정이다. 심지어 지난 정부에서 핵심 국정 과제로 선정하여 추진했던 정책들은 무조건 안 된다는 식의 편협한 국정 운영이 지속되는 가운데, 지난 30년 동안 우리나라에서는 5년 단위의 불연속적인 국정 과제 수행과 각종 포퓰리즘 정책 추진이 일상화되어 왔다.

이로 인해 우리는 그동안 북한과의 군비 경쟁에 매우 소극적으로 대처함으로써 자주국방태세를 충분히 구축하지 못했을 뿐 아니라, 우리 경제의 각종 구조적 문제점을 심화시켜 헤어나기 어려운 위기 국면에 처하도록 하는 결과를 가져왔다.

다시 말해서 우리 정부가 북핵 위협으로 인한 안보 위기, 각종 구조적 문제점으로 인한 경제 위기를 극복하기 위해 국방개혁과 경제성장 정책들을 지속적으로 강도 높게 추진해야 함에도 그러지를 못해 상황이 더욱 나빠지는 결과를 초래한 것이다. 이런 가운데 정치권에서는 거의 매년 실시하는 대통령, 국회의원, 자치단체장 선거에서 표를 얻기 위해 경쟁적으로 각종 포퓰리즘 공약을 남발함으로써 상황을 더욱 어렵게 만들고 있다.

지금까지 말한 것이 2016년 이전까지 우리 정치권에서의 보수와 진보의 모습이었다. 그런데 2016년 겨울 점화된 촛불집회 이후 우리나라에서 덜 숙련된 보수와 진보는 아예 기형적인 모습으로 일그러져 대한민국의 미래를 더욱 어둡게 만들고 있다.

보수의 가치 실종, 대한민국의 미래를 어둡게 한다

우리나라에서 진보정당은 온건한 안보관과 분배 위주의 경제 정책 등 진보적 성향이 확고하면서 결집력이 강한 지지 기반에 의존하고 있으며, 특히 노동시장 개혁을 절대로 용인하지 못하는 양대 노총을 지지기반으로 두고 있다. 지금 대한민국은 성장보다는 분배를 중시하는 진보정당이 앞으로 4년간 국정을 이끌어가게 돼 있으며, 성장 위주의 각종 개혁 정책을 추구하는 보수정당은 지리멸렬하여 존재감조차 희미한 실정이다.

지금까지 우리나라에서 보수와 진보가 서구 선진국처럼 가치 융합이 안 돼 국가 위기 상황을 제대로 관리하지 못함으로써 위기를 더욱 심화시켰다면, 이제부터는 보수와 진보라는 양 수레바퀴 중 한쪽 바퀴가 심하게 망가져 버리는 상태로까지 발전하게 된 것이다.

• 우리나라 보수정당, 국민 관심권 밖으로 밀려나다

우리나라가 산업 근대화와 함께 민주화의 꿈을 이루고 보수와 진보정당이 뚜렷하게 구분되기 시작하면서 등장한 첫 정부는 '문민정부'를 표방한 보수진영의 김영삼 정부였다. 김영삼 정부는 집권 초기 군사문화 청산 등 과감한 개혁 조치를 통해 지지율이 80퍼센트를 상회하는 등 호조를 보였으나, 보수의 가치라고 할 수 있는 성장 위주의 각종 개혁 과제들을 제대로 소화해 내지 못해 임기 말에 치명적인 IMF 환란을 초래하고 말았다.

그로부터 10년 후 노무현 정부의 경제정책 실패를 만회할 책무를 떠안고 집권한 보수진영의 이명박 정부 역시 경제 개혁에 대한 비전 및 추진력이 부족한데다, 집권 초기 광우병 사태로 인해 국정 추진 동력을 상실함으로써 보수의 가치를 제대로 구현하지 못했다.

이명박 정부로부터 바통을 이어받아 보수정당으로서 연속 집권에 성공한 박근혜 정부는 규제개혁 등 경제 위기 극복을 위한 각종 개혁 과제 수행에 많은 공을 들였으나, 진보 야당의 거센 반대와 정책 추진력 부족 등으로 각종 개혁 추진이 흐지부지되고 말았다. 게다가 집권 말기 '최순실 국정농단 사건'이 불거지면서 6개월에 걸친 국정마비 사태를 가져왔고, 헌정사상 처음으로 현직 대통령이 파면되는 지경에까지 이르렀다.

이렇게 우리나라 보수정당은 1993년 2월부터 2017년 4월 사이에 14년을 집권하면서 성장 위주의 각종 개혁 과제 추진을 통해 침체된 경제를 살리는 데 실패함으로써 국민적 지지 기반을 확보하지 못했다. 더욱이 지난 박근혜 정부에 대한 민심 이반과 극심한 내홍으로 인해 우리나라에서 보수정당은 설 자리가 없어지면서 국민들에게 관심 밖의 존재로 밀려나게 됐다.

• 외바퀴로 굴러가는 대한민국, 정말 이대로 괜찮은가

우리나라에서 보수 정당의 추락과 이로 인한 '보수의 가치' 실종은 갈수록 침체의 늪에 빠져 들어가는 경제를 살리기 위해 반드시 필요한 각종 개혁 과제 추진을 어렵게 만드는 결정적 원인을 제공하고 있다.

위에서 말한 것처럼 지금 우리나라는 성장보다는 분배를 중시하는 진보 정당이 정권을 담당하고 있다. 그렇지만 지금 우리나라에서 분배 위주의 가치만으로는 현 안보와 경제 위기를 근본적으로 해결할 수 없다. 적어도 굳건한 안보와 성장 위주의 가치를 지닌 한쪽 수레바퀴를 더해 두 개의 수레바퀴로 견실하게 운행되는 국정 운영 시스템을 구축해야 한다.

그런데 지금 우리나라는 "침체된 경제를 살리기 위해 비록 어렵고 힘든 길이지만 규제·노동시장 개혁 등 각종 개혁 과제를 추진해야 한다"고 목소리를 높여야 할 보수 야당의 존재감이 희미하고 국민 지지도는 바닥을 치고 있는 실정이다.

우리나라 보수정당은 지난 14년의 집권기간 동안 보수의 가치를 구현하여 현 안보와 경제 위기를 해소하는 데 실패하였기 때문에, 지금 보수정당이 지리멸렬한 상태에 있음에도 국민들은 아쉽다거나 불안한 심기를 드러내지 않는다. 다시 말해서 지금 우리나라에서 보수정당은 있으나 마나 한 존재가 돼버린 것이다. 이는 불행하게도 대한민국이 현 안보와 경제 위기를 극복하고 제4차 산업혁명 선도 국가로 굴기하여 통일 강국의 꿈을 이루는 길이 요원하다는 것을 말해주는 것이다.

지금 이대로 4년의 세월이 흘러간다면 우리의 국가 안보는 어떤 상황에 놓일지 예측하기 어렵고, 우리 경제는 더 깊은 수렁에 빠져 들어가면서 제4차 산업혁명 대열에서도 미국, 중국, 일본 등 주요 경쟁국들에게 한참을 밀리게 될 것이다.

4

위기를 부채질하는 기타 요인들

위기의식으로 결집하여 정면 돌파하고자 하는 의지가 약하다

우리 국민들은 위기 불감증에 걸린 것 같다는 말을 많이 듣는다. 북한이 수소폭탄 실험을 하건, 잠수함 발사 및 대륙간탄도미사일을 쏘아 올리건, 유사시 수도권에 치명적 위협이 되는 신형 장사정포를 실전 배치할 것이라는 말을 들어도 그다지 놀라거나 개의치 않는다.

우리 경제의 구조적 문제점이 심각하고 과거 일본이 겪었던 잃어버린 20년의 세월을 그대로 답습하게 될지 모른다는 말을 들어도, 당장 코앞에 닥친 불경기와 실업 문제만 걱정할 뿐 우리 경제가 안고 있는 근본적인 문제에는 별 관심이 없는 것 같다. 이것이야말로 진짜 위기가 아닐까?

그 밖에 우리 정치권과 사회에 각종 분쟁과 갈등이 만연해 있는 것이나 정치권, 공직자, 기업인 그리고 각계 이해관계자들이 지나치게 사소한 일에 집착하는 병폐 등으로 인해 위기 극복이 어려워지거나 때로는 위기가 더욱 증폭되기도 한다.

• 위기를 제대로 인식하지 못하는 것이 진짜 위기이다

백범 김구 선생은 젊었을 때 일본 경관에게 고문을 받으면서 심한 자괴감에 빠져 깊은 탄식을 했다고 한다. "저들은 남의 나라를 차지하고서도 마저 송두리째 빼앗기 위해 저토록 잠도 자지 않고 고생을 하는데 나는 나라 잃은 백성으로서 이 나라 독립을 위해 밤을 새운 적이 몇 번이나 있었던가?"

북한의 경제 규모는 대한민국의 2.3퍼센트에 불과하지만, 저들은 국력의 엄청난 열세에도 불구하고 한반도를 통째로 집어삼키기 위해 주민들을 절망과 기아 속으로 몰아넣으면서까지 핵무기 등 비대칭 전력 개발에 안간힘을 쏟아 부어왔다. 미국과 중·일 등 주변 강대국 또한 그들 상호간의 각축장이 될 동북아에서 패권국이 되거나 살아남기 위해 치열한 군비 확충 경쟁을 벌이고 있다.

또 미국, 일본, 유럽 등 선진국과 중국은 우리보다 3~13배의 경제 규모와 앞선 기술력을 보유하고 있지만, 지금보다 더 부강한 나라가 되기 위해 열심히 뛰고 있다. 지금 이렇게 우리 주변의 세계는 '붉은 여왕의 나라'[14]처럼 엄청나게 빠른 속도로 부지런히 움직이고 있다.

그런데 우리는 지금껏 북한이 주민들을 절망과 기아선상에 내몰면서까지 핵무기 등 각종 비대칭 전력 개발에 광분해 왔으며, 이제 또다시 자신들의 최대 약점인 허약한 경제력을 보강하기 위해 통 큰 강대국 외교를 펼쳐 나가는 것이 앞으로 우리 안보에 어떤 결과를 가져다줄지 잘 알지 못한다.

또한, 주요 경제 강국들이 더더욱 부강한 나라가 되기 위해 모든 역량

---

14 루이스 캐럴이 쓴 『거울 나라의 앨리스』라는 소설에서 주인공 앨리스는 붉은 여왕에게 붙들려 함께 달리게 된다. 붉은 여왕은 앨리스에게 "이 나라에서는 자신이 움직일 때 주변 세계도 따라서 함께 움직이기 때문에 주변보다 훨씬 빠른 속도로 움직이지 않으면 앞으로 나아갈 수 없다"고 말한다.

을 총동원하여 치열한 경쟁을 벌이는 것이, 특히 동북아에서 중·일 등 주변 강대국들이 군사력 증강 및 첨단화에 박차를 가하는 것이 우리에게 얼마나 큰 위협이 되는지를 제대로 인식하지 못하고 있다.

• 총체적인 분열과 갈등 현상이 만연해 있다

지금 우리 대한민국은 정치권과 사회 전반에 걸쳐 분열과 갈등 현상이 만연해 있는 데다, 연중 끊임없이 발생하는 사건·사고[15]와 각종 분쟁으로 인해 나라가 하루도 조용하고 편할 날이 없다.

지난 2014년 4월부터 2018년 4월까지 4년간 굵직한 사건·사고 및 분쟁 사례만 보더라도 세월호 참사, 성완종 리스트, 메르스 사태, 국회법 개정 및 국정교과서 파동, 민중 총궐기 집회, 여·야당 분열, 최순실 국정 농단, 전직 두 대통령 구속 및 탄핵 사건 등이 지속적으로 발생했다.

이와 같은 정치·사회적 분위기 속에서 정치권과 정부 그리고 전 국민이 합심하여 현 위기 상황에 대처하는 것은 매우 어려운 일이 될 것이다. 더욱이 우리 사회에서 각종 사건·사고 및 분쟁과 갈등 그리고 분열 현상이 심해지고 장기화할 경우 국가 패닉 또는 국정 마비 사태로 이어져 유사시 위기 대응 능력을 상실하게 될 수도 있다. 실제로 2016년 10월에 불거진 '최순실 국정 농단' 사태는 장기간의 국정 마비와 극심한 정치권 및 사회 갈등을 초래하였다.

나아가서 이와 같이 우리 정치권과 사회에 만연된 분열과 갈등 현상은 통일 과업 수행에도 치명적인 약점으로 작용할 수 있다. 통일을 이루는 과정 그리고 통일 후 남북한 국민의 통합을 완성하는 단계에서, 우리는 '유일 수령체제'와 '자유 민주체제'라는 양 극단의 사상적·이념적 차이

---

15   여기서 말하는 사고는 천재지변이 아닌 공직자 무사안일 등 인재(人災)에 의한 사고를 의미한다.

로 인한 갈등 상황을 우리 체제 중심으로 슬기롭게 극복하고 해소해 나가지 않으면 안 된다.

그런데 정치권과 사회 전반에 걸쳐 각종 분쟁과 갈등 그리고 분열 현상이 만연한 가운데, 우리가 유일사상으로 똘똘 뭉쳐 있는 북한을 상대로 우리 주도의 통일 과업을 제대로 수행할 수 있을까?

• 정면 돌파하지 않고 작은 일에 지나치게 집착한다

세종시대 명재상인 황희에게 하루는 집에서 부리는 하인들이 찾아와 그중 두 사람 사이에 벌어진 분쟁의 옳고 그름을 판결해 달라고 요청했다. 황희는 먼저 한 사람이 주장하는 자초지종을 다 듣고 나서 "이야기를 들어보니 네 말이 옳은 것 같다"고 했다. 이어서 분쟁의 당사자인 또 한 사람의 말을 듣고 나서는 "네 말을 듣고 보니 네 말도 옳은 것 같구나"라고 말했다.

그러자 옆에서 보고 있던 황희의 부인이 답답한 마음에 "아니 누구의 말이 옳은지 분명하게 가려서 시원하게 판결을 내려야지 이쪽 말도 옳고 저쪽 말도 옳다고 하시면 어떻게 합니까"라고 했다. 그러자 황희는 또 이렇게 말했다. "듣고 보니 부인 말씀 또한 지당하오."

어찌 보면 줏대 없이 보이기도 하는 황희의 이 엉뚱한 판결은 국가 대의를 위해서는 뚜렷한 소신과 주장을 굽히지 않는 명재상이지만, 작은 일에는 조금도 얽매이지 않는 대인으로서의 풍모를 보여주는 일화라고 할 수 있겠다.

지금 대한민국은 정치권, 정부, 기업 그리고 각계 이해관계 집단마다 지나치게 사소한 일에 집착하는 병폐로 인해 국가 발전을 저해하고, 위기 극복을 위한 각종 개혁과제 수행에 커다란 걸림돌로 작용하기도 한다.

정치권은 침체된 경제를 살리기 위한 각종 개혁법안 처리와 국정 감시자 임무를 수행하는 데 촌음을 아껴 써야 할 상황임에도 여·야 또는 계파 간 갈등으로 인해 허구한 날 자기네들끼리 갈라져 싸우는 데 여념이 없다. 또 걸핏하면 당을 쪼개고 합치는 일이 반복되면서 당 이름이 수시로 바뀌는 통에 국민들이 제대로 분간하기 어려울 지경이다.

매년 새해 예산을 심의할 때에도 어떻게 하면 빠듯한 예산으로 국가위기 극복에 가장 큰 효과를 나타낼 수 있는 분야에 예산을 더 배정할지 고민하기보다는 국회의원 각자의 지역구에 한 푼이라도 예산을 더 가져가기 위해 전력투구하기도 한다. 그들 입장에서는 이 모두가 모든 것을 다 걸어야 할 만큼 중요한 일이라고 생각할지 모르겠지만 국가와 국민의 입장에서 볼 때는 매우 하찮고 시시한 문제에 불과하다.

우리나라 공직자들은 국가 위기 극복을 위해 부처 간 칸막이를 없애고 분야별 국정 목표 달성을 위해 모두 한 방향으로 매진해야 함에도, 각자 자기 부처 또는 자기 부서의 입장에 서서 매우 소극적으로 다양하게 움직인다. 심지어 자신이 국가의 공복이라는 사실을 망각하고 일신의 무사안일만을 추구하면서 매사에 복지부동하는 풍조가 만연하기도 한다.

기업체는 이익 추구를 목적으로 하는 사적 조직체이지만 한편으로는 기업 경쟁력과 기술력 향상은 물론 기업 간 상생·협력을 통해 국가 경제 성장의 견인차 역할을 해야 하는 책무를 지니고 있다. 이것은 국가와 기업이 함께 윈·윈할 수 있는 길이기에 기업으로서도 불만 없이 받아들일 수 있는 일종의 묵계라고 할 수 있다.

그런데 일부 대기업 가운데는 지나치게 중소 협력업체들을 쥐어짜고 신기술을 가로채는 등 불공정 행위를 일삼아 결과적으로 국내 전체 기업체의 90퍼센트가 넘는 중소기업들이 더 이상 성장하지 못하고 고만고 만한 상태를 유지하게 되는 일부 원인을 제공하고 있다.

더욱이 일부 재벌기업의 경우 조직 내부의 경직성과 갈등, 오만함, 도덕적 해이 현상 등으로 스스로 기업 경쟁력을 떨어뜨리고 국내에서 반대기업 정서가 만연하게 되는 빌미를 제공하기도 한다. 이따금 매스컴에 오르내리는 재벌기업 2세들의 형제 갈등, 사익 추구, 탈선행위, 땅콩 회항 사건 등이 대표적인 사례이다.

노동조합은 기업체 구성원들이 회사로부터 부당한 대우 또는 불이익을 받지 않으려고 결성한 자구적 조직체이다. 그렇다고 기업체와 노조가 정반대의 길을 가야 하는 것은 아니다. 크게는 국가 경제가 잘 돌아가야 기업체가 흥하고, 기업체가 잘 돼야 노조의 구성원인 직원들도 가족이나 주변 사람들로부터 좋은 회사에 다닌다며 대우를 받고, 오랫동안 안정적인 직장생활을 영위할 수 있다. 그런데도 국내 대기업 노조들은 회사가 이익을 많이 내어 성장하는 데는 별로 관심이 없고, 심지어 회사가 손실을 내고 경영이 어려울 때도 노동쟁의를 일삼아 회사를 궁지에 몰아넣기 일쑤다.

이는 우리나라 기업의 글로벌 경쟁력을 떨어뜨림으로써 국내 기업 전체의 영업이익 감소를 가져오고, 국가 경제 침체로 이어졌다가 다시 국내 기업들의 실적 부진으로 이어지는 등 악순환이 되풀이되는 일부 원인으로 작용한다.

그 밖에 각계 이해관계 집단 또한 국가 위기 극복을 위한 각종 개혁 과제 수행에 힘을 보태주기는커녕 개혁이라는 말만 나와도 무조건 거부 반응을 보이는 등, 국가 이익보다는 사익(私益)을 지나치게 추구함으로써 결국에는 우리 모두가 공멸할 수도 있는 길을 가고 있다.

가치관이 올바르게 정립돼 있지 않다

필자는 20대 초반 시절에 재야 정치인이셨던 한 선배로부터 편지 한 통을 받은 적이 있는데 그중에서 다음 구절을 지금까지 잊지 않고 있다. "철학이 있어 방황하지 말아야 하고, 인생관이 있어 비겁하지 말아야 하며, 세계관이 있어 흔들리지 말아야 하네." 정말 멋있고 감동적인 문구였다.

개인이나 국가를 막론하고 그 정신세계가 풍요롭고 깨어 있으면 개인과 국가도 따라서 흥하게 되며, 그 정신세계가 빈약하고 황폐하면 개인과 국가도 따라서 쇠약해진다.

그런데 우리는 지난 반세기 동안 급속한 경제 발전과 정치 민주화를 이루는 과정에서 정신적으로는 지나치게 이기적, 분파적, 자유방임적으로 흘러가, 국가적 위기 상황에 걸맞은 가치관이 뚜렷하게 정립되지 않은 채 각자도생을 추구하는 풍조가 만연하게 된 것 같다. 무엇보다 현 국가 위기 극복을 위해 국민 대통합이 이뤄져야 할 시점에서 전 국민이 공감하고 공유해야 할 역사관과 국가관이 올바르게 정립되지 못한 것은 매우 안타까운 일이 아닐 수 없다.

2015년 10월 중·고교 역사 교과서에 대한 정부의 국정화 발표 이후 정치권과 학계 그리고 학생들까지 나서서 반대 여론이 들끓었다. 그리고 2016년 11월 전 정부에서 그동안 집필한 국정 역사 교과서를 공개하자 또다시 거센 반대에 부딪혔으며, 결국 현 정부에서 지난 정부 때 만든 국정 역사 교과서를 폐기하기에 이르렀다.

문제는 현행 검·인정 역사 교과서에 담긴 역사관 및 국가관이 심하게 왜곡되어 있다는 문제점이 제기되면서, 정부와 정치권 및 학계의 의견이 첨예하게 대립되어 합의점을 찾기 어렵다는 점이다. 그리고 이는 중·고교 학생 교육에만 국한되는 문제가 아니라 우리 사회의 역사관과 국가관이 하나로 정립돼 있지 않다는 것을 의미하는 것으로 국가 위기 상황에서 매우 심각한 문제가 아닐 수 없다.

다만 정부에서도 현행 검·인정 교과서에 담긴 왜곡된 역사관과 국가관에 대하여 면밀하게 분석·검토한 결과를 아주 분명하고 상세한 내용으로 국민에게 알리고 그 대안을 제시함으로써 국민적 공감대를 형성할 필요가 있다. 그렇지 않고 지난 정부에서 일방적으로 국정화를 강행하는 바람에 일부 학자들과 학생 그리고 국민들에게 "지금 같은 다양화 시대에 획일적인 교과서 국정화는 나쁜 것"이라는 인식을 강하게 심어줌으로써 오히려 현행 검·인정교과서의 진정한 문제점들이 파묻혀버린 것 같다.

지금 우리는 정치권과 학계 그리고 국민들이 올바른 역사관과 국가관으로 똘똘 뭉쳐 위기 극복을 위해 몸과 마음을 다 바쳐도 모자랄 마당에, 서로 다른 가치관으로 국론이 갈린 채 국민 결집이 이뤄지지 못하는 진정한 위기 상황에 몰려 있는 것이다.

더욱이 우리 사회에는 자유민주주의 체제의 대한민국보다 유일 수령체제의 북한을 더 옹호하는 입장을 취하면서, 유사시 북한과 연계하여 국가 주요시설을 파괴하고 사회 혼란을 일으키고자 획책하는 수많은 친북 세력[16]까지 있다. 이들 중에는 한때 대한민국 국회의원의 신분으로 RO(혁명조직)를 통해 유사시 국가 주요시설을 타격할 음모를 꾸미고 있었던 일이 밝혀져 국민들을 경악게 하기도 했다.

---

16 국내에서 북한 체제를 무비판적으로 수용 또는 추종하면서 유사시 국가 주요 시설 파괴 또는 테러 음모를 꾸미기도 하는 세력을 세칭 '종북 세력'이라고 하지만, 여기서는 포괄적인 용어로서 '친북 세력'으로 표현하겠다.

최근 들어 남북 관계가 서로를 적대시하는 분위기에서 대화·협력하는 분위기로 전환되었다고 하지만, 북한 내부의 유일 수령체제와 인권 상황이 바뀐 것도 아니고, 저들이 궁극적으로 한반도 적화 의지를 버린 것이라고 단정할 수도 없다. 따라서 언제든지 2017년 이전의 상태로 되돌아가거나 오히려 그보다 못한 위기 상황에 떨어질 수도 있다. 더욱이 지금까지 국내 이곳저곳에 엄연히 존재하고 있는 친북 세력들이 남북한 화해 분위기를 타고 심기일전하여 정상적인 대한민국 국민으로 돌아왔을 리도 만무하다.

　만약 이 땅에 예기치 않은 비상사태가 발생하여 일시적으로 정상적인 법질서가 취약한 상태에 있을 때 저들이 한꺼번에 일어나 각종 선동과 테러를 감행한다면 어떻게 될 것인가? 그런데도 지금까지 정부는 유사시 국가 안보에 치명적 약점이 될 수 있는 저들 친북 세력을 색출하여 발본색원하고자 하는 의지와 결단력을 보여주지 못하는 것 같아 안타까운 심정이다.

5

구멍 난 위기관리 시스템

나사 풀린 정치권, 요원한 국가 개혁의 길

18대 국회가 막을 내린 2012년 5월 이전까지 우리 국회는 각종 폭언과 폭력이 난무하는 그야말로 난장판 국회였다. 그러다가 2012년 5월에 이른바 '국회선진화법'이 발효된 이후 국회 내 폭력 행위는 거의 자취를 감추게 되었다. 이는 우리나라 국회가 선진화된 것을 의미하는 축복받을 일일까? 그런데 그게 아니었다. 2012년 5월 말에 시작된 제19대 국회에서 과반 의석을 차지한 여당이 각종 개혁 법안들을 주도적으로 처리할 수 있는 기회를 국회선진화법 때문에 그만 날려버리고 만 것이다.

역대 최악의 국회라는 말을 들을 정도로 19대 국회는 별로 이룬 일이 없는 이른바 식물 국회였다. 2013년 2월에 출범한 박근혜 정부에서는 침체된 경제를 살리기 위해 나름대로 애를 썼으나, 공정하게 말해서 '정부 책임 반 국회 책임 반'으로 이렇다 할 성과를 거두지 못했다. 지난 정부에서는 악법인 국회선진화법만 개정되면 당장이라도 각종 개혁 추진이 원활해질 것처럼 야당 탓만 해오다가 손사래 치는 민심을 붙들지 못한 채 20대 총선에 참패한 데 이어 대통령 탄핵으로 집권 4년 2개월여 만에 정권을 내놓았다.

2016년 5월에서 2020년 5월까지 20대 국회가 지속되는 4년간은 대한민국이 현 위기를 슬기롭게 극복하고 상승 국면을 회복할 것이냐, 아니면 위기 극복에 실패함으로써 장기 불황의 터널 속으로 미끄러져 들어가느냐 하는 중대 갈림이 이뤄지는 시기가 될 것 같다. 어쩌면 20대 국회는 대한민국의 현대사에 가장 중요한 획을 긋는 중대한 시기에 국가적으로 가장 중요한 역할을 해야 하는 막중한 책무를 떠맡았다고 할 수 있다.

그런데 요즘 정치권에서는 각종 개혁 법안을 놓고 여야 간에 싸우는 모습을 보기가 힘들어진 것 같다. 그동안 국민들이 그렇게도 염원했던 진정한 국회 선진화가 이뤄진 것일까? 그렇지만 아무리 좋게 생각해도 그건 아닌 것 같다. 그것은 규제·노동시장 개혁, 서비스 산업 발전 등 각종 개혁 법안을 통과시키기 위해 목소리를 높여야 할 보수 야당이 잠자코 있기 때문이다.

지금까지 살펴본 것처럼 2012년 이후 우리나라 정치권에서는 나름대로의 개혁이라는 명목으로 여러 가지 변신을 시도하고 있지만 항상 '그 나물에 그 밥'인 것 같다. 아무튼 지금 우리나라 정치권은 1980년대 영국과 2000년대 독일처럼 위기에 처한 경제를 살리기 위해 초당적인 국가 개혁 추진이 절실한 상황임에도, 여·야 모두 진정한 개혁과는 엉뚱한 방향으로 가고 있는 것이다.

무기력한 정부와 공직사회, 국민은 답답하다

정부는 국가 위기 상황을 가장 먼저 간파하고 위기 돌파를 위한 대책을 수립하여 시행해야 할 책무가 있다. 그런데 최근 우리나라 역대 정부에서는 현 안보와 경제 위기를 해소하기 위해 고강도 개혁 정책을 입안해서 강력하게 추진하는 모습을 보여주지 못하고, 대중요법적 또는 포퓰리즘적 정책 추진에 계속 머무르고 있는 실정이다.

스위스 국제경영개발대학원(IMD)이 발표한 '2017년 국가 경쟁력 평가' 중 '정부 효율성' 부문에서 우리나라는 63개국 가운데 28위를 차지했다. 2011년(22위)에 비해 6계단이나 떨어진 것이다. 오죽하면 외국의 유명한 컨설팅 전문가가 한국을 '냄비 속 개구리'에 비유했겠는가. 즉, 지금 우리 한국이 물이 서서히 뜨거워지는 것을 모르는 냄비 속 개구리처럼 위기를 제대로 느끼지 못해 적절한 대응을 하지 못하고 있다는 말이다.

지금과 같이 대내외적으로 국가가 매우 어려운 상황에서는 평상시와 달리 특별하고 일사불란한 정부 시스템을 유지하면서, 모든 공직자들이 번뜩이는 창의력과 불타는 사명감으로 각종 개혁 과제들을 적극적, 능동적으로 수행하지 않으면 안 된다. 그런데 아쉽게도 지금 우리 공직사회는 각종 이기주의, 선례 답습주의, 법규 만능주의, 형식주의 등이 만연해 있으며, 일부 공직자들은 각종 비리 또는 무사안일에 빠져 국가 위기 극복에 커다란 장애 요인으로 작용하기도 한다.

• 개혁과 동떨어진 국정 운영, 경제 침체를 가속화 한다

우리나라에서는 1980년대 후반 이후 민주화가 진행되면서 정부의 힘이 점점 빠지기 시작하더니 결국 지나치게 나약하고 무기력한 모습을 드러내게 되었다.

최근 들어 우리나라 정부가 '제왕적 대통령제'화 되어 권력 분산이 필요하다는 주장이 제기되고 있지만, 이는 대통령의 권력 운용상의 문제일 뿐, 실제로 정부의 국정 수행 동력은 지극히 나약하고 무기력한 상태를 유지해왔다.

우리나라가 1960년대 이후 급속한 경제발전을 이룩한 데 이어 정치 민주화까지 이뤄낸 것은 매우 바람직한 일이다. 그렇지만 정치 민주화가 나약하고 무기력한 정부를 의미하는 것은 아닐 것이다. 정치 민주화의 역사가 오래된 미국이나 유럽 등 선진국들의 정부는 절대 나약하지 않다. 영국과 독일 정부는 1980년대와 2000년대에 강력한 국가 개혁을 추진함으로써 위기에 처한 경제를 살려냈다. 그런데 우리 정부는 총체적인 국가 위기 상황에 직면하고서도 국력을 총동원하여 위기를 조기에 극복하겠다는 비상한 의지와 결단력을 보여주지 못한 채 좌고우면(左顧右眄)하는 것 같다.

사실 그동안 우리 정부는 양적으로 엄청나게 커졌다. 잘 짜인 정부 시스템은 하드웨어 측면에서 주요 선진국 수준이고, 전체 공무원 수는 100만 명이 넘으며, 지난날의 급속한 경제성장 과정에서 우리 공직자들이 축적한 행정 노하우도 글로벌 수준이다. 각종 정책 결정 및 집행권은 물론 다양한 행정 입법권도 가지고 있어 국회 협조를 받지 않고 정부가 독자적으로 추진할 수 있는 일들이 엄청나게 많다.

그런데도 우리 정부는 하드웨어 측면에서 공룡화된 정부 시스템을 소프트웨어 측면에서 첨단화, 효율화하는 노력을 소홀히 함으로써 정부 기능을 최고도로 발휘하지 못하고 있을 뿐 아니라, 현 국가 위기를 돌파하고자 하는 강한 의지와 실천력도 보여주지 못하고 있다.

지난 박근혜 정부에서는 국가 위기 극복을 위해 각종 개혁 과제들을 추진할 의지는 있으나 국회에서 관련 법안들을 통과시켜주지 않아 제대로 추진할 수 없다면서 매사에 소극적으로 대처하다 보니 집권기간 동안 이뤄놓은 일이 별로 없다.

현 문재인 정부는 대통령이 낮은 자세로 소통하는 모습을 보여줌으로써 집권 초기에 국민 지지도는 높은 수준으로 회복되었다. 현행 대통령제도 운영만 잘하면 제왕적 대통령제라는 오명을 벗을 수 있다는 것을 잘 보여주는 사례라고 할 수 있다. 그렇지만 촛불 민심을 등에 업고 화려하게 등장한 현 정부 또한 국민의 높은 기대감을 충족시켜 주기는커녕 갈수록 국민들에게 극도의 실망감과 불안감을 안겨주고 있다.

병의 원인을 정확하게 진단하여 수술과 항암제 투여 등 견디기 힘든 치료 과정을 거쳐야 건강을 회복할 수 있는 것처럼, 침체된 경제를 살리기 위해서는 숱한 저항과 고통이 수반되고 일시적으로 국민 지지도가 떨어질 수도 있는 고강도 개혁의 과정을 반드시 거쳐야 한다. 1980년대 영국과 2000년대 독일도 이같이 힘든 과정을 거쳐 침체된 경제를 살리는 데 성공했다.

그런데 지금 우리 정부는 개혁과 동떨어진 국정 운영으로 침체된 경제를 살리기보다는 더욱더 어렵게 만들 공산이 커 보인다.

• 공직사회에 각종 이기주의와 무사안일 풍조가 만연해 있다

누군가 교회 건축 공사장에서 일하는 두 명의 기술자에게 "무엇 때문에 여기서 이런 일을 하느냐"고 물었다. 그때 한 사람은 "식구들을 먹여 살리기 위해 이 일을 할 수밖에 없다"고 대답을 했는데, 나머지 한 사람은 "하느님의 은총으로 많은 사람이 구원을 받을 수 있도록 성스러운 전당을 짓고 있다"고 말했다. 위 두 사람 중 누가 더 교회 짓는 일을 능률적으로 잘할 수 있을지 따져볼 필요도 없을 것이다.

공직자들이 직무를 수행함에 있어서도 직무 수행의 목적과 방향이 자신을 위해서냐, 소속 부서를 위해서냐, 소속 기관 또는 부처를 위해서냐, 아니면 국가를 위해서냐에 따라 공직 수행의 자세와 방법이 크게 달라질 것이다. 그런데 우리나라 공직사회는 각각의 이해관계가 다를 경우 자기 부처와 부서 또는 자신의 입장만을 생각하면서 각종 사업 추진을 위한 협의에 응하거나 업무를 처리하는 풍조가 만연해 있어 최상위 국정 목표에 완전히 부합하는 사업 추진이 어렵게 된다.

한편, 2014년 4월에 발생한 세월호 참사는 관련 공직자들의 켜켜이 쌓인 무사안일 적폐가 불러온 대재앙이었다. 공직자 무사안일 행태는 겉으로 잘 드러나지 않으면서 공직사회의 효율성을 크게 떨어뜨리는 암적 존재이다. 지금 우리 공직사회에 만연된 무사안일 행태는 국정 추진 동력의 약화를 가져와 각종 개혁과제 추진을 어렵게 만들 뿐 아니라 세월호보다 더 끔찍한 재앙이 우리 모두를 덮치게 할 수도 있다. 국정 수행의 창의성, 적극성, 적시성 그리고 역동성을 크게 떨어뜨림으로써 위기 상황에 제대로 된 대응을 할 수 없기 때문이다.

• 공직 비리, 국가 안보와 경제를 해친다

공직사회 이곳저곳에 도사리고 있는 각종 비리는 인체에 접근하여 피를 빨아먹으면서 직·간접적으로 여러 가지 해를 입히는 독충처럼, 국고에 손실을 끼치면서 동시에 국가 안보와 경제 발전을 저해하는 몹시 나쁜 존재이다.

특히, 최근 몇 년에 걸쳐 터져 나온 방산 비리 사건은 우리 국민들의 군에 대한 신뢰를 여지없이 무너뜨려 놓았다. 해군이 관련 시험평가서를 위조해 1970년대 기술로 만들어진 시가 2억 원짜리 음파탐지기를 41억 원에 구입하거나 적의 소총에 뚫리는 불량 방탄복 2,062벌을 정상품인 것처럼 납품받는 등 비리가 끊임없이 터져 나온 것이다.

우리 모두가 방산 비리를 일반적인 공직 비리에 비해 훨씬 더 심각하게 받아들일 수밖에 없는 이유는 그것이 비단 공직사회의 물을 흐리고 예산을 낭비하는 등의 폐해에 그치지 않고 국가 안보를 뿌리째 흔들어 놓기 때문이다.

그 밖에 각종 권력형 비리, 인·허가, 공사, 물자구매, 인사, 기업 관련 비리 또한 국가 경제 및 국정 운영에 적지 않은 악영향을 끼친다. 국제투명성기구(TI)가 발표한 2016년도 부패인식지수(CPI)에서 우리나라는 176개국 중 52위를 기록했다. OECD 35개 회원국 중에서는 하위권인 29위에 머물렀다. 그동안 역대 정부에서 우리 공직사회에 만연된 부정·비리 척결을 위해 많은 노력을 기울였지만, 공직사회 곳곳에 잠복해 있는 각종 부정·비리는 '사라졌다 나타났다'를 반복하면서 그 질기고 뿌리 깊은 존재감을 과시하고 있다.

사실 그동안 역대 정부의 꾸준한 노력으로 우리 공직사회의 비리가 많이 줄어든 것은 사실이다. 그런데 문제는 각종 권력형 비리 등 취약분야의 구조적·고질적인 비리는 대부분 그대로 있고, 하위직 공무원들이 소위 급행료 또는 명절 때 떡값 명목으로 금품을 받는 등 자질구레한 부조리만 대부분 사라졌다는 점이다. 건수로만 보면 급행료, 떡값 등 자질구레한 부조리 쪽이 훨씬 많고 국민 체감도 높기 때문에 국민들이 피부로 느끼기에는 우리 공직사회가 과거보다 많이 깨끗해졌다고 생각할 수 있다. 그렇지만 정작 악성 비리에 속하는 취약 분야의 구조적·고질적인 비리는 그대로 남아 국가 안보와 경제 발전 등에 악영향을 끼치고 있다.

눈덩이처럼 불어나는 복지예산, 안보와 경제에 큰 걸림돌이다

2010년 6월 지방선거와 2012년 12월 대통령 선거를 계기로 우리나라는 거대한 무상복지 홍수에 휩쓸려 도무지 정신을 차릴 수 없을 지경이다. 더욱이 2018년 6월 지방선거에서는 대책 없이 늘어만 가는 무상복지 예산에 대한 구조조정이 절실한 마당에, 보수와 진보정당 후보들이 경쟁적으로 각종 새로운 무상복지 공약들을 남발하는 등 실로 한심한 지경에까지 이르렀다. 이대로 가면 우리나라가 그리스처럼 되지 말란 법도 없을 것 같다.

지금 우리나라는 안보와 경제 위기가 동시에 밀어닥쳐 그야말로 나라 운명이 벼랑 끝에 몰려 있는 것 같다. 이와 같은 위기를 극복하기 위해 가장 필요한 것은 안보와 경제 분야 예산을 크게 늘려 국방을 튼튼히 하고 꺼져가는 성장 동력을 되살리는 일이다. 그런데 가뜩이나 침체된 경제 상황에서 세수는 별로 늘어나지 않는데 해마다 복지예산은 큰 폭으로 늘어날 수밖에 없으니 특별히 안보와 경제 분야 예산을 더 챙길 여력이 없다.

먼저, 갈수록 증대되는 북한의 군사적 위협에 대응하여 군 전력(戰力) 증강사업 등 국방개혁을 차질 없이 추진하기 위해서는 그동안 국방비 예산이 최소한 연 7~8퍼센트 이상씩 늘어났어야 했는데, 2010~2017년 간 국방비 예산은 연평균 4.4퍼센트 수준의 증가율을 유지해 왔다.

그나마 현 정부에서 2018년 이후 국방비 예산을 7.0~8.2퍼센트까지 늘린 것은 매우 고무적인 일이지만, 그동안 지지부진했던 국방개혁 추진 실태와 앞으로 전개될 예측 불허의 한반도 복합 위기를 고려할 때 턱없이 부족한 규모이다.

제1부 제1장에서 말한 것처럼 북한이 언제 태도를 돌변해서 핵개발을 재개하고 핵무기 실전 배치를 서두르게 될지 알 수 없는 상황에서 유사시 북한의 핵공격을 억지할 수 있는 3축체계 구축 예산과 기타 각종 첨단무기 개발 또는 구입 예산을 충분히 확보하지 않으면 안 된다. 현대전의 승패를 가름할 수도 있는 사이버 전력이 우리가 북한보다 형편없이 뒤처져 있는 상태에서 우리 군의 사이버 전력 강화를 위해 충분한 예산을 확보해야 하는 것은 말할 나위도 없다. 우리의 상비군 병력이 북한의 절반밖에 안 되고 갈수록 병력 자원이 줄어드는 상황에서 예비군 전투 장비 첨단화 등 전력 강화를 위한 예산도 서둘러 확보해야 한다. 우리가 이렇게 시급한 안보 관련 예산들을 제때 충분히 확보하지 못할 경우 미래 불확실한 안보 환경에서 살아남을 수 없다.

다음으로, 갈수록 성장 동력이 꺼져가는 국가 경제를 살리기 위해서는 투자 의욕을 상실한 국내 기업인들에게 활력을 불어넣고 아울러 기업 경쟁력을 높일 수 있게 경기 부양 및 R&D 예산을 획기적으로 늘려야 한다.

더욱이 주변 강대국인 중국과 일본 정부는 막대한 예산을 투입하여 자국의 제조업 육성에 박차를 가하고 있는데, 우리 정부만 이렇게 손 놓고 있다가는 두 나라와의 국력 격차가 갈수록 커져서 동북아에서 우리의 입지가 형편없이 쪼그라들 수 있다는 점을 명심하지 않으면 안 된다.

그런데 매년 큰 폭으로 늘어나는 복지예산 때문에 재정 운용의 폭이 좁아지면서 기업 기술력 향상을 위한 R&D 예산 증가율이 2016년 1.1퍼센트, 2017년 1.9퍼센트, 2018년 1.1퍼센트, 2019년 4.4퍼센트밖에 되지 않는 등 현 경제 위기를 조기에 극복하겠다는 의지를 보여주지 못하고 있다.

그 밖에도 지난 정부 이후 갈수록 늘어나는 복지예산 수요를 감당하기 어려워 당장 시급한 국정 과제를 수행하기 위한 예산 확보에 급급하다 보니, 10~20년 이후를 대비한 주요 국책사업 추진을 소홀히 하는 경향이 두드러지는 것 같다.

예를 들어 지금 우리나라가 우주개발 사업에서 미국, 중국, 유럽, 일본 등 경제 강국들에게 한참을 뒤처져 있다고 해서 당장 문제가 되는 것은 아니다. 그렇지만 앞으로 10~20년 후 한 나라의 우주개발 기술 수준은 그 나라 안보와 경제에 지대한 영향을 미치게 될 것이 틀림없다.

그래서 저들 경제 강국들은 오래전부터 각종 탐사위성을 쏘아올리고 달 유인기지 건설을 추진하는 등 우주개발에 박차를 가하고 있는데, 현 정부에서는 10여 년 후인 2030년에 가서야 그것도 제반 조건이 갖춰질 경우 달착륙선을 발사하겠다는 식으로 우주개발 추진이 지지부진한 실정이다.

한편, 그동안 국가 또는 지방 재정 수지를 고려하지 않은 채 무리하게 졸속 추진해 온 무상복지 정책이 갈수록 한계를 드러내면서, 이대로 가면 지속적인 복지정책 시행 자체도 어려워질 것 같은 생각이 든다. 예를 들어 2014년 7월부터 새로운 기초연금 제도가 시행되면서 국가 및 자치단체가 추가로 부담해야 하는 예산이 크게 늘어났으며, 급속하게 진행되는 고령화 추세로 인해 기초연금 지급 예산은 계속해서 가파르게 늘어날 수밖에 없다.

더욱이 현 정부 들어 기초연금 및 기초 생활보장 최저 생계비 인상, 아동수당 신규 지원, 일자리 예산 증액, 건강보험 의료비 보장 확대 등 무상복지는 계속 확대되는 추세여서 국가 복지 예산과 자치단체 추가 분담 예산 또한 눈덩이처럼 불어날 수밖에 없는 실정이다.

민선 자치제, 선심성 예산 낭비와 지방 토착비리를 키운다

반세기에 걸친 산업화와 민주화 과정을 성공적으로 달려오면서 우리나라도 1990년대부터 광역 및 기초단체장(이하 단체장)과 지방의원들을 주민들의 직접 선거로 선출하는 등 지방자치제도가 본격적으로 시행되었다.

사실 민선 자치제를 시행하기 전에 이 제도가 안고 있는 장단점을 자세히 검토한 후, 우리 실정에 맞는 자치제도를 단계적으로 채택하여 시행하여야 했다. 그러나 주로 정치적인 목적에서 여·야 합의를 통해 전격 도입된 우리의 지방자치제도는 지방 토착 비리를 조장하고, 행정의 효율적인 수행을 저해하며, 예산을 낭비하는 요소들을 숱하게 안고 있다.

• 잘못된 선거풍토, 포퓰리즘적 예산낭비를 키운다

민선 자치제가 시행된 이후 각급 자치단체에서는 단체장 후보들이 선거에서 이기기 위해 경쟁적으로 각종 포퓰리즘 공약을 남발하는 바람에 공약 사항 이행을 위해 선심·전시성 사업이나 타당성 없는 사업 추진으로 예산을 낭비하는 사례가 지속적으로 발생한다.

게다가 우리 자치단체들은 새로운 청사 수요가 발생할 때마다 어려운 재정 형편을 고려하지 않은 채 필요 이상으로 크고 화려한 건물을 신축하는 경향이 있다. 특별회계 예산을 끌어다가 호화 청사를 건립한 후 모라토리엄(지급 유예)을 선언한 사례도 있었다. 그 밖에도 지역 발전에 기여할 수 있는 개발형 투자사업 대신 무분별하게 호화청사를 건립하는 사례들이 이어졌으며, 다수 자치단체에서 필요 이상으로 큰 지방의회 청사를 보유하고 있는 것을 흔히 볼 수 있다.

각급 자치단체에서는 장기적인 안목으로 지역 발전을 위해 꼭 필요한 사업이 무엇인지 심사숙고하여 몇 가지 숙원 과제들을 선정한 후, 사업의 타당성 및 우선순위를 고려하여 필요한 예산 확보에 주력해야 한다. 전국 자치단체에서 이와 같은 방식으로 지역개발 사업을 추진하고자 한다면 대상 사업들이 차고도 넘칠 것이다.

원래 민선 자치제의 가장 큰 장점은 자신의 능력에 따라 4~12년의 임기가 보장되는 단체장이 장기적인 관점에서 사업의 타당성 및 효율성이 높은 지역개발 사업을 입안하여 소신껏 추진할 수 있다는 점이다. 그런데도 다수의 단체장들이 공약사항 이행 또는 차기 선거를 의식하여 장기적인 지역 발전보다는 임기 중에 성과가 나타나고 당장에 표를 모을 수 있는 선심·전시성 사업 및 외형적 업적 쌓기에 집착하는 일이 되풀이됨으로써 지역 발전 대신 빚더미만 늘어나게 되는 것이다.

• 과도한 선거비용, 각종 토착비리의 원인이 된다

민선제 이후 자치단체의 업무와 관련된 각종 이권에 개입하는 토착 비리의 악순환이 되풀이되는 것도 간과할 수 없는 문제점이다. 지방자치 4기(2006~2010년) 동안 전국 228곳의 기초단체장 가운데 41퍼센트인 94명이 뇌물 수수 등 비리 혐의로 기소되어 40명이 유죄 판결을 받았다. 그나마 지방 토착 비리 정황이 포착된 경우에는 수사기관에서 범죄 사실을 입증해 기소할 것이지만, 문제는 대부분의 비리 행위가 세상에 드러나지 않은 채 묻혀버리게 되고 피해는 고스란히 중앙 및 지방 정부와 주민들에게 돌아간다.

단체장과 지방의원들은 1회 선거비용으로 수억 원에서 수십억 원이 들어간다고 한다. 물론 이 금액은 선관위에서 인정하는 공식 선거비용 이외의 금액까지 합한 금액을 말한다. 그리고 다 그런 것은 아니겠지만, 민선제 이후 토착 비리 성행이 단체장 및 지방의원 선거와 무관한 것으로 보기는 어려울 것 같다.

각종 선거 때마다 느끼는 생각이지만 "도대체 선거운동을 꼭 이런 식으로 해야 되는 것인가"라는 의문이 들 때가 많다. 후보자들이 길거리에서 확성기에다 대고 큰소리로 외쳐대지만 소음 공해만 발생할 뿐 무슨 말을 하는지 전혀 알아들을 수 없다. 대부분의 일반 주민들이 모르는 가운데 돈 들어갈 데가 많다고도 들었다. 언제부턴가 공영 선거제도를 실행하고 있지만 허울뿐이라는 생각이 든다. 공식 선거비용 이외에 정말 돈 안 들어가는 선거가 이뤄진다면 얼마나 좋을까? 후보자들도 대부분 이런 생각을 할 것으로 보인다.

선거 풍토가 혼탁해지다 보니 지방선거를 통해 당선된 단체장들이 취임 후에도 각종 선거소송 또는 수사에 대응하느라 지방 행정에 전념하지 못하는 것도 간과할 수 없는 문제점이다.

한편, 현행 공직선거법은 금품 제공 등 불법 선거운동을 방지한다는 명목으로 유권자와 후보자간 접촉이나 정보 전달 등을 과도하게 제한함으로써 지역 주민들이 마음에 드는 후보자를 고르기도 쉽지 않고 선거운동에 대한 관심도 점점 멀어져가는 것 같다.

그렇다고 해서 공직선거법이 잘 지켜져 돈 안 드는 선거가 이뤄지는 것도 아니다. 돈은 돈대로 들어가고 유권자의 관심을 끌거나 알 권리를 충족시켜주지도 못하는 기형적인 선거운동이 돼가고 있는 것이다.

• 민선제 하에서 공무원 줄서기와 인사비리가 판친다

지방선거를 통해 단체장이 취임한 경우 자신의 측근 또는 심복을 승진시키거나 요직에 앉히는 등 파격 인사를 단행하는 일 또한 비일비재하다. 심지어는 단체장이 자신의 측근 직원을 승진시키기 위해 이미 작성된 근무 성적을 조작하거나 인사 규정을 바꾸도록 지시하는 사례도 종종 드러나곤 한다.

이렇게 해서 전격 발탁된 인사들이 몸과 마음을 바쳐 충성해야 할 대상은 단체장일까? 지역 주민일까? 두말할 나위 없이 지속적인 신뢰관계 유지를 위해 항상 단체장의 눈치만 살피게 되고, 선거철이 다가오면 단체장이 선거에 승리할 수 있도록 하는 데 숨은 노력을 다 바칠 것이다.

이 밖에도 단체장의 심복이 되기 위해 또는 단체장의 눈에 들기 위해 공무원들이 선거 때마다 줄서기를 하는 등 정치적 중립성을 크게 훼손하는 풍조가 생겨나기도 한다. 이와 같은 풍조 하에서 성실하고 유능한 일반 공직자들이 단체장 또는 주변 실세들의 눈 밖에 나서 승진이나 주요 보직에서 밀려날 경우 사기 저하로 인해 업무 능률이 크게 떨어질 수 있다.

• 덜 성숙된 풀뿌리 민주주의, 지방의회도 문제다

풀뿌리 민주주의의 근간이라고 할 수 있는 지방의회도 문제이다. 우리나라 지방의회는 의원들의 전문성 부족, 비능률적인 의정활동, 과도한 자료 요구, 각종 예산 낭비와 이권 또는 인사 개입 등 여러 가지 비효율과 폐해를 초래하는 현상들이 이제는 마치 당연한 일처럼 돼버렸다.

지방의회가 단체장의 예산 낭비와 토착 비리 등 각종 비효율과 폐해를 방지하는 기능은 제대로 수행하지 못한 채, 오히려 각종 폐해를 키우고 지방행정의 원활한 수행을 저해하는 등 역기능만 초래하게 된 것이다.

특히 기초의회의 경우 의원들의 고압적 태도와 지나친 이권 개입 또는 과도한 행정 간섭 등으로 지방 토착 비리를 조장하고 직원들의 업무 수행에 지장을 초래하거나 사기를 떨어뜨리는 등 폐해가 극심한 실정이라고 한다.

우리 공기업들, 방만 경영과 부실의 늪에 빠지다

우리나라에는 700여 개의 국가 및 지방 공기업이 있지만 이 가운데 상당수가 부실 경영, 만성 적자, 과도한 부채 등으로 어려움에 처해 있다. 그렇지만 이들 부실 공기업 가운데 민영화가 필요한 공기업, 경쟁체제를 도입해야 할 공기업, 구조조정이 필요한 공기업, 경영 쇄신이 필요한 공기업 등으로 구체적인 분류가 되어 있지는 않은 것 같다.

아무튼 우리가 그동안 들어서 알고 있는 국내 공기업들의 심각한 부실 상태를 고려할 때 지금쯤 몇몇 공기업은 민영화를 추진하고, 어떤 공기업은 경쟁체제를 도입하고, 일부 공기업은 고강도 구조조정을 시행해야 한다는 등의 말들이 무성해야 할 것인데 너무 조용하지 않은가.[17]

지금 국내에는 민간기업 같으면 주가 폭락 등으로 기업 경영이 한계 상황에 이르렀어야 할 공기업들이 많지만, 국가라는 보증수표 때문에 마지막 쓰러지는 순간까지 망하지 않고 명맥을 유지할 수 있다. 바로 이 점이 그동안 우리나라 공기업들로 하여금 느슨하고 방만한 경영 스타일을 유지하도록 만들었는지도 모르겠다. 국내외 모든 기업들이 일일신(日日新) 우일신(又日新)의 자세로 나날이 새로운 변화를 추구하면서 질주하는데, 우리나라 공기업들은 그동안 정부의 과보호 하에 너무 안일하게 대처해 왔다.

이처럼 그동안 국내 공기업들이 느슨하고 방만한 경영 스타일을 유지해 온데다가, 사장·감사 등 공기업 수뇌부에 전문 경영인 대신 낙하산 인사를 앉힘으로써 정치권과 정부의 입김만 늘어나고 민간기업 수준의 경영 효율성을 기대하는 것은 갈수록 어려운 상황이 되었다.

이렇게 해서 부실화된 국내 공기업들을 정상화하는 첩경은 특별한 경우를 제외하고는 이들 모두를 민영화하는 것이다. 그리하여 공기업 부실을 조기에 근본적으로 해소함과 동시에, 공기업 매각을 통해 들어오는 막대한 재원을 경기부양 자금으로 충당함으로써 위기에 처한 이 나라 경제를 살릴 수도 있다.

---

17 더 이상 공기업으로서 존립하기 어려울 정도로 부실이 심각하거나 오래전부터 정리 대상 공기업으로 명맥만 유지해 온 일부 자원개발 공기업이나 석탄공사 등에 대한 민영화 또는 구조조정을 말하는 것이 아니다. 아직 겉으로는 멀쩡하지만 속으로 깊은 골병이 들어 있는 부실 공기업에 대하여 선제적으로 민영화, 경쟁체제 도입, 구조조정 등의 개혁 조치를 하는 것을 말한다.

그런데 그동안 역대 정부의 공기업 민영화 추진 실태를 보면 1998년 이후 김대중 정부 5년 동안 포스코 등 대형 공기업 8곳을 민영화한 것을 제외하고는 그 후 15년 동안 민영화 실적이 지나치게 미미하였다. 2013년 이후 박근혜 정부와 문재인 정부에서는 아예 공기업 민영화 추진이 중단된 상태이다.

한편, 민영화가 필요하지만 공익과 국민편익 등을 고려해 공기업의 지위를 유지하기로 한 경우에는 당해 공기업 정상화를 위한 경영 혁신 방안을 마련하여 내실 있게 추진해야 한다. 그런데 최근 정부에서 추진하고 있는 공기업 개혁 프로그램을 보면, 속으로 깊은 골병이 들어있는 국내 부실 공기업들의 심각한 증상에 비해 개혁 처방이 지나치게 단순하고 강도가 너무 약하다는 생각이 든다.

정부에서는 만성 적자와 과도한 부채에 허덕이는 부실 공기업들에 대하여 부채 감축 및 방만 경영 개선 등에 관한 획일적 기준을 제시하는 등 대중요법적인 개혁 추진에 계속 머무르고 있는 것 같다. 부채 감축 건만 하더라도 부채가 터무니없이 늘어나게 된 근본 원인을 심층 분석하여 구조 조정, 사업 재편, 인사 및 경영 쇄신 등 경영 수지를 획기적으로 개선할 수 있는 개혁 프로그램을 추진하는 것이 필요하다. 무조건 자산을 매각해서 부채를 줄이는 것만이 능사는 아닐 것이다.

각종 비리와 무사안일, 방만 경영, 만성적인 적자 구조, 고비용·저효율을 초래하는 강성노조 등 갖가지 원인으로 심각한 중병을 앓고 있는 우리나라 공기업을 개혁하는 일이 이렇게 쉬운 일일까? 아마도 살을 도려내고 뼈를 깎는 아픔을 견뎌내지 않으면 이뤄질 수 없는 어려운 일이 될 것이다.

제 2 부

위기는 개혁을
부른다

1

국가 개혁

우리는 지금 중대한 갈림길에 서 있다

지금 우리 대한민국은 크게 두 갈래로 나뉜 갈림길에서 어느 한쪽을 선택해야만 한다. 그중 하나는 그 옛날 1960년대를 생각해서 이 만큼의 풍요로움을 누리고 사는 데 만족하고, 적당히 국민 복지를 늘리면서 보통국가로 살아가는 것이다. 나머지 하나는 우리나라가 고속 성장을 멈추고 경제가 침체된 여러 원인을 다각적으로 분석·검토하여 지난날의 성장 패턴을 회복할 수 있는 방안을 마련한 후 정치권, 정부, 기업 그리고 전 국민이 합심하여 국가 개혁 추진에 매진하는 것이다.

그런데 두 갈래 길 중에서 어느 한 길을 선택하는 것은 그렇게 간단한 문제가 아니다. 대한민국의 지정학적 여건으로 인해 우리가 더 이상 욕심을 부리지 않고 편안한 길을 가고자 해도 북한이나 주변 강대국들이 우리를 그냥 놔두지 않을 것이란 점이다. 미래 불확실한 안보환경 하에서 우리의 국가 안보를 유지하기도 어렵고, 날로 세력이 커지는 중국과 일본 사이에 끼어 조선 말기 때처럼 무기력한 약소국으로 전락하게 될지도 모른다. 여기다 더 이상 무슨 설명이 필요하겠는가.

그 대신 후자의 길을 택할 경우 우리는 현 경제 위기를 극복하고 선진국의 문턱을 넘어서 중국, 일본과 어깨를 나란히 하는 동북아 3룡(龍) 그리고 세계 지도국의 일원이 되어 자자손손 번영과 영광을 누리게 될 것이다.

그런데 유감스럽게도 지금 우리의 '대한민국호'는 뱃머리를 전자의 길 쪽으로 서서히 움직이는 것처럼 보인다. 미래 안전과 번영이 보장되는 땅을 찾아 거센 파도와 싸우는 길을 선택한 것이 아니라, 최종 목적지는 보잘것없지만 뱃길이 순탄하고 가까운 길을 택한 것 같다. 선장도 항해사도 승객들을 기름지고 풍요로운 땅으로 인도하는 것이 아니라 그냥 편안한 뱃길을 따라 척박하고 위험하기까지 한 땅으로 데려가는 것 같다.

신속하게 항로를 변경하여 새로운 '대한민국호'를 출범시켜야 한다

이제 더 이상 시간이 없다. 배는 이미 움직이기 시작했다. 돌이킬 수 없는 곳에 다다르기 전에 하루속히 항해를 멈추고 후자의 길로 돌아갈 수 있도록 결단을 내려 새로운 항해 준비를 서둘러야 한다. 이제는 위기를 벗어나기 위해 승객들이 직접 나서야 한다. 승객들이 지금 가고 있는 목적지가 척박하고 위험한 땅이라는 사실을 깨닫고, 선장에게 기름지고 영광된 땅을 향해 뱃길을 돌리라고 분명하게 요구해야 한다.

2014년 4월에 발생한 세월호 참사 직후 대한민국의 화두는 '국가 개조', 즉 '국가 개혁'이었다. 그런데 지금 우리 국민이 실제로 가장 큰 관심을 기울이는 분야는 일자리 창출과 민생 안정이고, 그 다음으로 막연하게 경제 활성화를 꼽는다. 국가 개조 및 국가 개혁 과제는 한참 뒷전으로 밀려나 있는 것처럼 보인다.

우선 지금 이 시점에서 본격적인 국가 개혁에 착수하지 않고서는 일자리 창출도, 민생 안정도, 경제 활성화도 기대할 수 없다는 점을 우리 국민이 확실하게 인식해야 한다. 그러고 나서 국가 개혁 의지로 결집된 국민의 힘으로 정치권과 정부에게 개혁 추진에 적극적으로 나서게 하고, 각계 이해관계 집단의 반발 등 개혁과제 수행을 가로막는 관문을 모두 통과시켜야 한다.

왜 '개혁'을 하지 않으면 안 되는가

제1부 제1장에서 말한 것처럼 우리 대한민국은 세계 주요 강대국에 둘러싸인 지정학적 여건과 남북 대치 상황으로 인해 세계 10위권의 경제력을 가졌으면서도 19세기 말처럼 주변 강대국의 그림자에서 완전히 벗어나지 못한 상태에 있다.

만약에 우리나라가 현재의 국력으로 한적한 남아메리카 대륙 어딘가에 위치해 있다면 전 국민이 위기의식을 전혀 느끼지 않고 풍족한 삶을 누릴 수 있게 될 것이다. 그런데 현실은 그렇지 못하다.

우리는 숙명적으로 초목이 우거진 초원에서 한가로이 풀을 뜯는 것이 아니라 사자와 호랑이 같은 맹수들이 득실거리는 정글에서 치열한 생존 경쟁을 벌여야 하는 처지에 놓여있는 것이다. 우리가 사는 세상이 따사롭고 평온한 초원이 아니라 냉혹하고 살기등등한 정글 속이라면 우리가 사는 방식도 이에 따라야 할 것이다. 우리가 다른 맹수들의 지배를 받거나 잡아먹히지 않으려면 우리 스스로 지혜를 갖추고, 힘을 기르고, 단결하지 않으면 안 된다.

다시 말해서 한적한 남아메리카 대륙 어딘가에서 이름 없는 나라들과 어울려 살아가는 방식과 격동하는 동북아에서 주요 강대국들과 함께 살아가는 방식은 엄연히 다를 수밖에 없는 것이다. 우리는 싫든 좋든 중국, 일본, 러시아 등 주변 강대국들 못지않게 담대하고 비범한 국가 경영 스타일을 유지하지 않으면 안 된다.

우리가 비대칭 전력에서 우리보다 월등한 북한과 대치 상태에 있으면서, 동시에 우리보다 영토, 인구, 경제력, 군사력 면에서 월등한 주변 강대국들과 함께 동북아의 일원으로서 안전하게 살아갈 수 있으려면, 고강도 국가 개혁을 통해 하루속히 부국강병을 이룰 수 있도록 속도를 내는 수밖에 없다.

세계 최대 투자은행인 모건 스탠리(Morgan Stanley)의 신흥시장 부문 총괄 사장인 루치르 샤르마 (Ruchir Sharma)는 최근 저서인 『After the Crisis(위기 후 10년)』에서 이렇게 말했다.

"국가는 위기로부터 벗어나기 위해 안간힘을 쓸 때 더 나은 변화를 할 가능성이 가장 높다. 그리고 국가가 곤란한 입장에 처해 있을 때 일반 대중과 정치 엘리트들은 가혹한 경제 개혁을 수용할 가능성이 가장 크다. 반면에 경제가 호황일 때에는 부단한 개혁이 필요하다는 사실을 인식하

지 못한 채 안주함으로써 국가가 최악의 상태로 변할 가능성이 높다".[18]

우리는 안보와 경제 위기가 심각한 상황에 처해 있는 지금이 개혁의 적기라고 생각해서 정치권, 정부, 기업 그리고 전 국민이 합심하여 현 위기를 기회로 만들기 위한 국가 개혁 추진에 총력을 기울이지 않으면 안 된다.

나약한 토끼에서 포효하는 호랑이로

남북한을 합한 한반도 지도를 동물로 형상화한다면 어떤 모습일까? 생각하기에 따라서 토끼 모습으로 나타낼 수도 있고 호랑이 모습으로 나타낼 수도 있을 것이다. 16세기 조선시대 풍수지리학자였던 남사고(南師古)는 저서인 『산수비경(山水秘境)』에서 "한반도는 백두산 호랑이가 앞발로 만주땅을 할퀴는 형상이고, 백두산은 호랑이의 코, 호미곶(虎尾串)[19]은 호랑이의 꼬리에 해당한다"고 말했다.

반면에 20세기 초 한일합방 직전에 일본은 조선통감부를 중심으로 조선인을 나약한 민족으로 깎아내리기 위해 한반도를 토끼 모습으로 비유해서 널리 퍼뜨렸다고 한다.

제1부에서 우리 사회에 역사관과 국가관이 뚜렷하게 정립되지 못한 것이 국가 위기 극복에 장애 요인이 된다고 말했었다. 이는 '오랜 역사 동안 우리 민족이 어떤 생각을 하면서 어떻게 살아왔는지, 또 앞으로는

---

18 루치르 샤르마 지음, 이진원 옮김, 『After the Crisis(위기 후 10년, 다음 승자와 패자는 누구인가)』, 더 퀘스트, 2017, 110~111쪽.

19 경상북도 포항시 남구 호미곶면에 있는 장기반도의 돌출된 부분이다.

어떤 생각을 하면서 어떻게 살아갈 것인지'와 강하게 결부되는 문제라고 할 수 있겠다.

예를 들어 고구려 시대에는 우리나라가 주변 강대국에 비해 조금도 꿀리지 않는다고 생각해서 제법 큰소리를 치며 살았고, 그들이 침략해 올 경우에는 국력을 총동원해서 이를 잘 막아내었다. 반면에 조선시대에는 주변 강대국인 중국을 상국(上國)으로 받들면서 꼼짝달싹을 못했으며, 문약(文弱)에 치우쳐 부국강병을 소홀히 함으로써 가끔씩 주변 강대국들에게 침략을 받아 국토가 초토화되고, 결국에는 나라를 빼앗겼다.

단 하나뿐인 한반도 땅덩어리를 토끼 모습으로도 볼 수 있고 호랑이 모습으로도 볼 수 있는 것처럼, 우리가 사는 그리고 자손만대에 걸쳐 살아가야 할 대한민국을 특별한 비전이 없는 보통(普通) 국가로 생각할 수도 있고, 웅대한 비전을 지닌 잠룡(潛龍) 국가로 생각할 수도 있을 것이다.

하늘에 쫙 깔려 있는 먹구름이 걷혀야 밝은 태양을 볼 수 있는 것처럼, 우리들 마음속에 자리잡고 있는 오랜 편견과 관습 그리고 해도 안 될 것이라는 부정적인 생각들을 싹 지워버려야만 우리 대한민국의 참모습과 밝은 미래 비전을 환하게 꿰뚫어볼 수 있게 될 것이다.

예를 들어 얼마 전까지 매출액 세계 5위를 유지해온 현대자동차는 최근 들어 매출액 순위가 6위로 떨어졌는데 이마저도 위태로운 실정이라고 한다. 그렇지만 현대자동차 노조가 심기일전해서 영국과 일본의 자동차 회사 노조처럼 합리적인 노사관계를 유지하기만 하면 이 회사의 매출액이 급증하는 것은 물론, 절감되는 비용을 신사업·신기술 연구개발(R&D)에 집중 투자하는 등으로 글로벌 경쟁력이 껑충 뛰어오르게 될 것이다.

지금부터 우리 모두가 심기일전해서 정치, 경제, 사회, 교육 등 분야에 쌓이고 쌓인 여러 약점과 구조적 문제점들을 제대로 개선하기만 하면, 우리 대한민국은 나약한 토끼에서 포효하는 호랑이로 대변신이 이뤄지게 될 것이다.

[그림 1] 근역강산 맹호기상도(槿域江山 猛虎氣像圖) (고려대학교 박물관 소장)

2

개혁의 허와 실

대증요법으로는 해결이 안 된다

몇 년 전에 MBC 드라마로 재방영된 〈허준〉에서 혜민서 의관인 허준이 선조임금의 후궁인 공빈(恭嬪) 오라버니의 진료를 맡게 되었다. 환자는 입이 삐뚤어진 모습을 하고 있어 그동안 모든 의관들이 '구안와사(口眼喎斜, 안면마비증세)'로 판정을 내리고 대증요법(對症療法)에 의한 치료를 해왔던 터였다. 그러나 허준은 환자의 병이 초기(初期) 반위(反胃, 위암)이고 구안와사는 반위에서 비롯된 합병증에 불과하다며 다른 의관들과 전혀 다른 처방으로 환자를 치료하였다.

허준은 상관인 어의(御醫)를 비롯한 다른 의관들의 질시와 환자로부터 심한 구박을 받으면서도 뜻을 굽히지 않고 정성을 다해 결국 반위와 구안와사 치료에 성공했다. 만약 당시 허준이 어의를 비롯한 다른 의관들처럼, 아니면 도중에 뜻을 굽혀 환자의 병을 단순한 구안와사로 보고 치료했다면 환자는 반위 초기 단계를 벗어나 결국 죽고 말았을 것이다.

지금 우리나라는 1970년대 말 영국이 '영국병'을 앓았던 것처럼 일종의 '한국병'을 앓고 있다. 따라서 우리나라가 앓고 있는 여러 병증의 원인이 무엇인지 정확하게 그리고 빠짐없이 찾아내어 개혁의 대상으로 삼고, 이를 치유·개선하는 데 심혈을 기울여야 한다. 그런데 이 과정에서 정말 유념해야 할 것은 반위를 단순 구안와사로, 대중요법에 빠져 들어가는 우(愚)를 범해서는 안 된다는 점이다.

마오쩌둥(毛澤東)의 '대약진 운동'은 대표적인 개혁 실패 사례이다. 20세기 중반 중국 최고 권력자였던 마오쩌둥은 1958년부터 "10년 이내에 미국과 영국을 따라잡겠다"는 목표를 세우고 국가 경제 성장을 위한 '대약진 운동'을 시작했다. 그런데 당시 중국으로서는 서구 선진국보다 형편없이 낙후된 경제 구조와 경제적 폐쇄주의, 열악한 투자 환경 등 경제 발전을 가로막는 장애 요인들을 개선하는 방향으로 본격적인 개혁·개방 정책을 추진하여야 했다.

그런데도 자국 경제의 근본적인 문제점을 개선할 생각은 하지 않고 겉으로 드러나는 생산 실적에만 집착하여 인민에게 과도한 할당량을 부과하는 등 무모한 농공업 증산 정책을 추진함으로써, 농업 경제의 파탄과 대규모 아사자(餓死者) 발생[20] 등 엄청난 부작용만 가져왔다. 중국에서는 그로부터 20년이 지난 1978년부터 불세출의 개혁 지도자인 덩샤오핑(鄧小平)에 의해 제대로 된 개혁·개방이 시작되었다.

---

20 당시 취약한 산업구조 하에서 무리하게 공업 생산량을 늘리기 위해 농촌 인력까지 강제 동원하는 등으로 농업 생산량이 급격하게 저하된데다, 과도한 식량 징발, 자연재해로 인한 흉년까지 겹쳐 2,000만 명이 넘는 아사자가 발생하게 된 것이다.

영국과 독일, 국가 개혁으로 경제를 위기에서 구했다

1980년대 영국과 2000년대의 독일은 지금 우리와 비슷한 경제 위기 상황에서 위기 극복을 위해 총체적이고 근본적인 개혁을 추진함으로써 국가 경제를 살리는 데 성공했다.

특히, 지금 우리가 처한 경제 위기 상황은 1970년대 말 영국의 상황과 매우 유사하고, 우리가 앓고 있는 여러 병증도 당시 영국병 증세와 비슷하므로, 우리가 국가 개혁을 본격적으로 추진하면서 대처의 개혁 사례를 참조하는 것이 여러모로 많은 도움이 될 것으로 보인다.

또한, 우리나라의 열악한 기업 환경 개선을 위해 노동시장 개혁이 절실한 마당에 노동시장 개혁의 아이콘이라고 할 수 있는 슈뢰더의 개혁 사례를 벤치마킹하는 것도 매우 유용할 것이다.

• 대처의 개혁이 영국병을 낫게 하였다

1979년 5월 총리에 취임한 마거릿 대처(Margaret Thatcher)에게 주어진 개혁 과제는 당시 고질적인 '영국병' 증세로 위기에 처한 영국 경제를 살리는 것이었다. 결론적으로 말해서 대처의 개혁이 성공을 거둔 이유는 ① 사전에 '대처리즘(Thatcherism)'이라는 개혁 이념과 프로그램을 분명하게 설정한 점, ② 취임 전 사전 준비 과정을 거쳐 11년 동안 지속적, 역동적, 효율적으로 각종 개혁 과제를 추진한 점, ③ 개혁 추진 과정에서 국민적 지지 확보에 주력하고 개혁 반대 세력에 대하여는 단호하게 대처한 점 등을 들 수 있다.

대처는 인플레와 불황이 동시에 발생하는 스태그플레이션 상황을 극복하기 위해 국민들에게 인기가 없는 재정 안정화 정책을 추진함과 동시에, 세율을 대폭 낮추고 각종 규제를 완화 또는 철폐하는 등 친(親) 기업 정책을 펼쳐 국가 경제성장동력을 되살려 놓았다.

대처는 또 영국병의 가장 큰 원인 가운데 하나로 꼽히는 강성 노조의 세력을 약화시키기 위해 강력한 노동시장 개혁을 추진하였다. 1980년부터 1988년까지 수차례에 걸친 고용법과 노동조합법의 개정을 통해 강성 노조의 힘을 누그러뜨리고 노동시장이 공정한 게임의 법칙으로 움직이도록 만들었던 것이다. 아울러 강성 노조의 불법적인 파업행위에 대하여는 단호하게 경찰력을 동원하여 이를 진압하고, 엄정한 법 적용을 통해 불법 파업행위를 용납하지 않을 것이라는 정부의 확고한 의지를 보여주었다.

그 밖에도 대처는 집권 초부터 국영기업 민영화에 대한 명확한 목표와 전략을 수립하고 장기간에 걸쳐 단계별로 적절한 민영화 기법을 적용함으로써 재임 중 48개의 국영기업을 민영화하였고, 임기 막바지에는 빅뱅식 금융 개혁을 추진하기도 했다.

대처의 개혁은 고질병인 영국병을 치유하고 영국 경제를 부흥시킨 성공 사례로 많은 사람들의 입에 오르내리고 있으며, 대처리즘은 그 후 세계 경제의 흐름을 주도한 신자유주의의 효시가 되었다.

• 슈뢰더, 메르켈의 릴레이식 개혁이 독일 경제를 살렸다

독일은 1990년 10월 통일 이후 구동독 주민들에 대한 복지 지출을 크게 늘리고 각종 통일 비용을 충당하느라 재정 상황이 극도로 악화되어 국가 경제가 위기에 처했다. 1998년 10월 총리에 취임한 좌파의 슈뢰더는 집권 5년 차인 2003년 3월 위기에 처한 경제를 살리겠다는 일념으로 소속 정당의 정치 이념을 초월한 중·장기 개혁 프로젝트인 '어젠다 2010' 을 선언하였다.

그는 2010년까지 독일 경제·사회 분야의 고비용 구조와 비능률을 개혁함으로써 국가 경쟁력을 회복시킨다는 목표 아래 소득세율 인하, 근로자 해고요건 완화 등 노동시장 유연화, 복지예산을 비롯한 정부 재정지출 축소 등의 우파적 개혁 정책을 강하게 밀어붙였다. 특히 '어젠다 2010'에 포함된 '하르츠 개혁'은 성공한 노동시장 개혁으로 유명하다. 즉 2002년부터 민간 전문가들만으로 구성된 '하르츠위원회'를 통해 작성된 노동 개혁안을 그대로 시행함으로써 위기에 처한 경제를 살리는 데 큰 기여를 한 것이다.

그런데 첫 개혁을 주도한 슈뢰더 전 총리는 지지도 하락으로 2005년 총선에서 우파인 기민당에 정권을 내주게 되었다. 이때 집권한 우파의 메르켈 총리는 여론의 거센 반대를 무릅쓰고 슈뢰더 전 총리의 개혁 정책을 계승하여 그대로 밀고 나갔다.

결국, 정치적 이념과 대중적 인기를 초월한 두 사람의 개혁 정책은 유럽의 병자로 불리던 독일 경제를 부흥시켜 유럽 경제를 지탱하는 버팀목으로 우뚝 서게 하였다.

3

개혁추진 기반 조성 : 새판을 짜자

모른 척하거나 피하지 말고 위기를 제대로 느끼자

제1장과 제2장에서는 현 위기 극복을 위해 거국적인 개혁 추진이 불가피하며 그것도 대증요법적인 미온적 개혁이 아니라 근본적이고 종합적인 참 개혁이 이뤄져야 한다는 점을 강조하였다. 이 장에서는 개혁을 성공적으로 추진하기 위해 갖춰져야 하는 몇 가지 전제 조건에 대하여 이야기해 보고자 한다.

먼저, 개혁 추진 주체인 정부를 비롯하여 정치권과 기업인 그리고 국민들이 현 위기 상황을 제대로 인식하는 것이 필요하다. 제1부에서 '위기를 제대로 인식하지 못하는 것이 진짜 위기'라고 말한 것처럼 미래에 닥쳐올 수 있는 위기의 절박함을 실감하지 못한 상태에서 각종 개혁과제 수행에 몸과 마음을 다 바치기는 어려울 것이다.

그런데 우리 국민은 원래 낙천적이며 되도록 남에게 좋은 말만 하고, 누군가 앞으로 일어날 일에 대하여 걱정스러운 말을 하면 "말이 씨가 된다"면서 질색을 하는 경향이 있다. 이와 같은 국민성이 한국인을 위기 불감증 환자로 만든 것은 아닐까? 우리는 계속해서 물이 서서히 뜨거워지는 냄비 속 개구리처럼 위기를 모른 체하고 살 수는 없다. 오히려 위기를 당당하게 느끼면서 위기의식이 한시도 머릿속에서 떠나지 않도록 해야 한다.

• 위험이 코앞에 닥치기 전에 잠재적 위기에 충실해야 한다

임진왜란이 발발하기 2년 전인 1590년 3월에 조선 조정에서는 도요토미 히데요시(豊臣秀吉)가 군웅할거의 전국시대를 통일한 이후 일본 정세를 알아보기 위해 통신사를 파견했다.

그런데 이들이 귀국한 이듬해 3월에 서인(西人)인 정사(正使) 황윤길은 "도요토미의 눈빛이 형형하고 담략과 지략이 있어 보였으며, 저들은 머지않아 반드시 조선에 쳐들어올 것"이라고 보고했다. 반면에 동인(東人)인 부사(副使) 김성일은 "도요토미의 눈은 쥐와 같고 얼굴은 원숭이 같이 생겼으며, 조선을 침공할 만한 위인이 못 된다"고 보고했다.

예나 지금이나 국가 안보 문제를 다룰 때는 항상 최악의 경우를 생각하면서 대비에 만전을 기해야 하는 것이 철칙이다. 그런데도 당시 조선 조정은 미구에 닥칠 수 있는 전란에 대비하는 일보다 동인과 서인 간의 한 치도 물러설 수 없는 정쟁에만 몰두했고, 결국 "괜한 전쟁 준비로 백성을 피곤하게 해서는 안 된다"고 주장한 동인의 세력이 우세하여 불과 1년 뒤에 일어날 전란에 전혀 대비하지 않았다.

지금 생각해보면 조정에서 일본에 통신사를 파견하기 전후 수년간의 조선왕조는 한 치 오차도 없는 위기 상황이었다. 만약 그때부터라도 조정이 똘똘 뭉쳐 일본의 침략에 철저히 대비했다면 임진왜란 초기에 그런

식으로 형편없이 밀리지는 않았을 것이고 잘하면 처음부터 전쟁을 피할 수도 있었을 것이다.

조선 조정과 백성들은 왜군이 이 땅에 쳐들어와 강산을 피로 물들이는 것을 보고서야 정신이 바짝 들어 본능적인 위기의식이 발동하였다. 물론 당시 조선 조정이 전시 정국을 훌륭하게 잘 이끌었다고 볼 수는 없었지만, 그래도 모든 신료들은 평상시와 달리 애국심을 발휘하여 전쟁 수행과 전란 수습을 위해 분투노력하는 모습을 보였다. 위기에 처한 조국을 구하겠다는 일념으로 전국 각지에서 자발적으로 궐기한 의병들이 넘쳐났고, 행주산성에서는 힘없는 부녀자들이 치마폭으로 돌을 날라 관군을 도왔다.

이제는 알 것 같다. 우리 조상들과 현재 우리들은 한결같이 위험이 코앞에 닥쳐야만 비로소 위기를 실감하고, 결집하고, 위기 극복을 위해 온몸을 던지는 것이다. 지금 우리는 임진왜란 발발 수년 전과 같은 '잠재적 위기'의 시대에 살고 있다. 언제 또다시 엄습해 올지 알 수 없는 북핵 또는 북한의 도발 위험, 언제 터질지 모르는 동북아의 화약고, 자칫 장기 불황의 나락에 떨어질 수 있는 나라 경제 등 그때 못지않은 재앙의 기운이 여기저기 도사리고 있는 것이다. 우리 정치권과 사회 또한 그때 못지않게 분열과 갈등이 만연해 있다.

우리가 역사를 배우는 목적은 같은 잘못을 되풀이하지 않기 위해서다. 그런데 우리는 소리 없이 다가오는 위기, 즉 잠재적 위기를 그대로 간과함으로써 그렇게 많은 고난에 처하고 때로는 목불인견의 참화를 겪었으면서도, 오늘날 또다시 같은 잘못을 되풀이하는 것은 아닌지 우려하지 않을 수 없다. 우리는 지금이 임진왜란 발발 수년 전과 비슷한 잠재적 위기 상황이라는 것을 또렷하게 인식하고, 이번만은 위험이 코앞에 닥칠 때까지 기다리다가 돌이킬 수 없는 재앙을 맞이하는 사태를 겪지 않도록 우리 모두 결집하여 선제적으로 대처해 나가야 한다.

중국 춘추시대 말기 월나라 왕 구천은 오나라와의 전쟁에서 크게 패하여 오왕 부차의 포로가 되었다. 그는 오왕 부차의 신하가 되어 3년 동안 갖은 굴욕과 고초를 당하다가 겨우 풀려났다. 그날 이후 구천은 지난날의 치욕을 씻고 잃어버린 주권을 회복하기 위해 와신상담(臥薪嘗膽)의 결의를 다지게 된다. 즉, 매일 섶 위에서 자고(臥薪), 쓸개를 핥으면서(嘗膽), 그가 출입할 때마다 시종에게 "구천아, 너는 오왕 부차에게 당한 치욕을 벌써 잊었느냐"고 외치게 했다.

이렇게 지난날의 치욕을 한시도 잊지 않고 복수의 칼을 갈았던 것이다. 이렇게 20년 동안 자신을 경계하고 채찍질하면서 군비 확충과 군사 훈련에 총력을 기울인 결과, 드디어 오나라를 쳐 승리를 거두고 천하 패권을 차지하게 된 것이다.

• 주인 의식을 가지고 생각을 모아야 한다

일찍이 도산 안창호 선생은 이렇게 말했다. "묻노니 여러분이시여 오늘 대한 사회에 주인 되는 이는 얼마나 됩니까? 대한 사람은 물론 다 대한 사회의 주인인데 주인이 얼마나 되는가 하고 묻는 것이 이상스러운 말씀과 같습니다. 그러나 대한인이 된 자는 명의상 주인은 다 될 것이되 실상 주인다운 주인은 얼마나 되는지 알 수 없습니다."

나라가 흥하면 모든 국민이 다 함께 번영하고, 나라가 쇠하면 국민 모두가 곤궁에 빠지며, 나라가 망하면 국민도 따라서 망한다. 따라서 나라가 위기에 처하면 온 국민이 나서서 위기를 벗어날 방법을 모색하는 것이 당연할 것인데 실상은 그렇지 못하다. 일본강점기 독립운동가이자 민족 지도자인 도산 선생이 바로 그 점을 지적한 것이다.

그래도 우리나라 국권이 일제의 식민지배 하에 들어가 암흑 같던 시절에 도산 안창호, 백범 김구 등 민족 지도자들이 앞장을 서면, 수많은 애국지사와 일반 백성들이 그 뒤를 따라 나라를 되찾기 위한 일에 몸과 마음을 다 바쳤다. 아무리 위기 상황이라도 전 국민이 위기 극복을 위해 먼저 나서고 앞장설 수는 없다. 항상 모든 일에는 지도자가 있게 마련이고, 뜻을 같이하는 사람들이 지도자를 중심으로 결집하는 것이다.

옛날 왕조시대와 달리 오늘날은 정치권, 정부, 기업, 학계, 시민단체 등의 지도급 인사들과 국민 대다수가 깨어 있지 않고서는 국가적으로 큰일을 이룰 수 없다. 그리고 오늘날 아무리 세상을 바꿀 수 있는 좋은 생각을 가지고 있어도 그것이 개개인의 머릿속에만 머물러 있어서는 아무 소용이 없다. 그 좋은 생각들을 서로 소통하고 모아서 결집된 의지로 발현해야 한다.

지금부터 각계 지도자급 인사들과 국민들은 국가의 흥망성쇠가 바로 우리들 자신의 미래 운명과 직결된다는 사실을 인식하고, 각자가 대한 사회의 주인임을 깊이 깨닫고, 주인된 입장에서 국가 위기 상황을 직시하고 다함께 이를 극복하는 일에 동참해야 한다.

주변 강대국을 경쟁상대로 인식하자

우리가 위기 극복을 위한 개혁의 성공적 추진을 위해 갖춰야 하는 또 하나의 조건은 중국, 일본 등 주변 강대국을 경쟁상대로 인식하고 항상 긴장해야 한다는 것이다.

우리는 숙명적으로 동북아에서 강대국인 중국, 일본과 어깨를 부딪치며 살아가지 않으면 안 된다. 우리 안보와 경제 위기 상황을 더욱 궁지로 몰아넣든지 아니면 완화 또는 해소하든지, 어느 쪽이든 가장 큰 영향을 미칠 수 있는 외부 여건은 바로 주변 강대국인 중국과 일본이 될 것이다.

따라서 중·일을 우리의 경쟁상대로 인식하고 저들을 따라잡거나 최소한 국력 격차가 더 벌어지지 않도록 피나는 노력을 기울여야 한다. 이렇게만 해도 개혁이 반(半)은 성공한 것이나 다름없다.

• 중국은 진정한 우방인가

얼마 전까지만 해도 우리나라와 중국 간의 관계가 참 많이도 가까워진 것을 느낄 수 있었다. 한·중 정상이 자주 만나 갈수록 우호를 다지는 모습도 보기 좋았다. 중국은 북한의 제4차 핵실험과 장거리 미사일 발사에 대한 제재에도 매우 단호한 태도를 보이는 등 전통적 동맹국인 북한보다 한국을 더 가까이하는 듯한 느낌을 주기도 했다.

그러나 미국의 요청으로 미군기지에 북핵 억지를 위한 '고고도미사일방어(사드, THAAD)' 체계를 배치하기로 하면서 중국은 태도를 돌변하여 숱한 외교적 갈등을 야기하고 중국인 한국관광 제한, 중국내 한국기업 제재 강화 등 각종 경제보복 조치를 강행했다.

시간이 흘러가면서 사드 문제로 인한 중국의 경제 보복 조치는 점차 누그러졌지만, 그 대신 중국이 우리나라를 대하는 태도는 눈에 띄게 오만해져 가는 것을 느낄 수 있다. 중국은 2017년 12월 3박 4일 일정으로 국빈 방문한 문 대통령을 시종일관 홀대하는 무례를 범했을 뿐 아니라, 우리 측 수행 기자를 무자비하게 집단 폭행하는 등 마치 조공 관계의 조선시대로 되돌아간 것이 아닌가 하는 착각이 들 정도였다.

중국은 한국과의 관계가 좋았던 시절에도 한편으로는 동북공정(東北工程)이란 왜곡된 역사관을 가지고 고구려를 자기네 역사에 편입하려는 의도를 계속 유지해오고 있었다. 중국은 우리가 실효적 지배권을 행사하고 있는 이어도를 둘러싼 배타적 경제수역(EEZ) 협상에서도 계속 억지를 부리면서 한 치도 양보할 생각이 없다. 그 밖에도 지금까지 한·중 간에는 우리가 강력하게 대응했더라면 양국 간 분쟁으로 치달을 수 있었던 일들이 많았다.

중국이 우리를 대하는 위 두 가지 상반된 모습을 지켜볼 때 중국이 우리나라를 바라보는 진짜 속마음이 무엇인지 짐작이 간다. 중국은 1990년대 한·중 수교 직후만 해도 우리나라를 따르고 존중하는 마음이 있었지만 지금은 아니다. 중국은 동북아에서 미국, 일본과 패권 경쟁을 벌이는 과정에서 한국을 자기편으로 끌어들여야 할 필요성이 절실하여 우리에게 계속 우호의 손짓을 보냈던 것이다.

그런데 현 정부가 들어서면서 동맹국인 미국과의 관계에 계속해서 엇박자를 내고 중국과의 사드 갈등을 매끄럽게 처리하지 못하는 등 외교 미숙으로 인해 미국과는 동맹 관계 약화를, 중국에는 만만한 상대로 인식되어 적반하장 식 보복과 홀대를 자초하게 되는 결과를 가져왔다.

• 그런데 사실은 앞으로가 더 문제이다

중국은 2025년까지 오키나와 – 타이완 – 남중국해를 연결하는 제1 도련선(島鏈線)의 서쪽 해상을 자국 통제 하에 두겠다는 의지를 나타내고 있다.

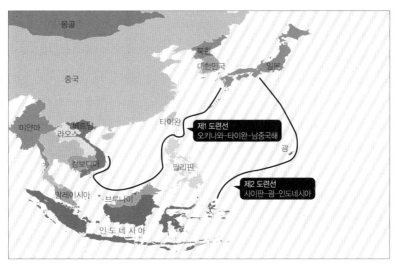

[그림2] 제1 도련선

물론 중국 전략의 직접적인 목표는 더 이상 미국의 동북아 패권을 용인하지 않겠다는 것이지만, 우리로서는 동남아, 인도, 아프리카, 중동, 유럽 등지로의 수출입 항로가 중국의 통제 하에 들어간다는 의미로 받아들일 수 있는 것이다.

만약에 우리가 미·중·일 간 각축을 벌이는 동북아에서 중국 쪽에 서지 않을 경우 우리의 수출입 경로가 험난해질 수도 있다는 얘기다. 다시 말해서 앞으로 한·중 간에는 지난번 사드 갈등보다 우리에게 더 큰 위협이 되는 수많은 갈등 요인들이 잠재해 있다는 것이다.

지금 우리는 매우 힘든 선택의 기로에 놓여 있는 것 같다. 우리나라가 미·일이 주도하는 인도·태평양 전략에 참여하여 중국의 신(新) 패권 전략에 맞설 것인지, 중국의 신 패권 전략에 편승할 것인지, 이도 저도 아닌 중립적인 입장을 유지할 것인지. 물론 우리로서는 예기치 않은 북한의 각종 도발로부터 우리나라를 지켜줄 유일한 혈맹인 미국과의 동맹 관계를 더욱 굳건히 하는 것이 최선의 전략이 될 것이다.

그렇지만 우리 속담에 '법은 멀고 주먹은 가깝다'는 말이 있다. 우리가 한·미·일 동맹 체제에 편입되어 중국과 완전히 등을 돌린다면 중국 의존도가 높은 우리 경제에 치명적인 위협이 될 것이다. 우리 경제의 중국 의존도를 줄이고 동남아 등지로 수출 다변화 전략을 구사하는 것은 중·장기 과제로 검토할 수 있는 방안일 뿐이다. 그리고 수출시장 다변화를 위해 동남아 등지로 진출하는 것 또한 막강한 국력을 바탕으로 대규모 물량 공세를 아끼지 않는 중·일 등 주변 강대국과 경쟁하는 일이어서 결코 녹록하지 않은 일이다.

북핵과 통일 문제에 있어서도 미국 다음으로 중국의 역할 또한 매우 중요하다. 그렇다고 해서 우리나라가 중국이 원하는 대로 완전히 중국에 밀착하는 정책을 지속적으로 유지한다면, 중국은 마음 놓고 19세기 이전에 그랬듯이 우리나라가 마치 자기네 속국이나 되는 것처럼 낮춰볼 것이 틀림없다. 매우 어렵고 힘든 길이지만 이 문제를 단기적 전략과 장기적 전략으로 나누어 깊이 숙고해야 할 일이다.

우선 단기적으로는 우리의 안보와 경제 문제에 미칠 영향을 치밀하게 계산해서 대미(對美), 대중(對中) 관계를 지혜롭게 조율해 나가야 한다. 이 문제는 외교와 경제 전문가들이 머리를 싸매고 심모원려(深謀遠慮)를 거듭하여 미국과의 동맹 관계도 굳건히 하고 중국과의 관계도 원만하게 유지할 수 있는 묘책을 내놓아야 한다. 국가적 명운이 걸린 대미, 대중, 대북 정책을 수립함에 있어 털끝만큼이라도 특정 정파의 정치적 이념이나 당리당략에 치우치는 일이 있어서도 안 될 것이다.

장기적으로는 중국과의 경제력 격차가 더 이상 벌어지지 않도록 하면서 가능하다면 중국을 따라잡을 수도 있게 우리의 경제력을 지속적으로 키워 나가야 한다. 중국을 우리의 경쟁상대로 인식하고, 우리가 중국을 뛰어넘을 수 있는 분야들을 선택하여 집중적으로 공략해야 한다.

만약에 우리나라가 부국강병을 소홀히 하여 중국과의 국력 격차가 갈수록 커지면서 대 중국 외교에서 제대로 기를 펴지 못할 경우, 그 옛날 조선시대처럼 중국과의 조공관계가 되살아나 온갖 수모와 멸시를 받게 될 수도 있다는 사실을 명심하지 않으면 안 된다.

• 위기는 곧 기회가 될 수도 있다

우리는 그동안 북핵 위기에 너무 집착하다보니 앞으로 동북아에서 주요 강대국 간에 전개될 치열한 세력 다툼에 대하여 생각할 겨를이 없었다. 그렇지만 앞으로 동북아에서 전개될 강대국 간의 패권 경쟁은 19세기 말의 상황과 조금도 다를 것이 없을 것 같다. 문제는 이들 강대국 사이에 낀 우리의 처지다. 우리가 19세기 말처럼 저들 강대국보다 형편없는 경제력과 군사력을 보유하게 될 경우 우리는 저들의 먹잇감이 되거나 고래 싸움에 새우 등 터지는 신세를 면하지 못하게 될 것이다.

우리는 여기서 절체절명의 위기 상황에서 온갖 수모와 치욕을 견뎌내고 와신상담 부국강병에 힘쓴 결과 드디어 천하 패권을 차지하게 된 월나라 왕 구천의 고사를 다시 한 번 생각해보지 않을 수 없다. 위기는 곧 기회라고 했다. 우리 대한민국이 앞으로 동북아에서 전개되는 주변 강대국 간 패권 경쟁을 남의 일로 생각해서 아무 생각 없이 구경만 하고 있다가는 19세기 말처럼 나라 운명이 천길 나락에 떨어지는 비운을 맞이할 수도 있다.

그 대신 우리가 주변 강대국들의 동태와 동북아에서 일어나는 모든 일들을 예의 주시하면서 정치권, 정부, 기업 그리고 국민 모두가 일치단결하여 부국강병에 온 힘을 기울인다면, 10~20년 후 우리나라가 주변 강대국 수준으로 국력을 키워 동북아 패권에 도전할 수도 있게 될 것이다.

예나 지금이나 영토가 넓고 인구가 많은 나라가 반드시 패권국 또는 강대국이 되라는 법은 없다. 옛 중국이나 오늘날 미국처럼 영토가 넓고 인구도 많은 패권국이 있지만, 옛 영국이나 네덜란드처럼 한반도와 비슷하거나 훨씬 작은 크기의 패권국도 있었다. 얼마 전까지만 해도 한반도 면적의 1.7배 크기인 일본은 그보다 25배 큰 나라인 중국을 제치고 세계 2위의 경제 대국이었다. 앞으로 통일 한국은 일본을 제치고 중국과 동북아 패권을 다투게 될 수도 있는 가능성을 충분히 보유하고 있다.

• 일본은 우리에게 불가근 불가원(不可近 不可遠)의 나라이다

얼마 전 가족과 함께 〈귀향〉이라는 영화를 관람했다. 일본군에게 위안부로 끌려간 열네 살 소녀가 이역 땅에서 갖은 수모와 고난을 겪다가 고향 땅을 밟아보지도 못한 채 쓸쓸히 죽어간 슬픈 이야기였다. 우리 위안부 할머니들의 이야기는 익히 들어서 잘 알고 있는 바이지만 막상 영화로 보니 새삼스럽게 부아가 치밀었다. 이미 70여 년이 지난 일이지만 그래도 저렇게 악독했던 일본을 그냥 두면 안 될 것 같은 생각이 들었다. 아마도 350만 명이 넘는 국민들이 이 영화를 보고 똑같은 생각을 했으리라고 짐작된다.

일본은 우리에게 역사적으로 큰 죄를 두 번이나 지었다. 우리는 저들에게 전혀 잘못한 일이 없고 오히려 오랜 역사 동안 우리의 앞선 문물을 전수(傳授)하는 등 많은 도움을 주었는데, 저들은 400여 년 전 아무 까닭 없이 이 땅에 쳐들어와 온 강토를 짓밟았고, 그 후 36년간이나 이 땅을 강제로 지배하면서 갖은 만행을 저질렀다. 그런데도 일본은 과거의 잘못에 대하여 경건한 마음으로 사죄하기는커녕, 터무니없는 교언과 망언을 일삼으며 식민 지배의 산물인 우리 땅 독도를 자기네 땅이라고 끝까지 우긴다.

그렇지만 국제사회의 규칙은 냉정하다. 우리는 미·중·일 등 주요 강대국이 각축을 벌이는 동북아에서 언제 어디로 튈지 알 수 없는 북한과 대치 상태에 있는 안보 취약국으로서, 주변 강대국 가운데 어떤 나라와도 척을 지고 살 수는 없다. 따라서 비록 얄밉지만 일본과도 대승적 견지에서 동북아 평화를 위해 그리고 상호 경제 발전을 위해 교류·협력하지 않으면 안 된다.

그 대신 일본이 저지른 역사적 잘못과 만행에 대하여는 너그럽게 용서하더라도 그 후 지금까지 취해 온 오만과 적반하장식 험한 행위들까지 대수롭지 않게 여기고 넘어가서는 안 된다. 언젠가는 반드시 저들의 코를 납작하게 만들어 놓고야 말겠다는 의지를 불태우고 국력 배양에 매진해야 한다. 그리하여 2000년대 초 우리의 삼성전자가 일본 기업 소니를 추월한 것처럼 우리나라가 종합적인 국력에서 일본을 따라잡아야 한다.

그런데 여기서 또 한 가지 반드시 짚고 넘어가야 할 부분이 있다. 우리는 주변 강대국인 중국과 일본 가운데 중국에 대하여는 매사 지나치게 관대하고 때로는 저자세를 보이는 반면, 일본에 대하여는 상대적으로 강경한 입장을 취하면서 때로는 적대적인 태도를 보이기까지 하는 경향이 있다.

그렇지만 적어도 국가의 명운이 걸려있는 안보 문제에 있어서는 중국보다 일본이 우리 편에 더 가깝다고 할 수 있다. 한반도의 지정학적 위기가 고조되는 가운데 이제는 우리가 주변 강대국을 바라보는 시각도 보다 합리적이고 지혜로워지지 않으면 안 된다. 중국에 대하여는 좀 더 의젓하고 당당해져야 할 필요가 있으며, 일본에 대하여는 좀 더 냉정하고 타산적이어야 할 필요가 있다.

개혁의 성공적 추진 위해 국정 운영의 새판을 짜자

개혁의 성공적 추진을 위한 세 번째 조건은 위기 내용에 대한 정확한 실태 파악과 근본적이고 종합적인 개혁 프로그램 작성 등 국정 운영의 새판을 짜는 것이다. 우리는 소리 없이 다가오는 왜침의 징조를 외면한 채 당쟁과 명분 논쟁만 일삼던 선조 시대 조선왕조 대신, 섶 위에서 자고 쓸개를 핥으면서 부국강병에 힘쓴 결과 천하 패권을 차지할 수 있었던 구천 시대 월나라의 길을 가야 한다.

• 위기 내용에 대하여 정확한 실태 파악이 이뤄져야 한다

만약에 가족 중 한 사람이 중병에 걸렸다면 일반적으로 어떻게 대처할까? 당연히 가장 먼저 대형 종합병원에 의뢰하여 초음파, CT, MRI, 조직검사 등 종합 진단을 받도록 할 것이다. 요즘 국내 대형 종합병원에서는 중병이 의심되는 환자에 대하여 보통 3주 이상 걸리는 종합 검진을 거쳐 병의 원인을 모조리 찾아내고, 그 내용을 일목요연하게 정리하여 환자와 가족들에게 보여주거나 설명한다.

병원에서는 이와 같은 검진 결과를 토대로 각종 약물 투입과 수술 등 세부 치료계획을 세우고, 그때그때 환자 몸 상태와 병세에 따라 치료 속도와 강도를 조절하며, 환자와 가족들에게는 식이요법과 생활 습관 등 각종 유의사항을 전달한다. 여러 가지 구조적 문제점과 적폐 등으로 중병에 걸려 있는 정치, 경제, 사회, 행정 등 분야의 치유 방안과 절차 또한 크게 다르지 않다.

중국 전국시대 변법(變法) 개혁가인 상앙은 개혁 정책을 내놓기 전에 진(秦)나라 수도에서 시골 구석구석에 이르기까지 국가의 허실과 민심 동향을 완벽한 수준으로 조사·분석하였다. 이렇게 철저한 사전 준비를 거쳐 진나라 군주인 효공(孝公)에게 자신의 포부와 전략을 거침없이 설파하였기 때문에 효공의 마음을 완전히 사로잡을 수 있었던 것이다.

오늘날에도 국가 개혁을 본격적으로 추진하기 위해서는 사전에 안보, 경제, 정치, 사회, 행정 등 분야별로 구체적인 위기 내용, 구조적 문제점, 각종 적폐 현상 등을 세밀하게 조사·분석하고 그 결과를 일목요연하게 정리하여 공시해야 한다. "뭐 다 알고 있는 내용인데 새삼스럽게 그럴 필요가 있을까"라고 생각할 수 있겠지만, 그냥 막연히 알고 있는 것과 실태를 정확하게 파악하는 것은 엄연히 다른 것이다.

정치권, 공직자, 기업인 그리고 국민들이 어느 정도 구체적인 위기 내용들을 함께 파악하고, 공감하고, 걱정하는 가운데 위기 극복을 위한 국민 결집과 대통합도 자연스럽게 이뤄질 것이다. 우리 모두가 위기의식으로 똘똘 뭉칠 때 우리 대한민국은 어렵고 힘든 개혁 과제들을 성공적으로 추진할 수 있는 전화위복의 기회를 맞이할 수 있게 된다.

• 근본적인 개혁 프로그램이 작성돼야 한다

여러 가지 구조적인 문제점으로 인해 붕괴 위험이 큰 대형 건물을 장기간 그대로 방치하거나 그때그때 임기응변식 하자보수만 되풀이한다면 어떻게 될까? 결국 문제가 점점 커져서 건물 전체가 무너지는 사태가 발생하게 되고, 엄청난 재산과 인명 피해를 피할 수 없게 될 것이다. 따라서 이 경우에는 건물 전체에 대한 정밀 진단을 통해 문제점을 정확하게 파악한 후, 기존 건물을 대수선 또는 리모델링하는 등 근본적이고 항구적인 안전 대책을 마련하여 그대로 추진해야 한다.

우리는 지금까지 국가·사회적으로 크고 작은 문제가 발생할 때마다 응급 처방식 대증요법 처치에 그치는 경우가 많았다. 때로는 반대파와 이해관계자들의 반발에 부딪혀 이도 저도 아닌 어중간한 선에서 미봉책이 등장하기도 한다. 그나마 얼마 지나고 나면 언제 그런 일이 있었느냐는 듯이 싹 잊어버리기 일쑤였다. 이렇게 해서는 지금 우리에게 닥친 심각한 위기 상황들을 극복하기 어렵고, 때에 따라서는 위기를 더욱 증폭시켜 돌이킬 수 없는 파국에 직면할 수도 있다.

따라서 분야별 위기 내용과 구조적 문제점 및 적폐 현상 등 조사 결과를 토대로 위기 극복을 위한 근본적이고 종합적인 개혁 프로그램을 작성하여 빈틈없이 추진해야 한다.

• 개혁 추진, 중·장기 프로젝트에 따라 지혜롭게 추진해야 한다

언젠가 참기름 선전 문구로서 '진짜 100퍼센트 참기름'이라는 말을 들어본 적이 있다. 언제부턴가 우리 사회에는 남의 말을 곧이곧대로 믿지 않는 풍조가 만연해 있는 것 같다. 특히 정치권과 정부에서 하는 말은 더더욱 믿지 않는다. 이와 같은 분위기에서 각계각층의 이해관계가 첨예하게 얽혀있는 각종 개혁 정책들을 입안해서 추진할 경우, 국민들의 무관심 속에 숱한 저항과 반발 그리고 태업(怠業)으로 인해 추진이 잘 안되고 결국에는 모든 계획이 물거품이 될 가능성이 높다.

중국 전국시대 진나라 군주인 효공에게 발탁되어 고강도 개혁 정책을 추진한 상앙도 자신이 추진하고자 하는 개혁 정책에 대한 신뢰를 얻기 위해 한 가지 묘안을 생각해 내었다. 진나라 도성의 남문 앞에 나무 기둥을 세워 놓고 이 기둥을 북문으로 옮기는 자에게 금 10냥을 주겠다고 방(榜)을 붙인 것이다. 그래도 나서는 자가 없자 상앙은 포상금을 50냥으로 올렸고 드디어 한 사내가 나서서 나무기둥을 북문으로 옮기고 50냥을 받았다. 물론 그때부터 조정 관리와 백성 모두 상앙의 개혁 정책을 믿고 따르게 되었던 것이다.

예나 지금이나 변함없이 통하는 진리가 있다면 그것은 '백 마디 말보다 한 가지의 실천 또는 결과가 훨씬 더 중요하다'는 것이다. 정부에서 수많은 개혁 과제들을 성공적으로 수행하기 위해 필요한 것은 먼저 그 중 일부 과제의 성공적 수행으로 이뤄진 괄목할 성과를 국민에게 보여줌으로써 국민 신뢰를 바탕으로 정부 개혁 추진의 동력을 확보하는 일이다.

정부는 수많은 개혁 과제 중 1~2년 내에 가시적인 성과를 이룰 수 있는 과제들을 우선 선정하고 온 힘을 기울여 추진함으로써 괄목할 성과를 반드시 이뤄내야 한다. 물론 나머지 개혁 과제들도 1·2년 이후 본격 추진에 앞서 개혁 추진 기반 조성과 추진 방법 개발 등 사전 조치에 소흘함이 없어야 할 것이다.

이렇게 정부에서 추진하는 각종 개혁 과제에 대하여 국민 신뢰부터 확실하게 얻고, 이 나라의 주인인 국민의 힘, 결집된 국민의 힘을 바탕으로 정치권과 이해관계 집단이라는 철옹성을 통과해 각종 개혁 과제들을 성공적으로 추진해야 한다.

결집된 국민의 힘, 백만 대군보다 강하다

개혁의 성공적 추진을 위한 네 번째 조건은 개혁 의지로 결집된 국민의 힘이다. 우리 국민들은 2015년 11월에 있었던 '민중 총궐기 집회' 직후 과격 시위대의 막무가내식 폭력 시위에 대하여 매우 언짢은 기색을 드러냈다. 그러자 이때부터 국내 강성 시위대의 폭력 시위가 마치 약속이나 한 듯이 수그러든 것을 볼 수 있다. 그동안 수많은 경찰력과 각종 진압 장비를 동원해도 이룰 수 없었던 위대한 국민의 힘이다.

그 후 2016년 4월 13일은 국민들이 정치권에 대하여 준엄한 심판을 내린 날로서 대한민국 정치사에 한 획을 그었다고 볼 수 있다. 이날 국민들은 이 나라 집권 여당이 국가 위기 극복을 위해 결집하고 분발하는 모습을 보여주지 못하고 허구한 날 집안싸움만 일삼는 것을 더 이상 참고 볼 수가 없었던 것이다.

국민들은 또 정치권이 여당과 제1야당이라는 양당 구도하에서 지나치게 비생산적인 의회 운영을 하는 것을 보다 못해 중간에서 캐스팅 보트

(Casting vote) 역할을 할 수 있도록 제3당을 내려보냈다. 국민들은 또 지금까지 여당과 제1야당이 "깃발만 꽂으면 당선된다"고 여기던 텃밭 여기저기서 참패를 맛보게 함으로써 한국 정치의 고질병인 지역구도 일부를 타파하는 실적을 올리기도 했다. 국민들이 이 나라 주인으로서 위대한 선택권을 행사한 것이다.

이 나라 진보 세력을 주축으로 2016년 10월 말부터 불붙기 시작해 수백만 시민들이 참여한 광화문 촛불 집회는 박근혜 정부의 조기 퇴진으로 갑작스럽게 진보 진영의 문재인 정부가 출범하게 되는 결정적 계기가 되었다.

이와 같이 결집된 국민의 힘은 백만 대군을 능가하는 무서운 위력을 발휘한다. 지금 우리나라는 정치권이 분열되고 정부는 나약해져 국가 위기를 제대로 수습하기 어려운 상황이다. 이러한 때 우리 국민이 적극적으로 나선다면 대한민국은 마치 백만 원군을 얻은 것처럼 기사회생할 수 있게 될 것이다.

우리 국민은 이제 본격적으로 백만 대군을 능가하는 위력을 발휘하여 정치권과 정부에게 국가 위기 극복을 위한 각종 개혁 과제 수행에 총력을 기울이도록 강한 메시지를 전달해야 한다. 각계 이해관계 집단에 대하여도 국가 개혁을 가로막는 각종 집단행동을 자제하도록 영향력을 행사해야 한다. 한편, 정부는 주요 개혁 과제를 추진할 때마다 그 내용을 일목요연하게 정리하여 국민에게 알리고 국민적 지지를 받도록 해야 한다.

우리 사회의 분열과 갈등을 봉합해야 한다

개혁의 성공적 추진을 위한 마지막 조건은 우리 정치권과 사회에 만연한 분열과 갈등을 봉합하는 것이다. 대한민국 초대 대통령 이승만은 일찍이 "뭉치면 살고 흩어지면 죽는다"는 어록을 남겼다.

우리 민족은 원래 평상시에는 사분오열로 갈라져 서로 헐뜯고 싸우다가 외적의 침입을 받는 등 나라가 위기에 처하면 비로소 똘똘 뭉쳐 국난극복을 위해 온 몸을 던지곤 하였다. 그런데 지금은 우리나라가 위기에 처했다고 다들 이야기하는데도 어찌하여 우리 사회가 단합된 모습을 보이지 못하고 분열과 갈등이 만연해 있는가?

앞에서 우리 모두가 위기를 제대로 인식하는 것이 필요하다고 말했지만, 나아가서 정치권, 공직자, 기업인 그리고 국민들이 다 함께 올바른 가치관을 공유하면서, 지나친 사익을 버리고 공익을 추구할 때 비로소 우리 사회의 결집이 이뤄지게 될 것이다.

• 올바른 역사관과 국가관을 정립해야 한다

우리나라는 반만년의 유구한 역사 동안 강대국으로서 동북아를 호령하던 때도 있었고, 초강대국인 중국의 신하국으로서 조공을 바치며 그 지배를 받던 시절도 있었으며, 우리가 지난날에 얕잡아보던 일본에게 나라를 빼앗겨 암흑 같은 세월을 보내기도 했다.

우리는 지난날의 역사를 상고하여 그 옛날 동북아를 호령하고 초강대국인 중국의 침략을 당당하게 물리치던 조상들의 기상과 혼을 그대로 이어받고, 과거에 잘못했던 일에 대하여는 실패의 원인을 되새겨 같은 잘못을 되풀이하지 말아야 한다. 그런데 지금 우리 사회는 중·고교 역사 교과서에 담긴 역사관과 국가관을 놓고 첨예한 의견 대립이 지속되는 등 전 국민이 공감하는 역사관, 국가관 자체가 정립되지 못해 한심한 모습이다.

우선 정부에서 현행 교과서 내용 중 역사관과 국가관이 왜곡됐다고 생각하는 부분에 대하여 어떤 점이 역사관 및 국가관을 왜곡하였는지, 그 이유는 무엇인지 등을 아주 상세하게 비교·검토함과 동시에 논리적으로 완벽하게 검증이 이뤄져야 한다. 특히 고대사의 경우에는 문헌적, 고고학적인 증거를 엄밀하게 적용하여 올바른 해석이 이뤄졌는지, 현대사의 경우 일부 제한된 역사적 사실이나 이념에 치우치는 일 없이 전체적인 맥락에서 객관적으로 올바르게 기술되었는지 아닌지가 제대로 검증돼야 한다.

그런데 지금처럼 진보 진영이 집권하고 있는 상태에서는 정부에서 현행 검정 교과서 내용 중 역사관 및 국가관이 왜곡된 부분이 있는지 여부에 대하여 스스로 문제를 제기할 리가 없다. 따라서 보수 진영을 중심으로 지난 정부 시절 논의가 이뤄졌던 문제점들을 다시 끄집어내어 진보와 보수 그 어느 쪽에도 치우치지 않는 전문가 집단으로 하여금 철저한 분석·검토가 이뤄지도록 해야 한다. 그리고 나서 이를 국민적 공론에 부쳐 옳고 그름을 분명하게 판가름해야 한다. 이렇게 해서 확정된 중·고교 역사 교과서 내용은 전 국민이 공감하는 역사관, 국가관으로 정립되어 우리 사회의 결집을 위한 정신적 지주로 작용할 수 있어야 한다.

유사시 국가 주요시설 파괴와 사회 혼란을 획책하는 일부 친북 조직의 구성원들에 대하여도 일차적으로는 이들이 올바른 역사관과 국가관을 가지고 정상적인 대한민국 국민으로 살아갈 수 있도록 여러 가지 동기부여 방안을 마련해야 한다.

가장 중요한 것은 우리나라 정치권, 공직자, 사회 각계 지도자, 기업인 그리고 국민들이 한마음으로 위기 극복을 위한 개혁의 대열에 동참하는 등 대한민국의 밝은 미래 비전을 확실하게 보여주는 것이다. 우리 대한민국이 머지않아 우리가 주도하는 우리 체제 중심의 통일 대업을 이루고 세계 주요 강대국의 반열에 오를 것이 확실한 마당에, 굳이 대한민국을 등지고 북한 체제를 옹호하는 노선을 계속 유지할 사람은 많지 않을 것이다.

그렇지만 대한민국의 밝은 미래 비전에도 불구하고 친북 노선을 버리지 못하는 골수 친북 세력에 대하여는 관련법 제·개정을 통해 이들을 사회에서 완전히 격리하거나 특수관리하는 등의 단호한 조치를 취하여야 한다. 일부 친북 세력들이 획책하는 각종 음모와 테러 행위를 사전에 탐지해서 효과적으로 제어할 수 있는 매뉴얼과 관련법 체제도 서둘러 갖추도록 해야 한다.

• 작은 것을 버리고 큰 뜻을 품어야 한다

호랑이를 잡으려고 나선 포수는 토끼나 사슴이 나타나도 함부로 총을 쏘지 않는 법이다. 총소리에 놀라 호랑이가 달아날 것이기 때문이다. 우리 사회에 만연한 분열과 갈등 관계를 봉합하기 위해 가장 좋은 방법은 온 국민이 공감할 수 있는 국가적 목표를 설정하고 다 함께 동참하도록 하는 것이다. 서로 토끼나 사슴을 더 많이 잡겠다고 아옹다옹할 것이 아니라 다 함께 힘을 합쳐 호랑이 사냥에 나서는 것이다.

지금 우리가 지향해야 할 국가적 목표는 우리나라가 현 안보와 경제 위기를 슬기롭게 극복하고 이후 두 번 다시 위기 상황에 몰리는 일이 없도록 통일 강국을 이루는 것이 돼야 한다. 한반도에서 남북 대치상황이 지속되는 한 우리가 현 안보 위기에서 벗어날 수 없으며, 우리 스스로 강한 나라가 되지 않고서는 세계 주요 강대국의 각축장인 동북아에서 살아남을 수 없기 때문이다.

4

위기는 보수를 부른다

현 위기를 극복하는 데 '보수'는 꼭 필요한 존재이다

유대인에게 정신적·문화적 유산이라고 할 수 있는 『탈무드(Talmud)』에 이런 이야기가 나온다. 한 나그네가 예루살렘을 향해 길을 가다가 마차를 만났다. 그는 다리가 너무 아파 마부에게 부탁해서 마차에 올라탄 후 여기서 예루살렘까지 얼마나 걸리느냐고 물었다. 마부가 답하기를 "이런 속도로 가면 30분 정도 걸립니다"라고 했다.

나그네는 고맙다고 인사를 한 후 깜박 잠이 들었다가 깨어보니 그 사이 30분 정도 지난 것 같았다. 그래서 마부에게 "예루살렘에 다 왔나요"라고 물었더니 "여기서는 1시간 정도 걸립니다"라고 말하는 것이었다. 사실 그 마차는 원래 예루살렘과는 정반대 방향으로 가는 마차였다.

지금 안보와 경제 모두 심각한 위기에 처한 상황에서 우리에게 절대로 필요한 것은 정치권과 정부가 위기 극복을 위해 국가 개혁의 방향을 올바르게 정하는 일이다.

북한발 안보 위기는 당장의 전쟁 위기는 모면했지만 상황이 언제 어떻게 바뀔지 알 수 없는 잠재적 위기 상황이고, 우리 경제 또한 특단의 개혁 조치가 없는 한 장기 불황의 늪 속으로 빠져 들어갈 게 확실한 마당에 지금 우리에게는 더 이상 망설이거나 꾸물댈 시간이 없다.

더욱이 이러한 때 길을 거꾸로 가거나 제자리를 맴돌기만 한다면 우리는 현 위기를 벗어나지 못한 채 제4차 산업혁명 대열에서 낙오되거나, 최악의 경우 중진국 함정에 빠져 또다시 주변 강대국들의 틈바구니에 낀 약소국으로 전락하게 될 수도 있다.

그래도 보수진영인 전 박근혜 정부 시절에는 현 경제 위기를 극복하기 위해 각종 개혁 과제를 추진하고자 애쓰는 모습을 찾아볼 수 있었다. 물론 결과적으로 모든 개혁 과제 추진은 물거품이 되고 한동안 국정이 마비되는 사태로까지 흘러갔지만, 경제 위기 극복을 위한 주요 정책의 방향은 옳았다고 볼 수 있다. 다시 말해서 마차가 가는 방향은 옳았지만 마차가 여기저기 고장이 나고 마부가 운행을 잘못해 앞으로 나아가지를 못했던 것이다.

그런데 진보진영의 현 문재인 정부가 들어서면서 지난 정부 시절 명목상으로나마 유지됐던 각종 개혁 과제들은 흔적도 없이 사라졌다. 새 정부의 주요 정책 과제들은 대부분 각종 무상복지 확대, 공공 부문 일자리 확충, 최저임금 인상, 법인세 인상 등 당장 구미가 당기고 듣기 좋은 정책들뿐이다.

동서고금을 막론하고 국가가 어려울 때 정부가 취할 수 있는 각종 개혁 과제들은 당장에는 숱한 저항과 반발에 직면하는 등 실행이 어려운 과제들이었다. 그렇지만 정치권과 정부 그리고 국민들이 고통을 이겨내면서 한마음으로 국가 개혁 추진에 매진함으로써 결과적으로는 국가 경제를 반석 위에 올려놓을 수 있었던 것이다.

원래 침체된 경제를 살리기 위해 각종 개혁 과제를 추진하는 일은 매우 어렵고 힘든 게 사실이다. 각계 이해관계집단의 강한 반발에 부딪치는 일이 다반사이고, 심한 경우 차기 선거에서 원내 소수당이 되거나 정권을 잃게 될 수도 있다. 지금 우리나라처럼 진보정당이 집권할 경우 자당의 정치 이념에도 맞지 않는 노동시장 개혁, 서비스산업 관련법 개정, 법인세 인하 등 각종 개혁 정책을 자발적으로 추진할 리가 없다.

그렇지만 갈수록 침체의 늪 속으로 빠져 들어가는 우리 경제를 살리기 위해서는 방금 이야기한, 또 그밖에 수많은 개혁 과제들을 시급히 추진하지 않으면 안 된다. 따라서 현 경제 위기 극복을 위한 개혁 추진의 필요성을 제기하여 국민적 공감대를 이끌어낼 수 있는 보수의 역할이 절대적으로 필요하게 된 것이다.

우리는 "5~10년 후 각종 복합 위기로 인한 안보 불안에 잠 못 이루면서 장기 경제 불황의 긴 터널을 빠져나오지 못한 채 주변 강대국들의 업신여김을 받는 처지로 전락하는 일이 없도록 하겠다"는 큰 뜻을 품고 무너진 보수를 일으켜 세우는 일에 적극적으로 나서야 한다.

우리나라가 앞으로 5~10년 후에도 '코리아 패싱(passing)' 또는 '코리아 낫싱(nothing)' 소리를 들으며 북한과 주변 강대국들에게 끌려다니면서 불안한 세월을 보내지 않으려면, 그때까지 우리나라가 주변 강대국 못지않은 수준으로 경제력과 군사력이 확충되어 가는 모습을 보여줄 수 있어야 한다. 그리하여 앞으로 10~20년 후에는 우리나라가 최소한 일본 수준의 경제력과 군사력을 보유하고 있어야 한다. 이 모든 과제들을 차질 없이 수행하기 위해서는 형편없이 무너져 내린 이 나라 보수정당과 보수의 가치를 재건하는 일이 급선무다.

지난 정부에 대한 민심 이반으로 숨소리조차 제대로 낼 수 없을 만큼 무너져 내린 대한민국 보수 진영이 새로운 모습으로 굴기하여 현 위기 극복을 위해 보수의 가치를 구현하는 데 전력투구해야 하는 이유다.

어디서부터 어떻게 풀어가야 할까

2016년 촛불집회 이후 이 나라 '보수'는 그야말로 철저하게 무너져 내린 듯하다. 이때 이후 두 집안으로 갈라선 보수 야당의 국민 지지도는 각각 10퍼센트 내외에 불과했으며, 국민들에게 대한민국 보수 야당 그리고 보수의 가치는 안중에도 없는 것 같다.

최근 들어 보수 야당의 국민 지지도가 20퍼센트를 넘어서기도 했지만 이는 현 정부의 극심한 역주행으로 경제 상황이 갈수록 깊은 수렁에 빠져들어 가면서 일부 지지층이 결집한 것으로 보이며, 이 나라 보수 야당의 체질이 바뀌지 않는 한 더 이상의 지지율 상승은 기대하기 어려울 것 같다.

더욱이 지난 수년 동안 뿌리깊이 내재된 계파 간 갈등은 차기 총선의 공천권을 행사하기 위한 당권 경쟁으로 표출되어 당 내분이 본격화될 가능성까지 높아지고 있다.

지금 우리나라 보수정당 내부에는 각종 구조적 문제점들이 얽히고설켜 어디서부터 어떻게 풀어가야 할지 갈피를 잡기 어려운 상황인 것 같다. 우리나라 보수정당이 왜 이렇게까지 되었을까? 형편없이 무너져 내린 우리나라 보수정당을 일으켜 세우기 위해서는 먼저 보수정당이 무너져 내릴 수밖에 없게 된 원인이 무엇인지부터 생각해보고, 아울러 이를 타개할 방안을 강구해야 할 것 같다.

• 보수정당이 이렇게 된 원인은 무엇일까

첫째, 당내 계파 간 분열과 반목이 도를 지나쳐 보수정당으로서의 기능을 제대로 발휘할 수 없는 지경에 이르렀다. 보수정당 소속 의원들은 저마다 친이, 친박, 비박 등으로 갈라져 헐뜯고 싸우는 데 전력투구하다가 나중에는 진박, 가박, 원박, 복박, 홀박, 범박, 멀박, 짤박, 옹박 등으로 세분화되는 등 이조시대 4색 당파를 무색하게 했다. 더욱이 박근혜 전 대통령 탄핵 즈음해서는 탄핵을 옹호하는 세력과 반대하는 세력 간의 갈등과 책임 공방이 극에 달하여 결국에는 당이 쪼개지는 사태로까지 발전했다.

둘째, 당내 화합을 저해하고 국민으로부터 신뢰를 받지 못하는 당 원로 및 중진 의원들에 대한 인적 쇄신도 제대로 이뤄지지 못했다. 일반 국민들이 "저 사람들이 나가줘야 하는데"라고 지목한 몇몇 사람들이 끝까지 자리를 지키는 모습을 보고 국민들은 더 이상 보수정당에 대한 기대를 저버렸는지도 모른다.

셋째, 대한민국 보수정당으로서의 정체성 확립이 미흡하였고 '성장 위주의 경제 정책을 성공적으로 추진함으로써 부국강병을 이뤄야 한다'는 보수의 가치를 제대로 구현하지 못하였다. 대한민국 보수정당은 1993년 이후 14년을 집권하면서 각종 개혁 정책 추진으로 침체된 경제를 살리는 데 있어 진보정부와의 차별성을 보여주지 못했다. 특히 지난 박근혜 정부는 진보 야당에게 계속 끌려다니면서 앞으로 국가 재정에 엄청난 부담이 될 각종 무상복지 정책을 남발했을 뿐 아니라, 보수의 가치라고 할 수 있는 각종 개혁 과제 추진도 용두사미로 끝나고 말았다.

넷째, 국민들에게 '보수의 가치가 꼭 필요하다'는 인식을 확실하게 심어주지 못했다. 국민들로 하여금 현 안보와 경제 위기 극복을 위해 '굳건한 안보와 성장 위주의 개혁 정책 추진'이라는 보수의 가치가 반드시 필요하며, 최소한 국정 운영이 보수와 진보 두 바퀴에 의존하여 굴러가야 한다는 점을 뚜렷이 인식하도록 했어야 하는데 그러지를 못한 것이다. 지금 국민들은 대한민국 국정이 진보만의 외바퀴에 의존하여 매우 위험한 운행을 하고 있는데도 이를 전혀 눈치채지 못하고 있는 것이다. 만약에 우리 국민들이 국가 위기 극복을 위해 보수의 가치가 절대로 필요하다는 것을 충분히 알고 있다면 "보수정당은 미워도 보수의 가치까지 외면할 수는 없다"고 생각해 새로운 보수정당을 재건하는 일에 관심을 갖고 힘을 실어주었을 것이다.

• 4·13 국민 경고 무시, 6·13 참패로 이어지다

우리나라 보수정당은 2016년 4·13 총선을 통해 국민으로부터 엄중한 1차 경고를 받았으나 국민의 질책을 겸허히 받아들여 환골탈태하는 모습을 보여주지 못한 채 분열과 내홍의 악순환만 되풀이하고 있었다. 이런 정당이 대한민국 제1야당으로서 정부·여당의 일방적 독주를 제대로 견제할 수 있을까. 보수의 가치에 입각한 정책 대안을 제대로 제시하지도 못한 채 막말과 반대를 위한 반대를 일삼는 게 고작이었다.

이에 국민은 2018년 6·13 지방선거 및 국회의원 재·보궐 선거를 통해 이 나라 보수정당에게 2차 경고로서 무거운 철퇴를 내렸다. 17개 광역자치단체 중 8퍼센트에 불과한 2곳, 12개 재·보궐 선거에서는 역시 8퍼센트에 불과한 1곳에서만 승리하는 등 대한민국 제1야당으로서 군소정당 수준의 당선자밖에 내지 못하는 수모를 겪어야 했다.

6·13 지방선거 참패 이후 이 나라 보수정당 지도부를 중심으로 당의 혁신과 재건을 위해 많은 노력을 기울이고 있지만, 당내 분열과 내홍만 깊어갈 뿐, 당이 새로워지는 모습을 전혀 찾아볼 수가 없었다. 실질적으로 당을 움직이는 실력자들은 대부분 당헌과 당규 등 기존 제도 하에서 당이 지리멸렬해도 자신들은 의원 배지 등 현 직위를 유지하면서 각종 특권을 누릴 수 있기 때문에 당의 혁신보다는 당권 확보를 위한 계파 싸움에 온통 정신이 팔려 있는 것이다.

이런 이유에서였을까. 그동안 우리나라 정치권에서는 한 정당이 각종 선거에서 참패한 후 극심한 내부 갈등으로 자중지란에 빠졌을 경우 당을 비상대책위원회(이하 비대위) 체제로 전환해서 위기를 수습해 나가는 것이 정석처럼 된 것 같다. 그렇지만 현 보수 야당처럼 당내 갈등의 골이 너무나도 깊고 국민 신뢰도가 형편없이 추락한 상태에서 통상적인 비대위 체제만으로 국민 지지도를 회복하여 최소한 여당 수준으로 끌어올리는 것은 어렵지 않을까 하는 생각이 든다.

이 나라 보수 시민들이 당 재건의 꿈을 함께 이뤄나가야 한다

역대 최악의 위기에 처한 이 나라 보수 정당을 살리기 위해서도 위기를 기회로 활용할 줄 아는 지혜와 용기가 필요할 것으로 보인다. 이제는 더 이상 물러설 자리조차 없게 된 위기 상황을 이 나라 보수 정당의 구성원들과 보수 시민들이 크게 각성하고 결집하여 어렵고 힘든 당 내부 개혁을 이뤄낼 수 있는 기회라고 생각해야 한다.

무너질 대로 무너져 내린 현 보수 야당을 재건하기 위해서는 무엇보다 먼저 당 체제를 완전히 바꿔서 국민에게 신뢰받는 정당으로 거듭나는 일이 급선무다. 아울러 국민에게 감동을 주고 그래서 잔뜩 얼어붙어 있는 국민의 마음을 움직일 수 있는 뭔가를 보여주어야 한다.

지난 지방선거에서 참패한 직후 이 나라 보수정당 의원들이 잘못했다면서 국민에게 무릎 꿇고 사죄하는 모습을 보였지만 이를 보는 국민들의 시선은 싸늘하기만 했다. 이번에야말로 뭔가 근본적으로 달라진 모습을 보여주지 않고서는 국민의 마음을 절대 돌려놓을 수가 없을 것 같다.

• 이제는 이 나라 보수 시민들이 나서야 할 차례다

2016년 겨울의 광화문 촛불 집회는 이 나라 진보 세력이 주축이 되어 수백만 시민들이 참여해서 이뤄진 사상 초유의 대집회였으며, 2016년 10월 29일 제1차 촛불집회 이후 5개월 동안이나 지속됐다. 물론 이 대규모 집회의 도화선이 된 제1차 촛불집회를 주도한 세력은 민주노총의 민중총궐기투쟁본부였으나 다수 국민들도 함께 참여해서 이뤄진 집회라는 점에서 촛불집회 그 자체를 부정하는 것은 현명하지 못한 것 같다.

그 대신 촛불집회로 인해 탄생한 정부와 촛불집회를 주도한 세력이 벌이는 촛불 이후의 행태를 문제 삼아야 한다. 현 정부는 이 나라의 주인인 국민의 뜻을 받들어 국가와 국민을 위하는 정책을 펴야 함에도, 대규모 촛불집회를 주도하여 조기 정권 창출을 가능하게 해준 세력의 눈치를 보고 이들에게 보은하는 정책을 펴고 있는 것이다. 위기에 처한 경제를 살리기 위해 노동시장 개혁이 절실한 상황에서 최저임금 대폭 인상, 근로시간 단축 등 포퓰리즘적 친노동정책으로 국가 경제를 더욱 위기에 빠뜨리고 국민 삶을 팍팍하게 만들고 있는 것이다.

이제는 이 나라 보수 시민들이 일어서야 할 차례다. 현 정부의 극심한 역주행과 독선적인 정책을 멈추게 할 대안 정당으로서, 무너진 보수를 다시 일으켜 세우고자 하는 의지를 불태우고 보수정당 재건과 보수층 결집에 발 벗고 나서야 한다. 단, 이와 같은 행동은 특정 정당을 지지하는 차원이 아니라 재앙적 수준으로 몰락한 이 나라 보수를 다시 일으켜 세움으로써 국가 위기를 극복해 나가고자 하는 애국심의 발로에서 이뤄져야 한다.

절체절명의 위기에 처한 이 나라 보수정당이 회생할 수 있는 유일한 길은 잃어버린 국민 신뢰를 되찾는 것인데 현재로서는 거의 불가능한 일로 여겨질 따름이다. 여기서 이 나라 보수시민들이 보수정당과 국민들의 마음을 이어주는 가교 역할을 수행해야 한다. 보수 시민들은 이 나라 보수정당이 환골탈태하여 국민에게 사랑받고 신뢰받는 정당이 되도록 끊임없이 변화를 촉구하면서, 국민들이 이 나라 보수정당에 관심을 갖고 그 변화하는 모습을 꾸준히 지켜볼 수 있도록 분위기를 조성해 나가야 할 것이다.

• 결집된 보수 시민의 힘, 당 혁신의 원동력 삼자

당이 비대위 체제로 전환한 이후 당 혁신이 제대로 이뤄질지 여부는 외부에서 영입한 비대위원장과 저명인사급 위원들의 인품과 역량에 크게 의존한다고 볼 수 있다. 이렇게 막중한 책무를 떠안은 비대위원장 등이 국민의 기대에 미치지 못할 경우 이 나라 보수 야당은 계속해서 자중지란에 빠져 꽤 오랫동안 역사의 뒤안길에서 하릴없는 존재로 남아있게 될 것이다.

따라서 미래 대한민국의 운명이 달려 있는 보수의 재건을 국민의 전폭적 지지를 받지 못하는 비대위원장 등에 의존하기보다는, 이 나라 보수 시민들이 결집하여 보수 재건의 꿈을 함께 이뤄나가는 것이 훨씬 더 효율적일 것으로 생각된다.

이 나라 보수 시민들은 보수 지도층과 각계 전문가 등으로 구성된 집행위원회를 중심으로 보수의 가치를 재정립하고 보수를 재건하는 일에 직접 나서야 한다. 보수 시민들이 두 눈을 부릅뜨고 당 지도부가 일치단결하여 당 혁신 과제들을 제대로 정립해서 힘껏 추진하는지 여부를 끊임없이 지켜봐야 한다. 아울러 당 지도부가 당내 분열과 반목을 일소하고 당을 재건하기 위한 각종 혁신 과제들을 역동적·효율적으로 추진할 수 있도록 쓴소리와 편달을 아끼지 말아야 할 것이다.

이제는 이 나라 보수 시민과 국민들이 지켜보는 가운데 당 지도부가 한마음으로 당내 분열과 반목을 일소하고, 주요 당직과 선량들을 참신하고 유능한 인재들로 채우고, 보수의 가치를 재정립하는 등 당 체제를 완전히 혁신함으로써 차기 수권 정당 그리고 구국 정당으로 자리매김해야 할 것이다.

당내 분열과 반목을 일소하고 인적 쇄신을 단행해야 한다

이 나라 보수정당 구성원들이 아직까지 친박과 비박 등으로 분열된 상태에서 갈등과 반목을 일삼는 이유는 자신들의 행동이 이 나라 최고 엘리트 집단으로서 얼마나 무책임한지, 그리고 지금 역사에 얼마나 큰 죄를 짓고 있는지 제대로 인식하지 못하기 때문이다.

이것은 단순히 자신들이 속한 정당의 흥망에만 국한된 문제가 아니다. 미래 우리들과 우리 자손들이 선진 강대국의 국민으로서 떵떵거리고 사느냐, 주변 강대국들의 틈바구니에 끼어 숨죽이고 사느냐, 아니면 폭삭 망하느냐의 문제인 것이다. 제1부 제1·2장에서 말한 것처럼 현 진보 정부에서는 안보와 경제 분야에서 심하게 역주행을 하고 있어 지금 이대로 가면 미래 대한민국의 안보와 경제가 매우 위태로운 지경에 처할 수 있게 됐다.

미래 대한민국의 안전과 번영을 위해서는 현 정부·여당의 독선적 역주행을 견제하여 올바른 방향으로 되돌려놓아야 하는데 여기에는 두 가지 방법이 있을 뿐이다. 그 하나는 이 나라 보수 야당이 민심을 움직여 정부·여당으로 하여금 안보와 경제 정책을 미래 대한민국의 안전과 번영이 보장되는 방향으로 바로잡아 추진하도록 하는 것이다. 나머지 하나는 차기 대선에 승리해서 새로운 보수 정부를 수립하는 것이다. 이와 같이 중차대한 사명을 띤 이 나라 보수 야당 인사들이 허구한 날 자기네들끼리 반목하면서 싸움만을 일삼는대서야 될 법이나 할 말인가.

따라서 "이 나라 보수정당 구성원들이 똘똘 뭉쳐 극심한 역주행으로 미래 우리 안보와 경제를 위태롭게 하는 진보 여당에 맞서 한 판 승부를 벌임으로써 대한민국을 위기에서 건져내야 한다"는 사명감을 불러일으켜야 한다.

다음으로 이 나라 보수정당이 국민에게 사랑받고 신뢰받는 정당으로 자리매김하기 위해 정당 구성원들을 국민 친화적인 인물로 채우는 일이 급선무다. 다시 말해서 주요 당직 인선이나 공천 기준이 당내 세력 분포에 따라 좌우되는 방식으로부터 국민에게 사랑받고 신뢰받는 인물 기준으로 바꿔어야 한다.

특히 2020년 제21대 총선에 출마할 입후보자들을 얼마나 유능하고 참신한 인재들로 채우느냐 하는 것은 미래 이 나라 보수정당의 흥망을 가를 중요한 변수가 될 것이다. 자천타천으로 후보 물망에 오른 사람들 중에서 누가 유능하고 참신한 인물인지 선별하는 것은 매우 중요한 일이다. 그런데 그보다 훨씬 더 중요한 일은 당권을 쥐고 있는 실력자들 간의 얽히고설킨 이해관계를 뛰어넘어 그야말로 공정하게 인물 본위의 후보자 공천이 이뤄지는 것이다. 새롭게 구축한 혁신적 당 체제를 통해 2016년 더불어민주당의 김종인 비대위 체제보다 강력한 리더십을 발휘하여 단번에 국민 신뢰를 회복할 수 있는 수준의 후보자 공천이 이뤄져야 한다.

이명박 전 대통령이 뇌물수수와 횡령 등 비리 혐의로 구속 기소됨으로써 이 나라 보수정당의 입지는 한층 더 좁아지게 됐다. 정말 쥐구멍이라고 있으면 들어가야 할 정도가 된 것 같다. 그러니 연이은 보수정당의 대통령직 실패를 만회하기 위해서라도 정말 피나는 인적 쇄신 노력을 기울이지 않으면 안 될 것으로 보인다.

특히 국민 지지도가 형편없이 추락한 보수 야당을 하루속히 재건하기 위해서는 국민의 전폭적 지지를 받을 수 있는 새 지도자를 조기 선출하는 것이 급선무다. 보수 시민들이 주축이 되어 3~5명의 후보자를 선정한 후 철저한 검증과 국민 여론 수렴을 거쳐 21대 총선 전에 차기 대선 후보를 조기 선출하는 것이 필요하다. 통상적인 경우라면 21대 총선 이후에 차기 대선 후보를 선출하는 것이 맞겠지만, 국가 위기 국면에서 이 나라 보수 야당이 지금과 같은 유명무실 상태를 지속하는 것은 바람직하지 못하다. 보수 야당으로서도 새로운 지도자를 중심으로 당을 조속히 재건하지 않고서는 차기 대선에서의 승리를 기약할 수 없게 될 것이다. 그 대신 국민의 전폭적인 지지를 받을 수 있는 걸출한 지도자를 찾아내지 못한 상태에서 서둘러 전당대회를 개최하는 것 또한 바람직하지 못한 선택이 될 것 같다.

국민들이 지난 일들을 모두 잊고 새로 태어난 이 나라 보수정당의 모습에 환호할 수 있도록 참신하면서도 걸출한 새 지도자와 선량들을 영입하고, 현 위기를 넘어 대한민국을 통일 강국으로 만들기 위한 구체적인 비전을 내놓아야 한다.

보수의 가치를 재정립하고 이를 구현하는 데 힘써야 한다

원래 우리나라에서 보수정당은 자유민주주의를 바탕으로 한 한·미 동맹 위주의 굳건한 안보 정책, 그리고 시장경제를 바탕으로 한 성장 위주의 경제 정책을 추구한다.

그런데 일부 학자들은 우리나라에서 보수정당이 몰락한 원인 중 하나로 냉전시대적인 안보관과 북한관 그리고 산업화와 성장만을 고집하는 수구적 보수 행태를 지적하기도 한다. 여기서 냉전시대적인 안보관과 북한관은 새로운 동북아 질서에 부합하는 보다 합리적인 안보관과 북한관으로 대체하되, 미래 불확실한 안보 환경에 대비한 국방력 강화에도 소홀함이 없는 균형 잡힌 안보관과 북한관을 유지해야만 한다.

아울러 산업화와 성장만을 고집하는 수구적 보수 행태는 제4차 산업혁명 시대에 부합하는 창조적·혁신적인 경제 정책으로 보완하고, 보수의 가치를 가미한 창조적인 경제민주화 정책을 추진하는 데도 소홀함이 없어야 한다.

• 국가 위기 극복에 적합하도록 보수의 가치를 재정립해야 한다

북·미 정상회담 이후 북한 비핵화 협상이 장기화될 조짐을 보이면서 우리의 대북 정책 또한 심모원려(深謀遠慮)가 듬뿍 담긴 최상의 정책을 시행하는 것이 꼭 필요한 실정이다. 과거처럼 경직된 남북 관계가 지속돼서도 안 되고 비핵화 과정에 비해 대북 경계가 느슨해지면서 남북 교류·협력과 지원 사업을 서둘러 추진해서도 안 된다.

그런데 현 진보 정부에서는 북·미간 비핵화 협상이 지지부진하고 북한의 비핵화 의지가 불분명한 상황에서 대북 경계태세를 최대한 완화하고 남북 교류·협력과 지원을 서둘러 추진하고자 하는 의지를 보이고 있다. 바로 이러한 때 이 나라 보수 야당이 시대의 흐름에 맞게 새로 정립한 안보 정책을 보수의 가치로 내세워 진보 정부와 정책 대결을 벌이는 것이 필요하다.

다시 말해서 진보의 가치인 대화와 협력 위주의 대북 정책을 폭넓게 수용하되 그 이행 시기를 비핵화 과정과 확실하게 연계하여 추진하고, 북한의 도발과 동북아 분쟁 등 복합적 안보 위기에 대비한 국방력 강화에도 소홀함이 없도록 보수의 가치를 재정립하고 이를 구현하는 데 총력을 기울이자는 것이다.

아울러 제4차 산업혁명 시대에 부합하는 글로벌 경쟁력 확보를 위해 우리 경제 체질을 개선하기 위한 각종 개혁 정책을 내세우면서, 최소 예산으로 최대의 효과를 낼 수 있는 보수 특유의 경제민주화 정책을 개발하는 데에도 노력을 아끼지 말아야 한다.

침체된 경제를 살리기 위한 각종 개혁 과제 중 '규제 개혁'의 경우에는 진보 정당 집권 시 그 성공 가능성이 높다고 할 수 있다. 정부와 여당에서 개혁 법안을 발의하기만 하면 야당에서 반대할 이유가 거의 없기 때문이다.

최근 정부·여당에서는 소득주도 성장 정책의 후유증으로 경제 상황이 심상치 않게 돌아가자 이를 만회하기 위해 진보의 가치에 반하는 일부 '규제 개혁' 카드를 빼들었다. 이러한 때 이 나라 보수 야당이 "침체된 우리 경제를 살리기 위해 근본적이고 총체적인 규제 개혁 추진이 필요하다"고 강조하면서, 반드시 사라져야 할 규제 목록과 이들 규제가 모두 사라진 후 우리 경제의 발전상과 국민들에게 돌아갈 혜택을 일목요연하게 정리해서 발표하는 것이 필요하다. 다시 말해서 다급한 상황을 모면하기 위해 어쩔 수 없이 시행하는 일부 개혁 과제 추진이 아니라, 이 나라 경제를 또 다시 성장 궤도에 올려놓겠다는 포부를 가지고 각종 규제 덩어리들을 일정한 프로그램에 따라 통째로 들어낼 수 있는 방안을 제시하는 것이다.

그 대신 어떠한 경우에도 지금 형세가 불리하다고 해서 현 국가 위기를 극복하고 선진 강국을 만드는 데 반드시 필요한 보수의 가치를 스스로 저버리는 어리석음을 범하는 일은 절대로 없어야 한다.

• 국민들이 보수의 가치를 확실하게 이해하도록 힘써야 한다

우리 국민들이 보수의 가치를 확실하게 이해하고 현 위기 극복을 위해 규제, 노동시장, 금융, 공기업 등 개혁과 서비스산업 관련법 개정 등 보수의 가치에 입각한 각종 개혁 과제 추진이 절실하다는 것을 다 함께 공감할 수 있게 대국민 홍보에도 전력을 기울여야 한다.

지금까지 이 나라 진보 진영에서는 지난 보수 정권의 국정 실패를 만회하고 국정을 바로잡는 길이 보수의 가치를 몽땅 진보의 가치로 바꾸는 데 있는 것처럼 말해 왔으며, 어처구니없게도 다수 국민들이 이에 호응하는 것 같은 분위기다. 이와 같이 왜곡된 민심을 올바른 방향으로 되돌리기 위해 대국민 홍보에 전력을 기울여야 하는 것은 이 나라 보수 정당의 몫이다.

국내외 권위 있는 전문가들의 도움을 받아 지금 우리에게 위에서 말한 각종 개혁 과제 추진이 반드시 필요하다는 것을 이론적·실증적으로 완벽하게 입증하는 것 또한 빼놓을 수 없이 중요한 일이다.

각 분야별로 창조적·효율적인 정책을 개발하고 각종 개혁 과제들을 추진하는 데 이론적·실증적 근거를 제시할 수 있는 싱크탱크를 설립 또는 보강하여 장기적으로는 미국의 헤리티지재단(The Heritage Foundation) 수준으로 키워 나가는 것도 좋을 것 같다.

현 정부·여당의 역주행과 독주를 견제할 대안 정당이 되자

지금 국내 경제 전문가들은 물론 일반 국민들까지 현 정부의 경제 정책이 잘못된 곳으로 흘러간다는 사실을 대부분 인식하고 있지만 정부의 역주행은 아무런 저항을 받지 않은 채 질주를 계속하고 있다. 자동차에 비유한다면 엑셀 기능만 있고 브레이크 기능이 작동하지 않는 것과 같다.

지금 이 나라 보수 야당은 극심한 역주행으로 대형사고 위험이 큰 현 정부·여당의 독주를 견제해야 할 막중한 책무를 게을리함으로써 대한민국의 미래를 어둡게 만들고 있다. 이와 같은 사명은 이 나라 보수 야당에 주어진 책무이자 권리요 기회이기도 하지만, 차기 수권 정당으로 도약할 수 있는 기회를 스스로 걷어차고 있는 것이다.

현 정부의 경제정책 실패에 대한 반작용으로 보수 야당의 국민 지지도가 반짝 올라갈 수도 있다. 그렇다고 해서 이 나라 보수 야당이 자신의 힘으로 국민 지지도를 끌어올릴 생각은 하지 않고 상대 당이 계속 실패하기만을 기다린다면, 이는 스스로 수권 정당의 길을 포기하는 것이나 마찬가지이다. 또 우리나라 정치 판도가 계속 이런 식으로 흘러간다면 대한민국의 운명은 또다시 19세기 말의 상태로 되돌아갈 수도 있다.

이 나라 보수 야당은 현 위기를 기회로 삼아 하루속히 보수의 가치를 재정립하고 각 분야별로 창조적·효율적인 정책을 개발함으로써, 미래 대한민국의 안전과 번영을 보장할 수 있는 대안 정당 그리고 수권 정당으로 확실히 자리매김해야 한다.

5

개혁 추진을 가로막는 관문 통과

국회라는 거대 관문을 어떻게 통과할까

우리나라에서 현 안보와 경제 위기를 극복하기 위해서는 국력을 총동원해서 규제·노동시장·금융·공기업 등 개혁, 서비스 산업 선진화, 기업 구조개선 등 각종 개혁 과제들을 추진해야 한다. 아울러 이와 같은 개혁 과제들을 추진하기 위해서는 국회에서 관련 법안들이 신속하게 그리고 빠짐없이 통과되어야 한다.

그런데 우리나라에서는 위에서 말한 개혁 과제들, 그밖에 경제 성장을 촉진하기 위한 각종 개혁 과제들이 진보정당의 정치적 이념에 배치되는 경우가 많아 국가 개혁 과제로 채택되기 어려운 실정이다. 다시 말해서 이 같은 개혁 과제들이 진보정당 집권 시에는 정부 정책으로 채택되기가 어렵고, 보수정당 집권 시에는 야당의 반대로 국회통과가 어렵다.

특히 2012년 5월에 발효된 소위 국회선진화법으로 인해 여·야 합의가 이뤄지지 않은 법안이 국회를 통과하려면 재적의원 5분의 3 이상의 찬성을 얻어야 하므로 진보정당이 반대하는 개혁 법안은 대부분 국회를 통과할 수 없는 것이다. 실제로 지난 보수정부 집권 시 발의된 수많은 개혁 법안들이 수년째 국회에서 깊은 잠에 빠져있거나 또는 폐기되었다. 그러므로 여기서는 보수정당이 집권할 경우 진보 야당의 반대를 뚫고 각종 개혁 과제를 추진하는 방안에 대하여 검토해 보기로 한다.

전 정부에서는 국회선진화법에 가로막혀 각종 경제 활성화 법안들이 국회 문턱을 넘지 못하거나 장기간 지연 처리됨으로써 우리 경제가 살아나지 못하고 있다는 식의 국회 탓을 많이 해왔다. 그런데 예나 지금이나 우리나라처럼 경제 위기 극복 방안에 대한 보수와 진보진영 간 견해 차이가 크고 좀처럼 타협의 실마리를 찾기 어려운 상황에서 정치권의 자비를 구하는 식의 위기 처방은 백년하청(百年河淸)이 될 수밖에 없다.

하늘에서 비가 내리지 않는다고 하늘을 원망하기만 해서는 그해 농사를 망칠 수밖에 없다. 강과 호수의 물을 퍼 나르거나 땅에 우물을 파는 등 우리가 동원할 수 있는 모든 수단을 동원해서 논에 물이 마르지 않도록 해야 할 것이다.

물론 위기 극복을 위해 우리나라 정치권도 당연히 변하지 않으면 안 된다. 정부와 집권 여당 또한 야당과의 소통과 협력 관계를 통해 야당을 설득해서 관련 법안이 통과될 수 있도록 최선을 다해야 할 것이다. 그래도 안 될 경우에는 정부 개혁 정책에 대한 대국민 홍보에 전력을 기울여 국민 지지를 바탕으로 야당을 압박해서 관련 법안 통과를 이뤄내야 한다.

이렇게까지 최선을 다 했는데도 야당이 움직여주지 않는다고 포기해서는 안 된다. 그만큼 형세가 매우 급하게 돌아가고 있기 때문이다. 정부는 조금 돌아가는 한이 있더라도 정치권이라는 관문을 우회하여 독자적으로 추진 가능한 개혁 프로그램부터 악착같이 밀어붙여 추진해 나가야 한다. 황막한 사막에 강과 호수의 물을 끌어들여 기름진 옥토로 바꾼 이스라엘 농부들처럼 지혜롭고 강인해야 한다.

도무지 길이 없는 것처럼 보이다가도 이 나라의 유능하고 충성스러운 공직자들이 지혜를 모으고 열과 성을 다할 때 반드시 길은 보이게 마련이다. 이렇게 열심히 노력하다 보면 국민적 지지와 성원에 힘입어 관련 법안들의 국회통과도 자연스럽게 이뤄질 것이다.

사자성어 가운데 호가호위(狐假虎威)라는 말이 있다. 지혜로운 여우가 호랑이의 권위를 빌려 다른 동물들을 제압한다는 뜻이다. 정부는 이스라엘 농부의 강인함과 여우의 지혜를 원용하여 정치권이라는 거대 관문을 쉽게 통과할 수 있는 통행증을 확보해야 한다. 정부가 이스라엘 농부처럼 지혜롭고 강인한 모습을 보이면서 몇 가지 불가능한 것처럼 여겨지는 개혁 과제들을 독자적으로 잘 처리해 나갈 때 국민은 기꺼이 호랑이의 권위를 빌려주게 될 것이다.

정부는 정치권이 각종 개혁 법안을 통과시켜주지 않는다고 비난만 하거나 무조건 정치권의 협조를 읍소하는 대신 무실역행(務實力行)으로 확고한 국민 지지를 얻고, 이를 바탕으로 필요할 때마다 정치권이라는 거대 관문을 쉽게 통과할 수 있는 융통성을 발휘해야 한다.

이해관계 집단의 반발을 어떻게 극복할까

이해관계 집단을 다른 말로 이익집단이라고도 한다. 다시 말해서 이익을 추구하는 집단이라는 의미이다. 이해관계 집단이 정부 개혁 추진을 반대하는 이유는 개혁 과제 수행이 자신들의 이익을 침해한다고 생각하기 때문이다. 그런데 정부 입장에서는 국가 위기 상황 타개 또는 더 큰 국가적 이익을 위해 이해관계자들에게 기득권의 일부를 내려놓으라고 요구할 수밖에 없는 것이다.

그렇다면 정부 개혁 추진 과정에서 관련 이해관계 집단의 반발을 극복하는 방안은 대체로 다음 세 가지를 들 수 있을 것 같다. 그 하나는 애국심에 호소하는 것. 또 하나는 쌍방이 한발씩 양보하는 것. 나머지 하나는 공권력에 의존하는 것이다.

먼저, 각종 개혁 과제의 원활한 수행을 위해 이해관계자들의 애국심에 호소하는 방법이 있는데, 정부에서 아무리 좋은 말로 이해관계자들에게 위기 상황을 설명하고 애국심에 호소한다고 해서 그대로 따라오지는 않을 것이다. 정부 수뇌부와 국가 지도급 인사들이 위기 극복을 위해 불철주야 애쓰고 노력하는 모습을 확실하게 보여주고, 시간이 흐르면서 조금씩이라도 노력의 결실이 나타나기 시작해야 한다. 이때부터 국민들의 마음이 먼저 움직이고, 각계 이해관계자들도 위기 극복을 위해 기득권의 일부를 내려놓을 마음이 생기게 될 것이다.

그래도 이해관계자들의 마음이 움직이지 않을 때는 당해 개혁 과제 수행에 지장을 초래하지 않는 범위 내에서 그들의 요구사항 일부를 들어주거나 일정한 반대급부를 제공하는 식으로 협상을 진행할 수도 있다.

이렇게 국가 위기 극복을 위한 개혁과제 수행을 위해 관련 이해관계자들의 애국심에 호소하고 일정 부분 저들의 요구를 수용하는 타협안을 제시했는데도 끝까지 받아들이지 않을 때는 부득이 정부에서 일방적으로 개혁 추진을 강행할 수밖에 없다.

이렇게 될 경우 당해 이해관계집단에서는 '시위·파업 등 집단행동(이하 집단행동)'으로 나올 가능성이 크다. 정부에서 관련 이해관계자들의 반발을 무릅쓰고 개혁을 강행하기 위해 마지막 수단인 공권력을 행사하면서 반개혁적 집단행동에 효과적으로 대처하는 것이야말로 개혁 성공의 관건이라고 할 수 있다.

집단행동을 극복할 획기적 방안을 마련해야 한다

우리나라는 정부에서 각종 개혁 과제를 추진하겠다고 발표할 때마다 관련 이해관계집단은 물론 당면 개혁과제 추진과 상관이 없는 상습 시위단체들까지 나서서 시위를 주도하거나 확산시키는 것이 일상화되어 있다. 이들 상습 시위단체들은 각종 시위 때마다 정부 정책에 대한 비판 수준을 넘어 대한민국 정부의 정통성 자체를 부인하는 수준의 온갖 반정부 구호를 외쳐대는 일이 습관처럼 굳어져 있는 실정이다.

최근 들어 이와 같은 반개혁적 집단행동이 많이 줄어든 것처럼 보이지만, 이는 정부에서 각계 이해관계집단의 반발을 불러일으킬 만한 개혁 추진을 극도로 자제하거나 아주 미미한 수준으로 추진하기 때문이다. 여기서는 앞으로 정부에서 현 경제 위기를 극복하기 위해 각종 개혁 과제를 본격적으로 추진할 때를 대비하여 집단행동 대처 방안을 생각해보기로 한다.

• 집단행동이 자꾸 발생하는 이유는 무엇인가

그동안 역대 정부에서는 각종 개혁 과제를 추진하는 데 최대 걸림돌이자 사회 불안을 조성하고 국민 생활에 불편을 초래하는 집단행동의 단속 및 재발 방지를 위해 많은 노력을 기울였지만 아무 소용이 없었는데 그 이유가 뭘까? 순리적으로만 생각한다면 정부에서 다양한 이해관계자들의 불만 요인들을 충분히 수렴하여 합리적인 해결 방안을 제시하지 못한 데서 원인을 찾을 수 있을 것이다. 그렇지만 우리나라의 경우이미 그런 단계는 한참 지났다고 봐야 한다.

우리 사회에서 집단행동을 일으키는 사람들은 대부분 정부에서 적법하게 추진하는 각종 개혁 과제에 대하여 무조건적인 반대 의사를 표명하거나, 막연히 반정부 구호를 외쳐대면서 시위를 일으키는 것이 일상화되어 있다. 그렇다고 정부에서 무작정 공권력을 동원해 집단행동을 진압할 경우 극심한 사회 혼란과 민생 불안을 초래할 수 있어서 더 이상개혁 추진을 강행하지 못하고 주저앉게 되는 일이 많았다.

예를 들어 그동안 만성 적자와 과도한 부채에 허덕이는 부실 공기업을 정상화하고 정부의 재정 부담을 줄이기 위해 공기업 민영화를 추진하다가 강성 노조의 강한 반발에 부딪혀 좌절되는 일이 많았으며, 지금은 아예 입도 뻥긋하지 못하고 있다. 그리고 이와 같은 일들이 계속 되풀이되면서 정부 개혁에 반대하는 각계 이해관계자들에게 집단행동은 개혁을 피해갈 수 있는 일종의 만병통치약이 되어버렸다.

• 집단행동 근절 방안: 정부 내공과 공권력을 강화해야 한다

정부에서 사회적 혼란과 민생 불안을 초래하는 일 없이 반개혁적 집단행동을 효과적으로 진압하기 위해서는 단순히 공권력의 힘에 의존하는 것만으로 부족하며, 공권력 운용 주체로서의 권위와 내공(內工)[21]을 갖추는 것이 필요하다.

정부에서 내공을 강화하여 형편없이 추락한 권위를 높은 수준으로 끌어올리기 위해서는 먼저, 이스라엘 농부처럼 강인한 근성을 발휘하여 이해관계자들과의 다툼이 없는 각종 개혁 과제들을 우선 처리함으로써 괄목할 성과를 이뤄내야 한다. 이해관계자들과의 다툼이 있는 과제에 대하여도 우회적으로 과제를 수행할 수 있는 방안을 찾아내어 끝까지 밀어붙여야 한다.

아울러 국정 운영 시스템 강화, 공직사회의 효율성 및 청렴성 제고[22] 등 정부와 공직사회의 면모를 일신(一新)하는 것이다. 정부에서 효율적인 국정 운영 시스템과 강한 추진력을 갖추고 불가능하다고 생각되는 일들을 거뜬히 해치우면서 높은 국민 지지율을 유지할 때, 정부의 권위는 과격 시위자들이 경외심을 느끼게 할 정도로 상승하게 될 것이다.

그다음에는 불법 시위자 및 단체에 대한 벌칙 규정 및 법 적용을 대폭 강화해야 한다. 우리나라는 불법·과격 시위자 및 공권력 침해 사범 등에 대한 법 적용과 처벌이 지나치게 관대하고 느슨하다. 우리 못지않게 국민 개개인의 인권을 중시하는 미국, 영국 등 선진국에서도 공무 수행 중인 경찰관을 폭행하거나 흉기로 위협하는 경우, 이들 범법자에 대

---

21 훈련과 경험을 통해 안으로 실력과 기운이 쌓이는 것을 말하는데, 여기서는 정부에서 국정 수행을 잘해 업적이 쌓이고 권위가 상승하는 것을 의미한다.

22 제3부 제4장 「각종 이기주의와 무사안일 풍조를 타파해야 한다」 및 「국가 안보와 경제를 해치는 공직 비리를 뿌리 뽑아야 한다」 참조.

하여 총기 사용이 허용되는 것은 물론 최고 종신형까지의 징역형을 선고할 수 있다.

영국 경찰의 경우 '코랄링(Corralling)'이라는 독특한 시위 진압 방식을 사용한다. '코랄링'은 가축을 우리에 몰아넣듯 불법 시위대를 가두는 것을 말한다. 일단 이곳에 갇힌 사람은 누구든지 주소와 성명을 밝히고 사진 촬영에 응해야 한다. 이렇게 신원이 확인된 불법 시위대는 현행범으로 지목되어 엄격한 법 적용을 받게 되는 것이다. 미국에서는 2013년 10월 국회의사당 앞 도로를 점거해 이민법 개정촉구 시위를 벌이던 민주당 소속 하원의원 8명이 경찰 통제선을 넘었다는 이유로 수갑이 채워진 채 경찰에 연행됐다.

윈스턴 처칠(Winston Churchill)이 영국 수상으로 재직할 때 다음과 같은 일화도 있다. 어느 날 처칠이 의회에서 연설하기 위해 국회에 가는데 시간이 지체되어 운전기사에게 최대한 차를 빨리 몰라고 지시했다. 결국, 처칠이 탄 승용차는 신호위반에 걸려 교통순경의 검문을 받게 되었다. 운전기사는 "수상 각하께서 지금 국회에 가는 길인데 시간이 없습니다"라고 하면서 그냥 보내줄 것을 암시했다. 그러자 순경이 이렇게 말했다. "용모는 수상 각하와 비슷해 보입니다만 결코 수상 각하는 아닐 것입니다. 우리 수상께서는 절대로 법을 어기실 분이 아니니까요." 결국, 운전기사는 순경이 요구하는 대로 단속에 응할 수밖에 없었다. 관저로 돌아온 처칠은 불현듯 거리낌 없이 공직을 수행하는 그 순경의 당당한 모습이 대견스럽게 여겨졌다. 그래서 경시총감을 불러 아까 그 순경을 일 계급 특진시키라고 지시했다. 그런데 경시총감은 한참을 생각하더니 "그 순경은 자신의 맡은 바 직무를 법대로 수행한 것뿐입니다. 우리 법률에 그런 공무원을 특진시키라는 규정은 없습니다"라고 하면서 수상

의 지시를 거부했다. 한때 전 세계를 지배했던 대영제국의 영광은 고위
직에서부터 말단 공무원에 이르기까지 어떤 경우에도 정당한 법 집행을
주저하지 않는 공직 풍토에서 비롯된 것이다.

반면에 우리나라 경찰은 요즘 정당한 업무 집행을 하면서도 사후 책
임 문제가 따를 것을 우려해 각종 범법 행위에 대하여 소신 있게 대처하
지 못하는 경우가 많은 것 같다. 우리나라는 시위 진압 과정에서 경찰
관이 범법자에게 상해를 입힌 경우 대부분 처벌을 받게 되고 불법 시위,
테러, 경찰관 폭행 등 범법자에 대하여는 기소·선고·집행유예, 벌금 등
가벼운 처벌에 그치는 경우가 많아 공권력의 무력화를 가져온다. 이제
는 우리 정부도 과거 권위주의 시대의 민권 침해 사례를 지나치게 의식
하여 불법 시위 및 공권력 침해 사범에게까지 온정을 베푸는 등 나약한
행태에서 벗어나야 한다.

불법 과격 시위자와 공권력 침해 사범에 대한 벌칙 규정 및 법 적용을
미국, 영국 등 선진국 수준으로 대폭 강화함으로써 우리 사회에 무질서
와 떼법이 더 이상 발붙일 수 없는 풍토를 조성해야 한다. 또한, 상습적
으로 각종 시위 또는 파업을 주도하거나 이에 가담하여 불법적이고 반
정부적인 행동을 일삼는 단체에 대해서는 그와 같은 행동을 중단하도
록 시정명령을 내린 후, 이를 이행하지 않을 경우 그 단체에 대한 해산
결정을 내릴 수 있게 관련 법률을 만들어야 한다.

이렇게 공권력 주체인 정부에서 내공도 충분히 쌓이고 강한 공권력을
아울러 갖추고 있을 때, 지금처럼 과격 시위자들이 공권력을 우습게 보
는 풍조에서 벗어나 공권력의 정당한 제재에 어느 정도 순응하는 태도
와 경외심을 갖게 될 것이다.

대국민 홍보를 강화하는 것도 필요하다

정부에서 내공과 공권력 강화를 통해 각종 집단행동을 효과적으로 제어할 수 있는 권위를 갖추게 되었을지라도 여기에다 확고한 국민적 지지기반까지 확보해야만 사회적 혼란과 민생 불안을 제로에 가까운 수준으로 최소화할 수 있게 될 것이다.

정부에서는 각종 개혁을 착수하기 전에 반드시 개혁의 필요성, 주요 내용, 개혁이 성공할 경우 국가와 국민에게 돌아갈 혜택 등 미래 비전을 일목요연하게 정리한 자료를 만들어 대국민 홍보에 전력을 기울임으로써 국민 지지기반을 확고하게 다져놓아야 한다. 물론 그동안 정부에서 이룩한 각종 개혁성과 또는 외국의 개혁 성공 사례도 함께 정리해서 국민에게 알릴 필요가 있다.

1984년 3월 당시 영국에서는 상대적으로 값이 싼 석유 사용 보편화로 공급 과잉 상태가 된 석탄 생산을 줄이기 위해 대규모 탄광 구조조정이 필요한 시점이었다. 그런데 정부의 탄광 구조조정 정책이 발표되자 성난 100여 곳의 탄광노조가 파업에 돌입했다.

이에 대처 전 총리는 파업 기간의 수요를 충당할 석탄을 외국에서 몰래 수입해 들여오는 등 만반의 준비를 해놓고, 국민들에게 밑 빠진 독에 물 붓기 식으로 경제성 없는 탄광 유지를 위해 막대한 국민 혈세를 낭비할 수 없다면서 지지를 호소하였다. 이렇게 탄광노조와의 장기전 대비와 대국민 홍보에 전력을 기울인 후 노조의 불법 파업에 강경 대응하였다. 즉, 파업 기간 중 불법 시위자 11,000여 명을 체포하고 그중 8,000여 명을 고발하여 유죄를 선고받게 하였던 것이다. 결국 탄광노조 파업 사태는 1년여 만에 수습되고 대처는 개혁을 성공리에 수행할 수 있었다.

대처는 또 같은 해 '영국통신' 민영화를 추진하면서 노조 총파업으로 난관에 봉착했으나, 유명 광고 대행사까지 고용해 국민을 설득함으로써 국민 지지를 바탕으로 민영화에 성공하는 등 대국민 홍보를 매우 중요시했다.

제 3 부

분야별 위기 해소 및
개혁 방안

1

안보 위기 해소

국방개혁은 지속적으로 내실 있게 추진돼야 한다

제1부에서 말한 것처럼 최근 몇 년 동안 한반도 정세가 냉온탕을 오가는 급격한 변화를 보여주고 있음에도 우리에게 안보 위기는 엄연히 존재한다. 따라서 미사일 방어체계 구축과 군 구조 개편 및 군 장비 현대화 등 국방개혁 또한 전과 다름없이 아니 더욱더 내실 있고 속도감 있게 추진돼야 한다.

그동안 예산 부족으로 국방개혁이 원활하게 추진되지 못해 앞으로도 갈 길이 멀기 때문이다. 앞으로 한반도와 동북아 정세가 어떻게 변화할지 예측할 수 없는 상황에서 국방개혁 추진을 중단하거나 느슨하게 추진했다가는 크게 낭패를 볼 수 있다는 얘기다.

• 북한이 핵개발을 재개할 경우에 충분히 대비해야 한다

만약 우리의 국방개혁이 마무리되기 전에 북한이 핵개발을 재개하고 곧이어 핵무기를 실전 배치하게 될 경우 우리의 안보를 미군에 전적으로 의존할 수밖에 없는데, 과연 미군이 자기 나라처럼 우리나라를 목숨 걸고 끝까지 지켜줄 수 있을까? 2016년 미국 대통령 선거운동 과정에서 보여준 미국인들의 민심 동향을 보더라도 우리의 국가 안보를 언제까지 미국에만 전적으로 의존할 수 없다는 생각을 하지 않을 수 없다. 지난 북·미 정상회담 직후 트럼프 미국 대통령은 한·미 연합 군사훈련 중단을 선언하고 주한미군 철수를 희망한다는 견해를 피력하기까지 했다.

유사시 미국이 동맹국으로서 변함없이 우리를 지켜준다고 해도 우리 또한 핵우산 의존 과정에서 발생할 수 있는 안보상의 틈을 보완할 수 있는 능력을 충분히 보유하고 있을 때 우리 국민들이 치러야 할 희생과 피해를 최소화할 수 있게 될 것이다.

따라서 우리 힘으로 북핵 사전 탐지 및 선제 타격, 핵미사일 요격, 사후 대량응징보복(KMPR) 등 북한 핵 공격을 억지할 수 있는 3축 체계를 조기에 완벽한 수준으로 구축하거나, 또는 북한이 핵개발을 재개할 경우에 이를 즉시 구축할 수 있도록 만반의 준비를 확실하게 갖춰 놓아야 한다.

최근 미국, 이스라엘, 러시아 등 군사 선진국들이 기술 개발에 열을 올리고 있는 레이저 무기 개발에도 총력을 기울여, 유사시 북한의 핵미사일과 장사정포 등을 효과적으로 막아낼 수 있어야 한다.

• 재래식 전력과 비대칭 전력도 강화해야 한다

경우에 따라서는 한반도 비핵화 상태에서 북한이 핵무기 이외의 비대
칭 무기와 재래식 무기만으로 도발을 감행할 수도 있다. 따라서 우리가
북한보다 못한 비대칭 전력을 북한을 능가하는 수준으로 보강하고 재
래식 전력을 첨단화하는 등 오히려 국방 개혁 추진을 더욱 가속화·효율
화하는 것이 필요할 것으로 보인다.

만약에 한반도 비핵화 상태에서 북한이 재래식 무기와 비대칭 무기만
으로 침공해올 경우, 저들은 재래식 전투에서 타격을 입더라도 잃을 것
이 별로 없을 뿐 아니라 일반 주민들이 입게 될 피해에 대하여는 별로
아랑곳하지 않을 것이다. 그렇지만 우리는 재래식 전투에서 타격을 입
을 경우 잃을 것이 너무 많다. 따라서 유사시 재래식 전투에서 북한군에
패배하지 않는 것은 물론 우리 측 피해가 최소화될 수 있도록 지금부터
재래식 전력 강화에 전력을 기울이지 않으면 안 될 것이다.

다시 말해서 우리가 북한보다 재래식 전력이 월등하게 앞서 있다고,
그래서 남북 간 재래식 전쟁에서 우리가 최종 승자가 된다 해도, 우리가
그동안 힘들게 쌓아올린 경제와 도시 인프라가 한꺼번에 왕창 무너져
내리고 수백만의 생명을 앗아간다면 이보다 처참한 일이 또 있을까.

특히 우리가 북한보다 비대칭 전력에서 크게 뒤처져 있다는 사실은 한
반도 비핵화 상태에서도 북한의 침공을 독자적으로 막아내는 것이 쉽
지 않다는 것을 의미한다. 따라서 핵무기는 어쩔 수 없다고 하더라도 핵
무기를 제외한 비대칭 전력까지 우리가 열세에 몰려 있는 상황은 반드
시 역전시켜야 할 필요가 있다.

무엇보다 세계적인 IT 강국임을 자부하는 우리나라가 북한에게 사이
버 전력에서까지 밀리는 것은 도저히 이해할 수 없는 일이다. 북한은 세

계 최고의 사이버 강국인 미국에 버금갈 정도의 사이버 전력을 갖추고 있으면서 유사시 우리 군과 국가 주요시설에 치명적인 타격을 입힐 수 있을 정도로 비대칭 전력화하고 있다. 그런데도 우리가 노력만 하면 충분히 북한을 능가할 수 있는 사이버 전력 강화에 총력을 기울이지 못할 이유가 없다.

우리가 보유하고 있는 IT 기술은 물론 인공지능, 빅데이터, 로봇 등 첨단 기술까지 총동원하여 북한에 비해 인력과 조직 그리고 기능 면에서 형편없이 취약한 우리 군의 사이버 전력을, 사이버 공격 능력을 포함해서, 북한을 능가하는 수준으로 반드시 끌어올려야 한다. 그리하여 유사시 비대칭 전력으로서의 사이버 전력을 오히려 우리 측 카드로 활용할 수 있게 만들어야 한다.

또한, 우리 군이 2018년 10월에 창설한 '드론봇(Dron+Robot) 전투단'이 미국에 버금가는 수준이 되도록 충분한 예산을 투입하고 기술과 전술 개발에도 전력을 기울임으로써, 유사시 재래식 전투에서 북한군을 손쉽게 제압할 수 있도록 만들어야 한다.

그 밖에 우리가 감당할 수 있는 예산을 투입하여 전자전(電子戰), 특공작전, 특수정보작전 등 유사시 적에게 치명적인 타격을 가할 수 있는 비대칭 전력을 개발한 후, 세계 최고 수준에 달할 때까지 기술 개발과 훈련에 박차를 가해야 한다. 비용과 기술면에서 북한이 감당할 수 없는 수준의 비대칭 전력 개발을 통해 이 분야에서 반드시 북한을 능가해야만 한다.

2014년 6월 병력 60만 명의 이라크 정부군은 1만5,000여 명에 불과한 이슬람국가(IS) 반군에 밀려 순식간에 모술, 티크리트 같은 주요 도시들을 점령당하는 등 연전연패를 거듭하였다. 이라크는 IS 반군보다 병력,

군비 면에서 40배나 우세하였을 뿐 아니라 미국으로부터 무기와 공습 지원까지 받으면서도 죽기를 각오한 IS의 집요한 공격을 당해낼 수 없었던 것이다.

우리는 수년 전 이라크의 안보 실패 사례를 타산지석으로 삼아 북한이 핵무기 이외의 각종 비대칭 무기를 포함한 재래식 무기만으로 침공할 경우 이를 독자적으로 막아낼 수 있는 군사력과 전투력을 완벽한 수준으로 갖춰나가야 한다.

정부는 군 당국과 군사 전문가들의 의견을 들어 우리가 북한보다 못한 비대칭 전력 등 강화 방안, 그 밖에 북한의 기습 공격에 취약한 분야에 대한 전력 강화 방안을 빈틈없이 수립하고 필요한 예산을 충분히 배정해야 한다.

- ### 갈수록 병력 자원 감소, 예비군 전력도 강화해야 한다

우리의 상비군 병력은 61만 명으로 북한(128만 명)의 절반 수준이다. 그나마 가파른 저출산·고령화 현상으로 갈수록 병력 자원이 줄어들어 현재의 병력 수준도 유지하기 어려운 상황이 될 것 같다. 따라서 미래 불확실한 우리 안보 환경에 대한 대비책으로 예비군 전력 또한 강화해야 할 필요성이 증대하고 있다.

우리나라 예비군은 수적으로는 275만 명이나 되지만 전쟁 발발 시 곧바로 전방에 투입돼야 하는 동원예비군의 경우, 50년 전에 사용하던 구식 무기를 가지고 연간 3일 정도의 짧은 기간 동안 실효성이 낮은 훈련만을 실시하고 있어, 유사시 제대로 된 전투력을 발휘하기 어려운 실정이다.

우리나라에서도 최소한 동원예비군의 경우에는 미국과 이스라엘처럼

현역과 똑같은 첨단 무기를 지급하고 연간 30~50일간 실효성 있는 훈련을 실시함으로써 유사시 현역 못지않은 전투력을 발휘할 수 있도록 해야 한다. 일반 예비군의 경우에도 소수 정예화해서 유사시 필요한 임무를 수행할 수 있도록 실효성 있는 훈련을 지속적으로 실시해야 한다.

• 군 전력 증강을 위한 국방 예산을 충분히 확보해야 한다

우리는 평상시에 자신을 다른 사람들과 비교하면서 갖가지 불평과 불만을 쏟아내다가도 어느 날 갑자기 자신이나 가족 또는 가까운 사람이 죽을병에 걸렸다가 요행히 생명을 건졌을 경우, "돈이 뭐 그리 대단하냐"며 "그저 건강하기만 하면 된다"고 말하곤 한다.

마찬가지로 한반도에서 전쟁이 일어났을 경우를 한 번 생각해 보자. 나와 가족의 생명만 보존할 수 있다면 돈도 지위도 모든 것을 다 버릴 수 있다고 생각할 것이다. 그렇지만 막상 전쟁이 일어났을 경우 그런 생각을 해봤자 아무 소용이 없다. 언젠가 한반도에서 일어날 수 있는 전쟁에 대비해야 하는 지금 그런 생각을 하면서, 국가 안보를 위해 국민 개개인의 희생을 어느 정도 감수할 수 있어야 한다.

그래도 국가 안보 태세 강화를 위해 지금 우리 국민들이 치러야 할 희생은 실제로 이 땅에서 전쟁이 일어났을 경우 겪게 될 엄청난 참화와 희생에 비하면 백만분의 일에 불과할 것이다. 당분간 국방비 예산을 매년 10~15퍼센트 이상씩 늘려 미래 불확실한 안보 환경에 확실하게 대비할 수 있도록 국방 개혁 추진에 박차를 가해야 한다.

지금과 같은 안보 위기 상황에서 국방 예산을 책정하는 일은 지난 반세기 동안 이뤄낸 국부(國富)와 오천만 국민의 생사가 달린 문제이다. 전쟁으로 국토의 상당 부분이 잿더미로 변하고 수백만 국민들의 목숨을 앗아간다면 지금까지 피땀 흘려 이룩한 경제 발전의 성과가 다 무슨 소용이 있겠는가.

그렇다고 북한처럼 국민들을 기아 상태로 몰아넣으면서까지 국력을 온통 전쟁 준비에 쏟아 붓자는 것도 아니고 국방 예산을 매년 10~15퍼센트 이상씩만 늘리자는 것인데 이마저 안 된다고 반대할 수는 없는 일이 아닌가. 정부는 복지예산 및 불요불급 예산 등 구조조정을 통해 필요한 예산을 반드시 마련해야 한다.

여기서 가장 중요한 원칙은 가용 예산 범위 내에서 전력 증강 예산을 편성하는 것이 아니라, 국가 안보를 위해 꼭 필요한 전력 증강 예산을 먼저 편성한 후 동 예산을 확보해야 한다는 것이다.

이는 정치권과 정부 그리고 국민들이 언제 우리에게 닥쳐올지 알 수 없는 안보 위기에 대비해서 어떤 희생이라도 감수할 수 있다는 의지를 통해서만 이뤄질 수 있는 문제이다.

미래 불확실한 안보 환경에 충분히 대비해야 한다

2017년 말 이후 북한의 핵무기 실전 배치와 대륙간탄도미사일(ICBM) 개발이 초읽기에 들어가면서 우리의 국가 안보는 위태로움이 극도에 달한 상태였다. 우리가 독자적으로 북한 핵공격을 막아내거나 상호 억제력을 행사할 수 있는 능력을 전혀 확보하지 못한 상태에서, 북한의 도발 또는 미국의 군사적 옵션 사용으로 언제 한반도에서 전쟁이 일어날지 알 수 없는 위기 상황이 지속될 것 같았다.

다행히 북·미 간 합의에 따라 당분간 그와 같은 절체절명의 위기 상황은 모면하게 됐지만, 앞으로 우리 앞에 전개될 안보 환경은 그리 순탄치 않을 것만 같다. 앞으로 시간이 흘러가면서 북한이 어떤 모습으로 변할지 전혀 예측할 수 없고, 우리의 안보를 미국에 전적으로 의존하는 것은 점점 어려워질 전망이며, 미·중·일·러시아 등 주변 강대국 간 패권경쟁은 우리 안보에 새로운 위협 요인으로 등장할 가능성이 높기 때문이다.

• 거안사위(居安思危), 편안할 때 위태로움을 생각해야 한다

국가안보 정책은 항상 미래에 발생할 수 있는 최악의 경우를 대비해서 수립되어야 함이 마땅하다.

북·미 정상회담 이후 남북 간에 평화 무드가 조성되고 북한이 각종 도발을 자제하는 동안 우리는 미래 불확실한 안보 환경에 빈틈없이 대처할 수 있도록 국력을 충분히 비축할 수 있는 기회로 삼아야 한다. 다시 말해서 북한은 극심한 재정 위기 극복을, 우리는 고강도 국가 개혁 추진을 통해 부국강병을 이루기 위한 잠재적 빅딜이 이뤄진 것으로 생각해야 한다.

사실 지난 북·미 정상회담은 북한과 우리에게 똑같이 숨통을 틔워준 매우 유익한 회담이었다고 할 수 있다. 북한은 미국과 국제사회의 고강도 제재를 더 이상 감당하기 어려운 상황이었고, 우리 또한 북한의 핵무기 실전배치 이후 국가 안보를 감당하기 어려운 상황이었기 때문이다.

그런데 앞으로 수년 뒤 북한은 핵개발 능력을 그대로 보유한 채 재정 위기를 벗어나 자신들의 최대 취약점인 전쟁 수행 능력까지 갖추게 되었는데, 우리는 그동안 복지와 안락만을 추구하면서 부국강병에 힘쓰지 않는다면 우리의 국가 안보는 2017년 말보다 더 위험한 상황이 되어 있을 것이다.

지금까지 드러난 여러 정황으로 미루어볼 때 어쩌면 앞으로 수년 뒤에 우리의 처지가 지금 우리가 상상할 수 있는 것보다 훨씬 더 위험한 상황에 처하게 될 수도 있다. 북·미간 비핵화 협상이 장기화되면서 그동안에 북한이 은밀하게 핵탄두를 100~150발 수준으로 늘리고 핵능력을 고도화함으로써 완전한 핵 무장국으로 자리매김할 수도 있다는 얘기다.

우리가 북한의 도발을 독자적으로 막아낼 수 있는 능력을 갖추는 것은 하루아침에 이뤄질 수 있는 일이 아니다. 우리는 남·북 간 평화 무드가 지속되는 동안에도 우리의 안보 환경이 2017년 말과 다를 바 없는 위기 상황이라는 것을 명심하고, 미래 불확실한 안보 환경에 대처하기 위한 국력 배양에 총력을 기울여야 한다.

그런데도 "남·북 간 평화 무드가 이미 조성되었고 이제 곧 북한 비핵화가 이뤄질 것인데 군사력 증강을 위해 예산을 낭비가 필요가 있느냐"고 말하는 사람이 있다면, 16세기 말의 한심한 조정 대신들과 다를 것이 무엇인가. 우리는 언제 또다시 급변하는 한반도 및 동북아 정세의 격랑 속에 휩쓸려 들어가 엄혹한 시련을 겪어야 할지 알 수 없는 복합적 위기 속에 살아가야 하는 처지임을 명심하지 않으면 안 된다.

한반도에서 남과 북이 대치하는 분단 상태를 지속하는 한, 남·북 간에 일시적으로 평화 무드가 조성된다고 해서, 북핵 또는 전쟁 위험이 사라지는 것은 절대로 아니다. 또한, 우리에게는 북한 말고도 동북아라는 보다 큰 무대에서 비롯되는 또 하나의 안보 위기가 엄연히 존재한다.

앞으로 미·중 또는 중·일간 패권 경쟁으로 인해 동북아에서 심각한 분쟁 사태가 발생할 경우 우리나라가 주변 강대국으로부터 공격을 받거나, 19세기 말처럼 우리 국토가 강대국 간 전장(戰場)의 일부로 제공되거나, 주변 강대국으로부터 감당하기 어려운 부당한 요구를 받게 될 수도 있다. 이런 경우 우리의 국력 또는 군사력이 형편없는 수준이라면 19세기 말처럼 국가의 운명이 천길 나락으로 떨어질 수밖에 없다.

우리가 언제 발생할지 알 수 없는 북핵 위협과 북한의 도발에 대비해서 우리의 군사력을 크게 확충하고 첨단화하는 것이 결국은 주요 강대국들이 각축을 벌이는 동북아에서 살아남는 길이기도 하다는 사실을 한시도 잊어서는 안 될 것이다.

우리보다 월등하게 막강한 군사력을 보유하고 있는 중국과 일본이 해마다 막대한 예산을 투입하여 각종 첨단무기 개발 또는 구입에 열을 올리고 있는 것이 결코 남의 일이라고 생각할 수 없는 이유다.

• 국정원의 대공 및 정보 수집 기능을 크게 강화해야 한다

미국은 세계 최대 강대국으로서 지구상의 어떤 국가라도 이 나라를 상대로 전면전을 일으킬 수는 없다. 그렇지만 미국은 세계 패권 유지 및 외부 테러집단으로부터 자국민을 보호하기 위해 중앙정보국(CIA), 연방수사국(FBI), 국가안전보장국(NSA), 국방정보국(DIA), 국가정찰처(NRO) 등 수많은 정보기관을 두고 있다. 특히 2001년 9·11테러가 발생한 후 국내 15개 정보기관을 총괄하는 국가정보국(DNI)을 신설하는 등 국가 정보 기능을 대폭 강화했다.

우리나라는 우리에게 없는 핵개발 능력을 갖추고 있을 뿐 아니라 우리보다 월등한 수준의 비대칭 전력을 보유하고 있는 북한과 여전히 대치 상태에 있는 안보 취약국이다. 따라서 미국 못지않게 국가 정보 기능을 강화하는 것이 절대로 필요하다.

북한 지도부에 대한 동향 파악, 핵무기 재개발 및 도발 징후 등을 제때 신속하게 수집·분석하는 것이야말로 국가 안위와 오천만 국민의 생존권이 달린 문제이다. 이스라엘은 1967년에 발생한 제3차 중동전쟁(6일 전쟁) 당시 적진 깊숙이 침투하여 적의 동정을 속속들이 들여다보는 정보전에서 탁월한 능력을 발휘함으로써 아랍연합군(9개국)을 상대로 한 어려운 전쟁을 승리로 이끄는 데 결정적인 기여를 했다.

아무쪼록 여야 정치권이 합의를 이루어 국정원이 선거 개입이나 민간인 사찰 등의 행위를 할 수 없도록 엄격한 통제 및 감시 장치를 확실하게 구축한 후, 국정원의 대공 및 정보 수집 기능 강화 등을 골자로 하는 개혁을 서둘러야 한다.

미국의 경우에는 원칙적으로 국외정보와 국내정보를 CIA(중앙정보국)와 FBI(연방수사국)에서 분담하도록 되어 있고, 위 두 기관은 신호정보[23] 또는 영상정보를 직접 수집할 수 없으며, 신호 또는 영상 정보는 별도의 기술정보기관에서 수집한 정보를 이용하도록 되어 있다.

우리도 미국처럼 일반 정보기관에서 감청 등을 통해 직접 신호정보를 수집할 수 없도록 하면서 국내정보 수집 지침 등을 엄격하게 적용하도록 한다면, 국정원이 선거 개입 또는 민간인 사찰 등의 행위를 할 수 있는 길이 차단될 것으로 보인다.

---

23 신호정보란 음성·전파 등의 신호를 매개로 하여 수집하는 정보를 의미한다. 쉽게 말해서 특정인의 전화를 감청하거나 난수 또는 암호를 이용한 교신 내용을 수집·해독하여 얻을 수 있는 정보라고 할 수 있다.

한편, 대통령 직속 하에 국내 모든 정보기관이 수집한 정보를 체계적으로 종합·분석하는 기구를 둠으로써, 북한의 각종 도발에 신속하면서도 효율적으로 대응할 수 있는 방안을 강구하는 것이 필요하다.

• 전시 국민행동요령 등 민방위 태세도 강화해야 한다

이 땅에 두 번 다시 끔찍한 전쟁의 참화가 발생해서는 안 되겠지만, 그래도 전쟁에 대비한 민방위 태세를 강화해야 하는 이유가 두 가지 있다.

그 하나는 전쟁의 참화가 너무 끔찍하므로 전쟁이 일어날 확률이 100만분의 1에 불과할지라도 이에 대한 대비 태세를 소홀히 할 수 없기 때문이다. 또 하나는 국가 방위태세는 물론 전시 국민행동요령 등 민방위 태세 또한 강화하는 것이 북한 지도부의 오판에 의한 남침 도발을 방지하는 최선의 방법이기 때문이다. 저들이 남침 도발을 해올 경우 우리 국민들이 우왕좌왕하면서 혼란에 직면할 가능성이 크다고 생각될 때 북한 지도부의 남침 유혹은 커질 수밖에 없다.

우리는 지금부터라도 우리의 민방위 태세 미비점을 서둘러 최대한으로 보강함으로써, 전시 오천만 우리 국민의 생명과 안전을 확실하게 지켜줄 수 있도록 해야 한다. 연간 3~4회 실시하는 민방위 훈련 프로그램을 실전 상황 못지않게 구체적으로 작성하여 실효성 있게 실시하고, 훈련에 응하지 않거나 소극적으로 대처하는 사람은 처벌할 수 있게 벌칙 규정을 대폭 강화해야 한다. 유사시 국민들의 소중한 생명을 지켜주기 위한 훈련이므로 벌칙 규정 또한 엄혹하게 적용하는 것은 당연하다. 돈이 들더라도 유사시 북한군의 공습이나 핵 공격으로부터 국민의 생명을 지켜줄 대피시설도 필요한 만큼 시설을 늘리고 보강해야 한다. 스위스는 전쟁 위험이 없는 영세중립국임에도 유사시 전 국민을 수용할 수 있는 대피시설을 완벽하게 갖춰놓고 있다고 한다.

만약에 인구 밀집 지역인 서울이 북한으로부터 핵공격을 받게 될 경우 한꺼번에 300만 명의 인명피해가 발생할 수 있다고 한다. 북한이 핵개발 유보 정책을 폐기하기만 하면 곧바로 핵무기 실전 배치가 이뤄질 것이 확실한 마당에 이제는 북한으로부터 핵공격을 받게 될 경우에도 모든 국민이 안전 지역으로 대피하여 피해를 입지 않도록 비상대비 태세에 만전을 기하여야 한다.

그런데 핵폭발을 충분히 견딜 수 있도록 완벽하게 지어진 대피시설을 새로 갖추기 위해서는 막대한 예산이 소요될 뿐 아니라 시간이 너무 걸려 실효성이 떨어질 수 있다. 따라서 지하철, 지하 주차장, 기타 모든 건물의 지하시설 가운데 핵 공격에 견딜 수 있는 대피시설로 개조해 사용할 수 있는 시설물 현황을 파악하고, 유사시 국민 개개인이 대피할 시설물을 확실하게 지정해 두어야 한다.

그리고 유사시 위 모든 대피시설을 국민들의 생명과 안전을 보장할 수 있는 수준으로 즉시 개조가 가능하도록 만들어 놓아야 한다. 아울러 평상시 민방위 훈련을 통해 국민 개개인이 지정된 대피 장소로 신속하게 이동하여 전시 국민 대피 매뉴얼대로 행동하는 요령을 완전히 숙지하도록 해야 한다.

여기서 또 한 가지 반드시 짚고 넘어가야 할 것이 있다. 북한이 핵미사일을 발사한 후 폭발까지는 5분 내외가 걸린다고 하니 대부분의 국민들이 핵폭발 전에 지정된 대피시설로 이동한다는 것은 불가능할 것이다. 그러므로 정부는 전 국민이 핵폭발 후 안전하게 지정된 대피시설로 이동할 수 있는 매뉴얼을 완벽하게 갖춰놓고 민방위 훈련을 통해 국민들이 그 내용을 완전히 숙지하도록 해야 한다는 것이다.

유사시 북한의 생화학무기 공격 등에 대비해 집집마다 가족 수만큼 방독면을 반드시 보유하게 하고 사용법 또한 반복해서 숙달 훈련을 실시해야 한다. 아울러 방독면 등 각종 민방위 장비를 개량하고 보완하는 데에도 지속적인 노력을 아끼지 말아야 할 것이다. 우리가 국가 방위 및 민방위 태세를 가장 확실하게 갖추고 있을 때 북의 도발 위험은 제로에 가까운 수준으로 낮아지게 될 것이다.

• 국방개혁은 종합적인 차원에서 추진돼야 한다

만약 우리가 현관문을 꼭꼭 잠가놓은 상태에서 외부와 연결된 한쪽 창문을 허술하게 방치해둔다면 어떤 일이 발생할 수 있을까. 도둑이 마음만 먹으면 마음 놓고 우리 집에 침입해서 귀중품을 몽땅 가져갈 수 있게 될 것이다. 국가 안보를 지키는 일도 다를 것이 없다. 북핵 위협에 대처하는 일 못지않게 북한의 각종 비대칭무기와 사이버전, 정보전(情報戰) 등에 대응하는 것 또한 국가 안보 차원에서 그 어느 것 하나 빼놓을 수 없이 중요한 문제이다. 예를 들어 우리가 북핵 위협에 대처하기 위한 3축 체계를 완벽한 수준으로 갖췄다 해도 북한에 비해 각종 비대칭 전력에서 열세에 몰려 있거나 북한의 사이버 공격에 무방비로 노출돼 있다면 북한과의 재래식 전쟁에서 어이없는 패배를 당하게 될 수 있다.

따라서 미래 불확실한 안보 환경에 대처하기 위한 국방개혁 추진도 3축 체계 구축, 군 구조 및 지휘체계 개편, 북한을 능가하는 비대칭 무기 및 전략 확보, 사이버전 및 정보전 능력 강화 등을 망라하는 종합적인 차원에서 이뤄져야 한다.

2

경제 위기 해소

위기를 기회로 삼아 고속 성장의 신화를 다시 만들어내자

각종 구조적 문제점 등으로 인해 깊은 골병이 들어 있는 우리 경제를 살려내 지난날과 같은 고속 성장세를 어느 정도 만회하기 위해서는, 우리 경제 내부의 깊은 곳에 숨어 있는 구조적 병인들을 찾아내어 수술적 요법으로 근본적인 치유에 힘써야 한다. 소득을 경제 성장의 원천이라고 생각하여 최저임금을 올리고, 청년 일자리를 창출한다며 공무원 및 공공부문 일자리만 늘리고, 복지예산 충당을 위해 법인세를 인상하는 등의 대중요법만으로는 수렁에 빠진 우리 경제를 절대 살릴 수 없다.

• 근본적·종합적인 경제 개혁을 추진해야 한다

분야별 국가 개혁 과제 중 가장 기본이 되고 중요한 것이 경제 분야 개혁이다. 예나 지금이나 부국(富國)은 강병(強兵)의 기반이 되고, 국제관계에서 우월한 지위를 보장하며, 국민 삶의 질 향상에도 결정적인 기여를 한다. 다시 말해서 우리나라가 주변 강대국 못지않은 경제력을 보유하게 될 경우 현 안보 위기를 해소할 수 있는 돌파구가 마련되고, 대미·대중·대일 관계에서 그들과 대등한 수준의 외교관계를 유지할 수 있으며, 고질적인 소득 양극화 문제도 최대한 완화할 수 있게 될 것이다.

그런데 지금 우리의 경제력은 주변 강대국에 비해 매우 빈약한 상태이다. 더욱이 우리 경제는 겉으로 멀쩡한 것처럼 보이지만 켜켜이 쌓인 각종 구조적 문제점으로 인해 속으론 깊은 골병이 들어 특단의 개혁 조치 없이는 현 상태를 그대로 유지하는 것조차 어려운 실정이다. 겉으로 나타나는 증상에만 의존하는 대증요법적인 방식을 벗어나 근본적·종합적인 개혁 추진이 필요한 이유다.[24]

우선 우리 경제의 구조적 문제점, 국내 기업들의 고비용·저효율 고착화, 기업의 창의적 개념설계[25] 역량 부족 등 우리 경제와 기업에 쌓인 각종 병증에 대한 심층 분석을 통해 그 원인과 실상을 정확하게 파악하는 것이 급선무다. 그러고 나서 각종 병증을 근본적으로 치유·개선할 수 있는 개혁 프로그램을 작성하여 그대로 추진해야 한다.

• 기업 투자 의욕과 글로벌 경쟁력을 끌어올려야 한다

최근 우리 경제는 지난 정부에서 법인세율을 낮춰주었는데도 기업 투자가 늘어나지 않고 정부의 경기 활성화 및 저금리 정책에도 경제가 호

---

24 제2부 제2장 「대중요법으로는 해결이 안 된다」 참조.

25 설계란 누군가의 머릿속에 들어 있는 아이디어를 실현 가능한 형태로 나타내는 것을 의미하는데, 개념설계란 설계 과정에서 첫 단계로 이루어지는 최초 행위로서 그 후에는 기본설계→상세설계의 순서로 진행된다. 다시 말해서 이는 자신이 직접 개발한 원천기술을 이용하여 새로운 제품을 만들거나 대형 공사 또는 플랜트 건설 등을 수행하기 위해 작성하는 최초 설계를 말한다.

전될 기미를 보이지 않는 등 일반적인 경제 원리에 맞지 않는 것처럼 보이는 현상들이 계속 나타나고 있다.

결국 현 정부에서는 2017년 12월 법인세율을 기존 22퍼센트에서 25퍼센트로 인상함으로써 지난 이명박 정부 이전 수준을 회복하게 됐다. 반면에 이 무렵 미국은 법인세율을 기존 35퍼센트에서 21퍼센트로 대폭 낮추었으며, 일본과 유럽 선진국들도 법인세율 인하를 추진하는 등 우리나라와는 정반대의 길을 가고 있다.

그동안 법인세율을 낮춰주었는데도 국내 기업들이 투자를 늘리기는 커녕 오히려 돈을 은행에 넣어둔 채 투자를 꺼리는 현상을 보여 온 것은 사실이다. 그렇다고 지금처럼 경제가 꽁꽁 얼어붙은 상황에서, 더욱이 우리나라와 경쟁 관계에 있는 선진국들이 자국 기업의 글로벌 경쟁력을 높이기 위해 모두 법인세율 인하 경쟁을 벌이고 있는 가운데, 우리만 홀로 복지 재원 마련을 위해 법인세율을 인상한 것이 과연 옳은 일일까?

그동안 법인세율 인하가 기업 투자 확대로 이어지지 않은 이유는 사상 초유의 대내외 경제 여건 악화로 지난 수년간 기업 투자 심리가 지나치게 꽁꽁 얼어붙어 있어서 정부의 통상적인 투자 촉진 정책이 먹혀들지 않기 때문이다. 폐암 초기 환자에게 폐렴약을 투여해서 아무런 효과를 얻지 못한 것이나 마찬가지다.

이렇듯 통상적인 정부 정책의 약발이 먹히지 않는 우리 경제를 회생시키려면, 우선 통제 가능한 국내 기업환경 개선을 통해 꽁꽁 얼어붙어 있는 기업 투자 심리를 해동(解凍)시키는 것이 급선무다. 즉, 기존의 경기 부양 정책과 함께 핵폭탄급의 규제 혁파, 각종 세제 지원, 노동시장 개혁 등 기업환경의 획기적 개선을 통해 잔뜩 위축된 국내외 기업들의 투자 의욕을 불러일으켜야 한다. 그리하여 국내 30대 그룹이 보유하는

880조 원의 사내유보금 가운데 10~20퍼센트만이라도 연구개발(R&D) 및 설비 투자가 이뤄지도록 해야 한다.

아울러 그 밖에 우리 경제의 구조적 문제점을 개선하기 위한 각종 개혁 과제들을 지속적으로 추진함으로써 꺼져가는 성장 동력을 되살려야 한다.

더욱이 지금 우리나라는 전자, 자동차, 조선, 철강, 석유화학 등 기존 주력 산업의 성장이 한계에 이른데다 중국, 일본 등 경쟁국들보다 미래 글로벌 시장을 선도할 신성장산업도 제대로 키우질 못하고 있는 실정이다. 국내 기업들이 1960~1970년대처럼 새로운 사업에 도전하여 과감한 투자와 노력을 아끼지 않는 불굴의 기업가 정신을 찾아보기 어려운 것도 문제이다.

앞에서 말한 대로 그동안 쌓이고 쌓인 우리 경제의 구조적 문제점과 규제·노동시장 등 기업환경 개선을 통해 국내 기업들이 불굴의 기업가 정신을 되살려 기존 및 신성장 산업 분야에 대한 투자와 기술개발에 전력투구할 수 있는 여건을 마련해줘야 한다. 국내 기업들의 글로벌 경쟁력 향상을 위해 국가 R&D 사업의 양적 확대와 질적 개선을 도모하고, 과학기술 인재를 충분히 확보할 방안을 마련해야 한다. 글로벌 대기업, 일반 대기업, 중견기업, 중소기업들이 상생·협력하면서 동반 성장을 도모할 수 있는 기업 생태계를 구축함으로써, 국내에서 히든 챔피언과 신생 글로벌 대기업들이 우후죽순처럼 돋아나 국내 기업끼리 치열한 순위 다툼이 멈추지 않도록 해야 한다. 아울러 우리 금융 산업을 선진국 수준으로 키워 국내 기업들이 성장하는 데 필요한 재정·경영상의 지원이 충분하게 이뤄지도록 하고, 국내 내수시장 확대 및 활성화를 통해 침체된 경기가 되살아나도록 해야 한다.

• 정부 사업별 투입·효과 분석, 차년도 예산에 반영해야 한다

침체된 경제를 살리는 데 가장 필요한 요소 중 하나는 관련 예산을 충분히 확보하는 것이다. 그런데 지금 우리나라는 지속적인 경기 침체로 세수는 답보상태이지만, 전체 예산의 3분의 1을 차지하는 복지예산은 해마다 기하급수적으로 늘어만 가니 결코 쉽지 않은 일이다. 따라서 길은 한 가지 불요불급한 예산을 없애거나 줄이고 이를 부족한 경제 관련 예산에 충당하는 등 주어진 예산을 가장 효율적인 방법으로 집행하는 것이다.

따라서 정부 안에 주요 사업 예산에 대한 심사·분석을 전담하는 기구를 두고, 투입된 예산 대비 실적을 면밀하게 분석한 후 차년도 예산 편성 및 사업 추진 방법 개선안을 마련하여 해당 부처에 권고하도록 해야 한다. 아울러 정부 각 부처에서는 특별한 사유가 없는 한 이를 받아들이도록 분명히 법제화해야 한다.

전 정부에서는 2014~2016년간 일자리 창출을 위한 사업에 총 43조 원을 투입했으나 2016년 기준 실업자 수는 101만 명으로 2013년(81만 명)에 비해 25퍼센트나 증가했다. 현 정부에서도 2017~2018년간 총 54조 원의 일자리 예산을 더 투입했으나, 2018년 10월 기준 실업자 수는 97만 명으로 2016년에 비해 4만 명 감소하는 데 그쳤다. 그나마 그동안 신규 취업자 가운데 60퍼센트 상당이 정부의 예산 투입에 의존한 공공부문 일자리라는 점을 감안한다면, 실질적으로 민간부문 실업자 수는 오히려 크게 증가했다고 봐야 한다.

이런 식으로 출산율 제고를 위한 사업예산, 각종 복지예산, 기타 각종 사업예산에 대한 투입·효과 분석을 통해 중복·낭비·비효율적인 예산을 걸러내고 대신 각종 경제 살리기 예산을 대폭 증액하도록 해야 한다. 물론 정치권과 정부의 포퓰리즘 정책 산물인 각종 선심성 예산이나 '쪽지 예산' 등 불합리한 예산 관행도 근절하는 방안을 강구해야 한다.

정부 사업 예산에 대한 심사·분석 기능은 감사원에 부여할 수도 있고 별도의 독립적인 기구를 신설할 수도 있으나, 관련 전문가들을 충분히 확보함으로써 공정하고 미래지향적이며 정확한 분석이 이뤄지도록 해야 할 것이다.

규제 개혁, 침체된 경제를 살리기 위한 필수 과제이다

세계 최대의 전자상거래 업체인 아마존(Amazon)은 '세상의 모든 것을 취급하는 점포(The everything store)'로 알려져 있다. 그런데 만약에 아마존이 한국에 있었다고 해도 지금처럼 세계 최대의 전자상거래 업체로 성장할 수 있었을까? 만약에 아마존이 한국 기업이었다면 거미줄처럼 얽히고설킨 각종 규제로 인해 취급할 수 있는 품목과 원활한 상거래가 제한되고, 드론 배송 등 첨단 기술을 이용한 서비스도 제공할 수 없게 될 것이다. 세계 100대 혁신기업(스타트업) 가운데 절반 이상이 한국 같으면 각종 규제 때문에 기업 할 엄두도 못 낼 것이라고 한다.

• 경쟁국에 비해 과도한 규제, 기업 경쟁력 저하의 주범이다

우리나라는 미국, 일본, 유럽 등 선진국은 물론 다른 경쟁국들에 비해 유난히도 기업 활동을 옥죄는 각종 규제가 많아 국내 기업들의 글로벌 경쟁력을 떨어뜨리는 가장 큰 원인을 제공하고 있다.

아무튼 우리나라에서 기업 활동을 저해하는 각종 악성 규제의 폐해는 너무 많이 알려져 있어 재론할 필요가 없을 것 같다. 전 정부에서 침체된 경제를 살리기 위해 가장 관심을 가지고 역점을 두어 추진했던 정책 과제도 바로 규제 개혁이 아니었던가 싶다. 서울반도체 안산공장의 경우 불합리한 규제 때문에 7년 동안 두 공장을 잇는 연결 통로를 개설하지 못하다가 대통령의 직접 지시로 규제가 풀려 운송 시간(45분) 및 생산비(연간 50억 원)를 절감할 수 있게 되었다.

그런데 문제는 전 정부 후반기 2년 동안 대통령까지 직접 나서서 여러 가지 불합리한 규제를 풀었지만 우리 기업인 대다수는 각종 규제 때문에 기업을 못하겠다고 아우성이며, 그나마 여력이 있는 업체들은 줄줄이 해외로 나가고 있다.

더욱이 전 정부 때인 2015년 9월 이후 질적 규제 개선에 집중한다면서 규제 건수 관리를 하지 않다 보니 국민들은 그동안 각종 규제들이 얼마나 증가했는지 감소했는지 알 수도 없게 됐다. 그동안 각종 규제를 개혁하는 데 매우 소극적인 태도를 보여 온 것으로 알려진 공무원들이 심기일전하여 자발적으로 각종 규제를 질적·양적으로 개혁하기 위한 노력을 아끼지 않았을 것이라고 믿어도 좋다는 말인가? 그렇지만 어쩐지 그런 일은 일어나지 않았을 것만 같은 생각이 든다.

게다가 2017년 5월 진보 진영의 문재인 정부가 출범한 이후 정부 차원에서 최저임금제, 비정규직의 정규직 전환, 협력업체 직원 직접 고용, 노동개혁 양대 지침 폐기, 근로시간 단축 등 기업 활동을 옥죄는 각종 규제가 봇물처럼 쏟아져 나왔다.

우리 국회는 예나 지금이나 꾸준히 기존 규제를 개혁하는 데는 관심이 없고, 새로운 규제를 만들어 내거나 기존 규제를 강화하는 일에 전력 투구하는 것 같다. 20대 국회가 개원된 2016년 5월부터 2017년 8월까지 발의된 973건의 기업 관련 법안 중 66퍼센트인 645건이 신규 또는 기존 규제를 강화하는 법안이라고 한다.

세계경제포럼(WEF)의 발표에 의하면 2016년 우리나라의 규제 환경 순위는 138개국 가운데 105위로 나타났다. 선진국인 미국(29위), 일본(54위), 독일(18위), 영국(25위)에 비해 매우 열악한 수준인 것을 금방 알 수 있다. 같은 해 경제협력개발기구(OECD) 조사 결과에서는 우리나라가 외국인투자 규제 순위에서 35개국 가운데 30위를 기록했다.

• 규제 개혁의 효율적 추진 위해 '규제 관리망'이 필요하다

침체된 우리 경제를 살리는 데 절대적으로 필요한 규제 개혁을 최단 기간 내에 성공적으로 이뤄내기 위해서는 정부와 기업 그리고 국민들이 국내 규제의 실상과 개혁 추이를 종합적으로 정확하게 파악하는 일이 급선무다. 이를 위해 정부와 기업 그리고 국민들이 국내 규제의 실상과 개혁 추이를 거시 또는 미시적, 종합적, 입체적으로 파악하고 관리할 수 있는 규제 관리망을 구축·운용하는 것이 필요하다.

먼저, 빅데이터 시스템을 이용하여 국내 모든 기관에 남아 있는 각종 규제를 계속 존치, 완화 또는 개선, 철폐 등으로 확실하게 분류한 후 계속 존치 이외의 규제 항목들을 개혁 대상 규제 항목으로 입력·관리해야 한다. 특히 규제 개혁을 요구하는 정책·사업·사항(이하 과제)별로 개혁 대상 규제 항목들을 체계적으로 입력·관리하는 것이 필요하다.

다음으로, 거시적으로는 과제별로 현존 규제들이 기업 활동에 어떤 영향을 미치는지, 이로 인한 경제적 손실은 어느 정도인지, 규제 개혁이 성공적으로 이뤄질 경우 얻게 될 경제적 효과는 어느 정도인지 구체적으로 파악할 수 있는 시스템을 구축한다. 미시적으로는 각각의 과제 또는 규제 항목별로 규제 개혁 저해 요인을 파악하고, 이에 대한 대처 방안을 마련할 수 있는 시스템을 구축한다. 아울러 각 규제 항목별 중요도 및 국제 비교, 규제 개혁 담당자별 업무·성과 분석, 규제 개혁 목표 조기 달성을 위한 매뉴얼 등 다양한 소프트웨어 시스템을 구축해야 한다.

기업과 국민들이 국내 규제의 실상을 한눈에 알아볼 수 있도록 일목요연하게 정리해서 인터넷과 홍보 매체를 통해 실시간으로 공지하는 것 또한 빼놓을 수 없이 중요한 일이다. 지금까지 역대 정부에서 각종 규제를 철폐 또는 완화했다고 거듭 발표했는데도 기업 활동에 미치는 각종 규제의 폐해가 조금도 줄어들지 않은 이유는 국내 규제 전체의 모습이 베일에 감춰진 채 지극히 일부에 불과한 규제 완화 실적만을 '장님 코끼리 만지기' 식으로 보여주었기 때문이다. 더욱이 일부 규제완화 실적에도 불구하고 또 한편으로는 더 많은 새로운 규제들이 우후죽순처럼 자라나곤 하는 일이 반복되었기 때문이기도 하다.

따라서 이제는 국민들에게 국내 전체 규제의 모습이 이러한 데 그중에서 이만큼의 규제가 사라졌고 또 이만큼의 규제가 생겨났다는 식으로 종합적, 입체적인 정보를 실시간으로 제공함으로써, 국내 규제의 실상과 변화 추이를 정확하게 인식할 수 있도록 해야 한다.

• 규제 개혁은 부분적이 아닌 종합적인 차원에서 추진해야 한다

지금까지 역대 정부에서는 보수와 진보 진영을 막론하고 그때그때 경제 상황에 따라 일부 분야에 한정된 규제 개혁을 추진하곤 하였다. 그렇지만 엄청나게 많은 규제 덩어리들이 칡넝쿨처럼 얽히고설켜 그 실상을 제대로 파악하기조차 어려운 우리나라 현실에서 이렇게 일부 분야에 대한 규제 개혁을 추진하는 것으로는 위기에 처한 우리 경제를 절대 살릴 수 없다. 국내 기업 활동을 옥죄는 각종 규제의 실상을 '규제 관리망'을 통해 전반적·종합적으로 파악하고 일정한 프로그램에 따라 이를 통째로 들어내야 한다.

이와 같이 규제 개혁을 종합적인 차원에서 일사불란하게 추진하기 위해서는 정부 내에 규제 개혁을 총괄하는 기구를 신설하는 것이 필요할 것으로 보인다. 대통령 또는 국무총리 직속으로 부총리 또는 장관급을 수장으로 하는 규제 개혁 컨트롤타워를 설치하고, 각 부처 소관 규제 항목들에 대한 존폐 여부를 범정부 차원에서 종합적으로 심의·결정하도록 전권을 주어야 한다.

• 포지티브 시스템을 네거티브 시스템으로 바꿔야 한다

우리나라에서 대부분의 규제관련 법령과 정책은 포지티브(Positive) 방식을 적용하고 있다. 다시 말해서 법령 또는 정책상으로 행위가 가능한 것들을 구체적으로 나열하고, 나머지는 하지 못하도록 모두 금지하는 방식이다. 반면에 미국, 영국 등 주요 선진국과 중국에서는 법령 또는 정책상으로 금지하는 것만 정해놓고, 나머지는 모두 시장에서 자율적으로 할 수 있도록 허용하는 네거티브(Negative) 규제 방식을 적용한다.

제4차 산업혁명 시대를 맞이하여 주요 선진국들을 중심으로 자율주행차, 지능형 로봇, 상업용 드론 등 신산업 분야에서 국가 간, 기업 간 경쟁이 치열하게 이뤄지는 가운데, 우리나라는 각종 규제에 치여 이들 신산업 분야 육성 및 기술 개발이 지지부진한 실정이다. 얼마 전까지만 해도 주요 선진국들 못지않게 상당한 경쟁력을 갖고 있던, 제4차 산업혁명의 총아인, 생명과학 분야까지도 그동안 인간배아를 이용한 유전자 연구에 족쇄를 채운 것처럼 꽁꽁 묶어놓은 각종 규제 때문에 저들 선진국들에게 자꾸만 뒤처지고 있는 실정이다.

우리나라가 이제 막 태동하기 시작한 제4차 산업혁명의 선도국가로 굴기하기 위해서는 지금부터라도 현행 포지티브 규제 방식을 네거티브 규제 방식으로 과감하게 전환함으로써 각종 신산업 분야 육성 및 기술 개발이 원활하게 추진되도록 해야 한다.

• 정부 독자(獨自) 규제부터 우선 처리해야 한다

정부의 규제 개혁 추진을 저해하는 요인으로는 정부 자체의 개혁 의지 미흡, 국회의 규제입법 양산(量産)과 개혁입법 반대, 각계 이해관계자들의 규제 개혁 반대 등 세 가지를 들 수 있다. 그런데 근본적으로 국가 경제를 살리기 위해 규제 개혁 프로젝트를 입안하고 실행해야 하는 주체는 바로 정부이다.

또 국내외 기업들을 괴롭히는 각종 규제 가운데는 별도의 입법조치 없이 정부 권한만으로 완화 또는 철폐가 가능한 규제(이하 정부 독자규제)들이 엄청나게 많다. 앞에서 예를 든 서울반도체 안산공장의 경우처럼 정부에서 마음만 먹으면 완화·철폐가 가능한 불합리한 독자규제들이 전체 규제 가운데 30퍼센트가 넘는다고 한다. 그리고 비록 법률로 정해야 할 만큼 중요하지 않은 규제사항이라도 기업 입장에서는 연간 수십억 또는 수백억 원의 영업 손실을 가져오거나 기업 경쟁력을 크게 떨어뜨릴 만큼 치명적 약점이 될 수 있다.

정부는 경제 활성화를 위한 규제 개혁 추진 주체로서 정부 독자규제 항목들에 대한 개혁 프로젝트를 먼저 처리하여 괄목할 성과를 거둔 후,

국회에 대하여 기업 활동을 저해하는 규제 입법을 자제함과 동시에 규제 개혁 입법을 활성화하도록 협조를 구해야 한다.

우선, 규제 관리망을 통해 정부 독자규제 항목들에 대한 리스트와 항목별 완화·철폐 시기를 분야별·유형별로 완벽하게 정리하여 공시해야 한다. 아울러 소관별 규제 개혁 업무 처리 담당자와 책임자를 지정하고, 기한 내 처리 실적에 대한 인사 고과 및 상벌(賞罰)을 엄격하게 시행하도록 해야 한다.

• 핵심 규제들을 과감하게 풀어야 한다

그동안 정부의 규제 개혁이 가지치기식 건수 위주로 처리되어 국가 경제에 파급 효과가 큰 핵심 규제보다는 고만고만한 단순 규제 항목들에 치우치는 등 규제 개혁의 실효성이 미흡하다는 지적을 받아왔다. 정부는 규제 관리망을 통해 규제 완화·철폐 시 경제적 효과가 큰 항목들의 개혁 추이를 실시간으로 파악·관리함으로써, 굵직한 규제 항목들이 개혁 추진 대상에서 제외되거나 후순위로 밀리는 일이 없도록 해야 한다.

특히 수도권, 대기업, 토지[26], 서비스업 등 분야의 핵심 규제에 대한 개혁 방안을 일목요연하게 정리하여 국민에게 알리고, 국민 지지를 바탕으로 이들 불합리한 핵심 규제들을 과감하게 풀어야 한다. 우리 경제가 깊은 골병이 들어 통상적인 경기 부양책이 먹혀들지 않는 상황에서 핵폭탄급의 규제 완화 등 강한 충격 요법이 아니고서는 우리 경제를 살릴 방법이 없다. 이어서 핵심 규제 가운데 수도권 규제에 대하여만 간단히 검토해보기로 한다.

수도권의 과도한 인구 집중을 억제하기 위해 1983년부터 시행된 수도

---

26 농지, 개발제한구역, 산지 등에 대한 규제가 포함되어 있다.

권 규제 정책은 지난 30여 년 동안 각종 여건 변화로 인해 전면적인 재검토가 필요한 실정이다. 그런데도 그동안 지역 균형발전 차원에서 수도권에 산업시설이 들어서는 것을 최대한 억제하는 정책 기조를 유지하다 보니 우리나라에서 본격적인 수도권 규제 완화를 논의하는 것 자체가 금기시되어왔다고 볼 수 있다.

그런데 그동안 수도권 규제정책의 시행으로 지역 균형발전이라는 바람직한 목표는 달성하지도 못한 채 오히려 국가 경제 발전을 저해하는 부작용만 가져오게 되었다는 점을 주목할 필요가 있다. 즉, 국내외 기업들이 입주를 선호하는 수도권 지역에서 각종 개발이 엄격한 제한을 받게 됨으로써 국가 경제 성장에 커다란 걸림돌이 되는 것이다.

수도권 면적(11,820제곱킬로미터)의 83퍼센트에 해당하는 성장관리·자연보전권역(9,788제곱킬로미터)은 인구와 산업이 과밀하지 않아 개발 여지가 많은데도 불합리한 규제로 인해 개발이 안 되는 실정이다.[27]

반면에 일본, 영국, 프랑스 등 선진국에서는 일찌감치 수도권 규제가 경제 발전을 저해한다는 사실을 깨닫고, 1980년대와 2000년대에 각각 수도권 규제를 풀고 오히려 수도권 개발에 박차를 가하고 있다. 중국도 수도인 베이징시와 톈진시 및 허베이성을 통합 개발하여 초대형 도시(megalopolis)를 조성하고자 '징진지(京津冀) 프로젝트'를 추진하고 있다. 위 프로젝트에 따라 조성되는 중국 수도권의 면적은 한반도 전체 면적과 비슷하고 인구는 남북한 전체 인구의 약 1.5배에 달한다.

이제는 우리도 지역 균형 발전을 위해 수도권 규제를 지속해야 한다는 억지 논리에서 벗어나 주요 선진국들처럼 수도권 규제를 확실하게 풀

---

27 수도권정비계획법 제6조의 규정에 따라 수도권을 과밀억제권역(2,032제곱킬로미터), 성장관리권역(5,958제곱킬로미터), 자연보전권역(3,830제곱킬로미터)으로 구분하는데, 수도권 면적의 83퍼센트를 차지하는 성장관리·자연보전권역의 인구는 543만 명으로 수도권 전체 인구의 22퍼센트에 불과하다.

어 꺼져가는 성장 동력을 되살리는 계기로 삼아야 한다. 수도권은 수도 권대로 발전시키고 지방 도시들은 각각 그 특성에 따라 글로벌 대도시로 키워나가는 등 수도권과 지방이 다 함께 윈·윈할 수 있게 국가 발전 전략의 방향을 틀어야 한다.

기업 실적 개선 위해 노동시장 개혁은 필수이다

우리나라에서 강성 노조와 경직된 노동시장 구조는 기업 경영상 고비용·저효율을 가져와 국내 기업들의 글로벌 경쟁력을 떨어뜨리는 중요한 요인으로 작용한다. 이에 전 정부에서도 노동시장 개혁을 추진하고자 많은 노력을 기울였지만 국내 노동운동의 양대 축인 민주노총과 한국노총의 반대에 부딪혀 핵심적인 골자가 다 빠져버린 노동 개혁 법안을 내놓았는데, 이마저도 당시 진보 야당의 반대에 부딪혀 국회통과가 이뤄지지 않았다.

침체된 우리 경제를 살리기 위해서는 강성노조 활동 억제, 노동시장 유연화, 성과 중심의 임금체계 도입 등 제대로 된 노동시장 개혁이 필요한데, 정녕 우리는 지난날 영국과 독일이 했던 것처럼 제대로 된 노동시장 개혁을 추진할 수 없다는 말인가.

• 선진국은 노동개혁 가속화, 한국은 제자리걸음

미국, 일본, 독일, 영국, 프랑스 등 선진국들은 2000년 이후 지금까지 자국 기업의 글로벌 경쟁력을 높이기 위해 정부 또는 대기업 노조를 중심으로 노동시장 개혁을 끊임없이 추진해 오고 있다. 저들 선진국들은 2000년대를 전후해 강도 높은 노동개혁으로 위기에 처한 국가 경제를 일으켜 세웠으나, 2010년대에 시작된 제4차 산업혁명에 대응하기 위해 또다시 2차 노동개혁을 추진하고 있다.

그 결과 이들 선진국에서는 직무와 성과 중심의 보수체계, 근로시간의 탄력적 운용, 해고요건 완화, 파업 조건 강화 및 파업 시 대체근로 허용, 사업장 내 전환배치 및 공장 간 물량조정 같은 사용자측 고유 권한 인정 등 생산적이고 협조적인 노사관계를 유지하고 있다.

반면에 우리나라는 연공서열 중심의 보수체계, 해고요건 강화, 사업장 경영에 대한 노조 입김 강화 및 사용자측 고유 권한 축소, 파업 조건 완화 등 노조 측에 우월한 지위가 보장되는 제도를 그대로 유지하고 있어 국내 기업의 글로벌 경쟁력을 떨어뜨리는 요인이 되고 있다.

우리나라에서 현행 노동관계 법령은 1980년대 후반기 정치·사회적으로 민주화 열기가 한창일 때 제·개정이 이뤄졌다. 그 당시만 해도 우리나라에서 근로자의 임금은 형편없는 수준이었고 사용자와의 관계도 전형적인 '을'의 입장에서 매우 약자적인 위치에 놓여 있었기 때문에, 이에 대한 반작용으로 근로자와 노조의 권익을 최대한 보장하는 노사관계가 정립된 것이다.

그런데 그로부터 30년이 지난 지금 우리 경제가 글로벌 경제 체제에 완전히 편입되어 경쟁국 기업들과 치열한 경쟁을 치러야 하는 상황에서, 경쟁국들에 비해 근로자와 노조의 권한이 지나치게 비대해진 노사관계로는 더 이상 글로벌 경쟁에서 살아남을 수 없다.

• 우리나라에서 노동시장 개혁이 지지부진한 이유는

우리나라에서 노동시장 개혁이 이뤄지기 위해서는 이해관계 집단인 노동계와 정치권이라는 거대한 두 관문을 통과해야 한다. 그런데 정치권 특히 진보정당에서는 자신들의 지지 기반이라고 할 수 있는 노동계를 의식하여 노동시장 개혁을 반대하는 입장이므로 노동계를 대표한다고 하는 양대 노총의 동의를 얻기만 하면 각종 노동시장 개혁 법안의 국회통과도 쉬워질 것이다.

이런 이유로 역대 정부에서는 양대 노총이 참여하는 노사정위원회에서 정부의 노동 개혁안에 대한 합의가 이뤄질 수 있도록 그렇게 많은 노력을 기울였던 것이다. 그런데 사실 우리나라에서 노동시장 개혁이 지지부진하게 된 원인은 이 문제를 정부와 양대 노총 간의 줄다리기 방식으로만 추진한 데 있다고 볼 수 있다.

노동시장 개혁의 목적은 국내 기업의 고비용·저효율 구조를 저비용·고효율 구조로 전환함으로써 기업의 생산성과 글로벌 경쟁력을 높이고, 나아가서 우리 경제를 침체의 늪에서 건져내 지난날의 고속성장 신화를 어느 정도 회복하는 데 있다. 이렇게 국내 기업과 국가 경제의 동반 성장이 이뤄지는 가운데 정부와 기업이 힘을 합쳐 전체 근로자의 30퍼센트가 넘는 비정규직과 저임금 근로자의 권익과 처우를 점진적으로 개선하는 것 또한 필요하다.

그런데도 전체 근로자 가운데 노동개혁으로 잃을 것이 가장 많은 소수 대기업 등 근로자 중심의 양대 노총을 상대로 한 협상으로 날을 지새우다 보니 우리나라에서 노동시장 개혁이 이뤄지는 것은 백년하청이 될 수밖에 없었다.

우리나라에서 민주노총과 한국노총은 각각 전체 근로자의 4.5퍼센트와 5.6퍼센트[28]에 불과한 대기업과 공기업 노조원들로만 구성되어 있을 뿐 아니라 처우와 근무환경 면에서도 독보적인 상위 그룹에 속해 있어 사실상 그 어느 쪽도 국내 노동계를 대표한다는 명분을 인정하기 어렵다.

• 담대하고 혁신적인 노동시장 개혁이 이뤄져야 한다

정부는 기업 경쟁력 향상, 국가 경제 성장 그리고 전체 근로자의 복지 증진이라는 세 가지 목표를 향해 담대하고 혁신적인 노동시장 개혁을 추진해야 한다.

이를 위해 정부는 노동시장 개혁 추진 과정에서 국내 전체 근로자의 밝은 미래를 보장할 수 있는 중·장기 근로자 복지 증진 프로젝트를 작성·공표하고, 이를 연차적으로 내실 있게 추진하는 모습을 보여줘야 한다. 아울러 노동시장 이외의 열악한 기업 환경과 우리 경제의 구조적 문제점을 개혁하는 일에도 박차를 가함으로써, 경제 활성화 목표의 조기 달성으로 기업 실적 개선에 가속도가 붙도록 해야 한다.

국내 기업들은 노동개혁의 산물인 저비용·고효율 구조를 바탕으로 기업 R&D 및 실물 투자를 늘리고 경영 효율을 높이는 등 글로벌 경쟁력 강화를 위해 한층 더 노력을 기울여야 한다. 아울러 기업이 어려울 때는 노사가 합심하여 회사 경쟁력 제고를 도모하고, 기업이 이익을 많이 내면 근로자 복지 증진을 위해 배려하는 기업 풍토를 조성해 나가야 한다.

이렇게 정부, 기업, 근로자들이 서로 손을 맞잡고 기업 경쟁력 향상과

---

28 2017년 기준 전국 근로자 총수는 1,700만여 명이며 민주노총 조합원 수는 78만여 명, 한국노총
    은 96만여 명이다.

근로자 복지 증진이라는 공동의 목표를 향해 정진함으로써 국내 기업들과 근로자 모두 번영할 수 있다면 이보다 더 좋은 일이 또 있을까?

사용자와 근로자 모두 기업 경쟁력을 지금보다 2~10배 정도로 키우겠다는 포부를 가지고 노동개혁을 추진한다면, 그 결과 실제로 회사 규모가 엄청나게 커진다면, 노조가 임금 투쟁을 통해 얻는 이익보다 몇 배가 넘는 초과 이익을 누릴 수 있다. 또 이와 같은 현상이 국내 전 기업으로 확산될 경우 국가 경제의 비약적인 발전을 가져오고, 동시에 국내 모든 기업이 호황을 누리는 선순환으로 이어지게 될 것이다.

• 노동시장 개혁을 보다 실효성 있게 추진해야 한다

전 정부에서 추진했던 노동개혁 과제들을 보면 노동시장 유연화 정책처럼 관련법 개정이 필요한 사항인데도 법 개정 없이 행정 지침만으로 정책을 추진하려다 보니 계속해서 마찰음만 생기고 개혁성과도 기대하기 어려운 실정이었다.[29] 또 일부 법 개정을 추진하는 과제들도 고비용·저효율 구조를 획기적으로 바꿀 만큼 강력한 효과를 발휘하기에는 미흡한 사항들뿐이었다.

이제는 우리도 1980년대 영국[30]과 2000년대 독일[31]처럼 각종 노동 관련법 제·개정을 통해 제대로 된 노동시장 개혁을 추진함으로써, 국내

---

29 노동시장 유연화 정책은 전 정부에서 미온적으로 추진하였으나 성과를 거두지 못했고, 현 정부에서는 아예 추진을 하지 않고 있다. 현 정부에서는 박근혜 정부 때인 2017년 9월에 도입된 저성과자 해고 및 각종 근로조건의 변경을 쉽게 하는 내용의 양대 지침(공정인사 지침과 취업규칙 해석 및 운영에 관한 지침)까지도 폐기하였다.

30 영국은 1980년부터 1988년까지 수차례에 걸친 고용법과 노동조합법의 개정을 통해 강성 노조의 힘을 누그러뜨리고 노동시장이 공정한 게임의 법칙으로 움직이도록 만들었다. 제2부 제2장 「영국과 독일, 국가 개혁으로 경제를 위기에서 구했다」 참조.

31 독일은 2002년부터 민간 전문가들만으로 구성된 하르츠위원회를 통해 작성된 노동 개혁안을 시행함으로써 위기에 처한 경제를 살리는 데 성공했다. 제2부 제2장 「영국과 독일, 국가 개혁으로 경제를 위기에서 구했다」 참조.

기업들의 고비용·저효율 구조를 저비용·고효율 구조로 완전히 바꿔 놓아야 한다. 우선 독일의 '하르츠위원회(Hartz Committee)'처럼 민간 전문가들만으로 구성된 사회적 합의 기구를 통해 노동시장 개혁안을 작성하고, 그 내용을 일목요연하게 정리하여 대국민 홍보에 전력을 기울여야 한다. 그리하여 국민적 지지를 바탕으로 관련 법안들의 국회통과를 이뤄내야 한다.

지금까지 정부의 노동개혁 추진을 저지해 온 양대 노총이라는 철옹성을 통과하는 것도 이 나라의 주인인 위대한 국민의 힘이 작용할 때 비로소 이뤄지게 될 것이다.

양대 노총의 한 축인 민주노총은 국내 노동계를 대표한다는 명분으로 정부에서 추진하는 노동개혁에 사사건건 반대를 일삼을 뿐 아니라 국내 기업, 공공기관, 언론사 등에 이르기까지 크고 작은 온갖 노사 분규에 개입하여 강성 투쟁을 부추기고 있다.

민주노총은 노사 문제 이외의 각종 반정부 시위에도 거의 빠짐없이 참여하여 강성 투쟁을 일삼고 있다. 이제는 우리 국민들도 상습적인 반정부 시위단체로 뿌리내린 민주노총에 대하여 "정말 너무 한다"는 말들을 많이 한다.

정부에서는 이와 같은 민주노총 등의 행위가 국가 경제 발전에 얼마나 큰 해악을 끼치는지 종합적으로 일목요연하게 정리해서 국민에게 설명하고, 결집된 국민의 힘을 바탕으로 이들의 반개혁적 집단행동을 원천적으로 봉쇄할 방안을 강구해야 한다.

정치권 또한 경제 위기를 극복하는 일에 여·야가 따로 없고 보수와 진보가 다를 수 없다는 점을 깊이 명심하여 통 큰 결단을 내려야 한다. 프랑스의 프랑수아 올랑드(Francois Hollande) 대통령은 2016년 5월 헌법상 긴급 명령권을 발동하여 노동시간 연장과 해고 요건을 쉽게 하는 내용의 노동법 개정안을 통과시켰다. 프랑스는 우리와 비슷한 상황의 경제 위기를 극복하기 위해 좌파 사회당 정부임에도 긴급 명령권 발동이라는 초강수를 둔 것이다.

올랑드에 이어 2017년 5월 대통령에 취임한 중도 우파의 에마뉘엘 마크롱(Emmanuel Macron) 역시 강성노조의 반개혁적 집단행동에 단호히 대처하면서 노동개혁 추진에 총력을 기울임으로써 새로운 일자리 창출과 해외자본 투자유치 활성화 등 가시적인 성과를 거두고 있다. 국가 위기를 극복하는 일에 보수와 진보가 따로 없다는 것을 다시 한 번 보여주는 유럽 선진국의 사례가 아닐 수 없다.

저출산·고령화는 국가 경제 성장에 큰 걸림돌이다

우리나라의 2017년 기준 합계출산율[32]은 1.05명으로 경제협력개발기구(OECD) 국가 중 가장 낮은 초저출산 국가로 분류된다. 우리나라가 현 인구 수준이나마 그대로 유지하기 위해서는 합계출산율이 최소한 2명 이상이 되어야 하는데 그 반밖에 안 되니 앞으로 인구가, 그것도 생산가능 인구가 가파르게 줄어들 수밖에 없는 실정이다.

루치르 샤르마(Ruchir Sharma)는 『After the Crisis(위기 후 10년)』에서 한 나라의 인구성장률 하락이 그 나라 경제 성장에 미치는 영향은 매우 크

---

32 여성 1명이 평생 동안 출산하는 평균 자녀수를 말한다. 부모 중 한쪽인 여성 1명이 최소한 평균 2명 이상의 자녀를 출산해야만 현 수준의 인구 유지가 가능하다.

다고 주장한다. 그는 제2차 세계대전 이후 괄목할 경제 성장을 이룬 나라들에 대한 사례 연구를 통해 이들 국가들의 성장이 상당 부분 생산 가능 인구에 도달한 젊은이들이 점점 더 늘어난 덕분에 가능했다고 분석했다.[33]

그는 또 2005년 유럽연합집행위원회(European Commission)가 경고했듯이 "인구가 감소하고 있는 나라가 강력히 성장한다는 것은 사실상 불가능하다"고 말했다.[34]

샤르마의 말을 굳이 빌리지 않더라도 오늘날 한 나라의 인구성장률이 그 나라 경제 성장에 지대한 영향을 미친다는 것은 아무도 부인할 수 없는 사실이다.

• 왜 저출산 추세가 지속되는가

그동안 역대 정부에서는 저출산 문제 해결을 위해 지난 12년간 126조 원이 넘는 예산을 쏟아 부었지만 오히려 합계출산율이 더 떨어지는 결과를 가져왔다. 먼저, 우리나라에서 저출산 현상이 지속될 수밖에 없는 근본 원인이 무엇인지 문제의 실상을 정확하게 파악할 필요가 있다. 그러고 나서 중·장기적으로 합계출산율을 최소한 1.5명 이상으로 높일 수 있는 방안을 마련한 후 필요한 예산을 투입하도록 해야 한다.

우리나라에서 저출산 추세가 지속되는 원인은 첫째, 대부분의 샐러리맨 부부들이 내집 마련의 꿈을 이루는 과정에서 많은 비용이 들어가는

---

33 루치르 샤르마 지음, 이진원 옮김 『After the Crisis(위기 후 10년, 다음 승자와 패자는 누구인가)』, 더 퀘스트, 2017, 62~63쪽.

34 루치르 샤르마 지음, 이진원 옮김 『After the Crisis(위기 후 10년, 다음 승자와 패자는 누구인가)』, 더 퀘스트, 2017, 65쪽.

자녀 양육비와 미래 교육비에 대하여 커다란 중압감을 느끼기 때문이다. 웬만한 직장인 부부들이 매월 수입의 절반 이상을 20년 정도 저축해야 내집 마련의 꿈을 이룰 수 있는 상황에서 2~3자녀 이상 낳아서 양육하는 것이 버겁다고 생각하는 것이다.

둘째, 보편적 무상보육 정책 시행으로 보육시설에 대한 수요는 폭증하는 데 비해, 운영난으로 보육시설 운영은 갈수록 취약해져 아이를 믿고 맡기기 어려운 상황이 지속되고 있다. 천편일률적인 무상보육 정책이 정작 아이를 믿고 맡길 수 있는 양질의 보육시설이 절실한 맞벌이 부부들에게는 출산 장려 효과를 제대로 발휘하지 못하고 있는 것이다.

셋째, 아직도 우리나라에서는 맞벌이 여성이 직장에 다니면서 힘든 집안일까지 도맡아서 해야 되는 부담 때문에 2~3자녀 이상 낳는 것을 꺼리는 경향이 있다.

넷째, 여성의 사회적 지위 및 참여도가 높아지면서 출산이 자신의 꿈을 실현하는 데 방해가 된다고 생각하여 출산을 기피하는 풍조가 늘어나고 있다.

그런데도 그동안 역대 정부에서 시행해 온 저출산 대책들은 출산장려금, 무상보육, 아동수당 등 현금 지원 위주의 대증요법에 치우쳐 정책 효과가 아주 미미했던 것으로 보인다. 다시 말해서 지금까지 정부에서 시행해 온 출산율 장려 정책들이 저조한 출산율을 조금이라도 끌어올릴 만큼 동기부여가 되지 못했다고 볼 수 있다. 현행 출산장려금이나 무상보육 지원은 자녀를 둔 가정에 양육비 부담을 조금 덜어주는 데 불과하고, 한 자녀 이상 더 낳도록 하는 유인책은 되지 못한다는 것이다.

따라서 지금까지 천편일률적으로 지급해 온 보편적 무상복지 정책과 출산율 장려 정책 간의 모호한 중첩 관계를 분리시킨 후, 우리나라에서 합계출산율을 1.5명 이상으로 높일 수 있는 혁신적·독자적 방안을 강구하는 것이 필요할 것으로 보인다.

• 청년 일자리를 늘리고 사교육을 근절해야 한다

정부가 친기업 정책을 펴서 청년 일자리를 늘리고 공교육 정상화를 통해 사교육을 근절함으로써 출산율 제고라는 부수적 효과를 얻을 수 있다.

우리 청년들이 학교를 졸업한 후 곧바로 자신이 원하는 직장에 취업할 수 있게 되면, 결혼 연령이 낮아지면서 출산율 또한 올라가게 될 것이다. 현 정부에서도 일자리 창출을 최우선 국정 과제로 정하고 청년 일자리를 늘리기 위해 많은 노력을 기울이고 있지만, 정책의 방향이 엉뚱한 데로 흘러가면서 오히려 일자리 증가 속도가 둔화되고 있는 실정이다.

따라서 현금 지원과 공공부문 일자리 늘리기 같은 대중요법적, 포퓰리즘 정책이 아닌 기업 성장을 통해 자연스럽게 고용이 늘어날 수 있도록 하는 실효성 있는 일자리 정책을 추진해야만 한다.

아울러 공교육 개혁을 통해 사교육을 완전히 근절함으로써 학부모의 교육비 부담을 크게 덜어주도록 해야 한다. 이치피 제4차 신업혁명 시대를 이끌어 갈 인재 양성을 위해 공교육 개혁이 절실한 마당에, 이는 신혼부부들에게 미래 교육비 부담을 덜어줌으로써 출산 의지를 높일 수 있는 계기를 만들어 줄 수도 있게 될 것이다.

나아가서 중·장기 국가 개혁 프로젝트를 발표하고 이를 내실 있게 추진하는 모습을 보여줌으로써, 앞으로 우리 경제가 지속적으로 성장해 이 땅의 젊은이들이 꿈과 희망을 마음껏 펼칠 수 있는 세상이 도래할 것이라는 믿음을 갖게 하는 것이 필요하다.

• 천편일률적 지원이 아닌 맞춤형 지원이 필요하다

출산 장려 정책을 지금처럼 천편일률적인 시혜 차원에서 무상복지 정책의 일부로 추진할 것이 아니라 각각의 출산 기피 유형에 대한 맞춤형 정책을 추진하는 것이 좋을 것 같다. 우선 빅데이터 시스템을 이용하여 우리나라 여성들이 출산을 기피하는 사유를 몇 가지 유형으로 나눈 다음 각 유형별로 그 실상을 정확하게 파악한다. 그리고 나서 각 유형별로 문제 해결 방안을 마련하여 정책에 반영하는 것이다.

예를 들어 맞벌이 부부들이 아이를 안심하고 맡길 수 있는 맞춤형 보육시설과 보육교사를 충분히 확보하고 보육료는 부모 소득에 따라 차등 지원하는 등 실수요자 위주의 보육 정책을 시행하는 것이다. 당연히 전업주부 자녀에 대한 무상보육은 폐지함으로써 보육시설에 대한 가수요를 최대한 억제하도록 해야 한다. 맞벌이 여성의 가사 부담을 덜어줄 수 있는 스마트홈 서비스와 가사 로봇 등을 저렴하게 공급해주는 등의 방법도 있을 수 있다.

출산으로 인해 자신의 일을 지속하는 것이 어려운 여성들에게는 출산이 직장 생활 등에 부담을 주지 않는 사회 분위기를 만들어주는 방법도 있을 수 있다. 그리고 이 경우에는 중소기업 등에 근무하는 관계로 출산 전후 직장 생활을 원만하게 영위하지 못하는 유형과 전문 직종에 종사하는 여성으로서 출산보다는 자신의 꿈을 성취하는 데 집중하는 유형으로 구분할 수도 있는데, 이들 각각의 문제 해결 방안 또한 확연히 다를 수밖에 없을 것이다.

따라서 전자의 경우에는 직장 여성들이 자녀를 출산·양육하면서 원만하게 직장 생활을 영위할 수 있도록 재택근무를 활성화하는 등 혁신적인 기업 문화를 만들어 가는 노력이 필요하다.

후자의 경우에는 전문 직종에 종사하는 여성들이 아이를 믿고 맡길 수 있는 맞춤형 보육시설과 육아 도우미를 충분히 확보하는 등 특별한 대책이 필요할 것으로 보인다. 아울러 우리 사회에서 성공한 여성들이 자녀를 양육하면서 자신의 탁월한 역량을 유감없이 발휘하는 모습을 동경하고 자랑스럽게 여기는 문화를 만들어 가는 것도 좋을 것이다.

우리 사회에 양성평등 문화를 정착시키고 한국 남성들이 가사 노동에 더 많은 시간을 할애하도록 하는 등[35] 여성들의 육아 및 가사 노동 부담을 최대한 덜어주기 위한 노력을 기울이는 것 또한 필요하다. 이를 위해 우리나라 직장인들의 잦은 회식 문화를 개선하자는 운동을 벌이는 것도 좋을 것 같다.

대한민국을 '일하는 여성들이 자신의 능력을 최대한 발휘하면서 아이를 키우기에 가장 적합한 나라'로 만들어야 한다.

• 고령화 콤플렉스 해소 및 이민 정책, 생산가능인구를 늘리자

우리는 저출산과 고령화 현상 모두 경제 성장을 저해하는 악조건이라고 당연히 생각한다. 그렇지만 획기적인 사고의 전환을 통해 이와 같은 생각을 확 바꿔놓을 수는 없을까?

최근 들어 인간 수명이 획기적으로 늘어나는 현상이 단순히 수명 그 자체만 늘어나는 것이 아님을 주목할 필요가 있다. 인간 수명과 함께 노화 현상도 서서히 완화되고 있으며, 지금 미국 등 주요 선진국 중심으로 활발하게 진행되는 생명과학 연구 결과 앞으로 인간 노화를 방지하는 기술이 매우 빠른 속도로 개발될 것으로 보인다.

---

35 경제협력개발기구(OECD) 조사 결과에 따르면 미국 남성의 가사노동 시간은 하루 평균 2시간 30분인데 비해 한국 남성의 경우는 45분에 불과하다고 한다.

언젠가 신문 연재소설을 통해 80세의 현역 검사가 젊은 검사 못지않은 패기와 열정을 가지고 직무를 수행하는 모습을 상상해볼 수 있었는데, 머지않아 이런 모습을 현실 세계에서 직접 목격할 수 있는 날이 반드시 올 것 같은 생각이 든다.

앞으로 제4차 산업혁명을 통해 일자리의 생성과 소멸 그리고 질적인 변화가 크게 이뤄질 것으로 예상되는 가운데, 60세 이상의 노인들이 자신들에게 적합한 일자리를 찾아 제2의 직장생활을 활발하게 영위하게 될 날이 가까워 오고 있다는 생각이 든다.

우리는 이와 같은 변화를 '저출산·고령화 콤플렉스'를 해소하는 계기로 삼아, 고령화가 저출산 콤플렉스 일부를 완화해주는 기회로 만들어야 한다. 그리고 이와 같은 과제는 중·장기적인 정책 프로그램으로 추진함으로써 갑작스런 변화에 따른 부작용을 일으키지 않으면서 소기의 목적을 달성할 수 있게 충분한 준비기간을 갖도록 해야 할 것이다.[36]

한편, 우리나라에서 지금과 같은 초저출산 추세가 지속되는 가운데 정부의 출산 장려 정책만으로 현 인구 수준을 유지하는 것은 불가능에 가깝다고 할 수 있다. 따라서 보다 효율적인 출산 장려 정책을 지속 추진함과 동시에 중·장기적인 프로그램에 따라 이민정책 또한 적극적으로 추진하는 것이 필요할 것으로 보인다.[37]

---

36 60세 이상 노인들이 정년 연장 또는 재취업 등을 통해 계속 일을 할 수 있게 되면 필연적으로 청년실업률 증가 또는 젊은 직장인들의 승진 기회 박탈 등 부작용을 초래할 수 있다. 이와 같은 부작용을 최소화하기 위해 노인들에게 특히 적합한 일자리 창출, 직장 내 인사 시스템 효율화 등 대책을 점진적으로 추진해 나가야 한다.

37 이민 정책에 대하여는 제4부 「문화 대국의 꿈도 이뤄야 한다」 참조.

침체된 경제를 살리는 데 R&D 만한 특효약이 없다

지금 우리 경제는 그야말로 통상적이 아닌 아주 특별한 경기 부양 정책을 시행하지 않으면 안 되는 절박한 상황이다. 이와 같은 위기 상황에서 우리 경제를 살리기 위해서는 여러 가지 개혁조치가 필요한데, 그중에서도 국가 연구·개발(R&D) 사업의 양적 팽창과 질적 개선을 통해 국내 기업들의 기술력을 선진국 수준으로 끌어올리는 것을 빼놓을 수 없다.

특히 최근 들어 주요 선진국과의 기술력 격차가 갈수록 벌어지고 우리의 기술력이 중국 기업들에게 맹추격을 받는 상황에서 국가 R&D 사업의 중요성은 아무리 강조해도 지나치지 않다.

우리나라는 GDP 대비 R&D 투자 비율이 세계 2위인 반면에 국내 R&D 생산성은 미국의 30퍼센트 수준에 불과하다고 한다. 국내 R&D 투자 금액도 절대액으로 보면 일본의 절반 수준에 불과하다. 장기적인 관점에서 우리의 기술력을 주요 선진국 수준으로 끌어올리기 위해서는 GDP 대비 R&D 투자 비율이 아니라 R&D 투자 금액 자체를 선진국에 근접하는 수준으로 끌어올리고, R&D 생산성 또한 선진국 수준으로 끌어올리지 않으면 안 된다.

• 국가 R&D 투자의 규모를 키워야 한다

R&D 투자 금액을 늘리는 것은 성장 동력이 꺼져가는 경제를 살리는 길이요 우리나라를 선진국 대열에 올려놓는 길이다. 국내 제약회사인 한미약품은 영업 손실을 감수하면서까지 10년간 매년 연간 매출액의 14퍼센트 이상(700~1,000억 원)을 R&D 투자에 쏟아부은 결과 2015년에 8

조 원대의 신약 기술수출 실적을 올리는 대박을 터뜨렸다. 기업이나 국가 경제를 일으켜 세우는 데 R&D 만한 특효약이 없다는 사실을 다시 한 번 일깨워 준 사례라고 할 수 있다.

그런데 최근 3년간 정부 R&D 예산 증가율을 보면 2016년 1.1퍼센트, 2017년 1.9퍼센트, 2018년 1.1퍼센트, 2019년 4.4퍼센트로 지나치게 미미한 수준이다. 미국과 일본은 우리보다 기술 수준이 훨씬 앞서 있을 뿐 아니라 국가 R&D 투자 또한 우리와는 비교가 안 될 만큼 많은데도, 2018년도 R&D 예산을 전년 대비 미국은 7퍼센트, 일본은 22퍼센트나 늘렸다.

우리 또한 전체 예산의 30퍼센트가 넘는 복지예산을 합리적으로 조정하고 불요불급한 예산을 줄이는 대신, R&D 예산을 매년 10~20퍼센트씩 늘리는 등 획기적인 조치를 통해 우리의 기술력을 주요 선진국 수준으로 끌어올려야 한다.

우리 경제의 구조개선 및 규제·노동시장 등 기업환경 개선과 함께 국가 기술력을 주요 선진국 수준으로 끌어올리는 것만이 침체된 우리 경제를 장기 불황 위기에서 구하는 길이다.

국가 R&D 투자 규모를 늘리기 위해서는 정부 부문 R&D 예산과 함께 기업 부문 R&D 투자도 대폭 늘려야 한다. 그런데 우리나라 기업들의 R&D 투자 금액은 미국, 유럽, 중국, 일본 등 경쟁국들에 비해 매우 낮은 수준이다.

2017년 12월 유럽연합(EU) 집행위원회의 발표에 따르면 2016년 R&D 투자금액 2,400만 유로(약 308억 원) 이상인 43개국 2,500개 기업 중 미국 기업이 821개, EU 회원국 567개, 중국 377개, 일본 365개가 포함된 데 비해 한국 기업은 70개에 불과했다. 국내에서 삼성전자만이 R&D 투자

금액 122억 유로(약 15조 원)로 세계 4위를 차지한 데 비해 나머지 기업들의 실적은 초라하기 짝이 없는 것이다. R&D 투자 부문에서도 역시 삼성 쏠림 현상을 피해갈 수는 없는 모양이다.

한국경제연구원이 발표한 2015년 기준 세계 주요국 50대 기업의 평균 R&D 투자 실적 보고서에 따르면 국내 기업 실적이 5억1,910만 달러로 미국(39억3,520만 달러)의 8분의 1, 일본(16억1,760만 달러)의 3분의 1, 독일(11억6,380만 달러)의 절반 수준에 불과하다.

그런데도 미국, 중국, 일본 등 주요 경쟁국들이 자국의 기업 R&D 투자 확대를 위해 세액 공제 등 인센티브를 강화하는 정책을 시행하는 데 반하여, 우리나라는 대기업의 R&D 투자에 대한 세액 공제율을 크게 낮추는 등 글로벌 추세에 역행하고 있는 실정이다. 즉, 대기업의 R&D 세액 공제율을 2013년 3~6퍼센트에서 2016년엔 1~3퍼센트로, 2017년엔 0~2퍼센트로 대폭 줄인 것이다. 국내 기업 부문 R&D 투자의 70퍼센트를 대기업이 담당하는 점을 고려할 때 최소한 대기업에 대한 R&D 세액 공제율을 2013년 수준으로 되돌리는 것이 바람직하다.

• 우리나라 R&D 생산성을 선진국 수준으로 끌어올려야 한다

국내에서 일부 글로벌 대기업 및 기술 혁신적인 기업을 제외한 나머지 기업들과 정부 R&D 투자는 국가 기술력 향상에 큰 도움이 안 되는 단순연구 위주 또는 저(低) 기술 산업 관련 연구·개발 비중이 높은 실정이라고 한다. 정부 부문의 경우 R&D 예산 지원을 받아 취득한 특허의 70퍼센트 정도는 생산적으로 쓰이지 못해 사장(死藏)되고 있다고 한다.

우리나라 R&D 사업의 취약점은 민·관 R&D 사업 주체인 정부와 대학 그리고 기업들이 가지고 있는 고정관념과 고유의 약점들로 인해 각자의 기능을 충분히 발휘하지 못하거나 상호 원활한 협력 관계를 유지하지 못하는 데 있다. 즉, 정부는 지시·통제에만 익숙하여 연구·개발의 큰 흐름을 파악하는 데 미흡하고, 대학은 R&D 정책에 대한 영향력과 사명감이 부족하며, 기업은 당장 필요한 기술 개발에 집착하여 중·장기 연구·개발 과제에 대한 관심이 적다.

따라서 정부, 대학, 기업 간의 긴밀한 R&D 사업 공조체제를 통해 각자가 지니고 있는 약점을 극복하고 국가 R&D 사업의 시너지 효과를 높이는 것이 필요하다. 그리고 이를 위해 정부와 민간 부문 R&D 사업을 아울러 국가 R&D 사업 총괄 및 빅데이터 시스템을 구축하고 상호 교류와 협력을 강화해야 한다.

한편, 정부는 글로벌 경쟁력을 갖춘 핵심 원천기술 개발 실적[38]과 연계하여 정부와 민간 부문 R&D 과제별 성과를 비교·평가할 수 있는 시스템을 구축·운영하는 것 등으로 우리나라 R&D 생산성을 선진국 수준으로 끌어올릴 방안을 마련해야 한다.

• 출연기관과 대기업 간 협조체제를 강화해야 한다

정부출연연구기관(이하 출연기관)인 한국전자통신연구원(ETRI)에서는 2010~2013년간 64억 원을 들여 스마트폰으로 자동차를 주차했다가 다시 원하는 위치로 불러낼 수 있는 '무인 발렛 주차' 기술을 개발했다. 그런데 현대자동차에서도 기업 R&D 사업으로 같은 기술을 ETRI 수준으로 개발하였기 때문에, ETRI가 4년 동안 힘들여 개발한 기술은 무용지물이 됐다.

---

38 직접적인 핵심 원천기술 개발 실적뿐 아니라 원천기술 개발에 직·간접적으로 영향을 미친 기초연구 과제 또는 미래 원천기술 개발을 위한 장기 과제에 대하여도 이에 따르는 평가가 합리적으로 이뤄져야 한다.

이와 같이 출연기관과 대기업간 소통 부재로 인한 중복 연구로 정부 R&D 예산을 낭비하거나, 출연기관에서 개발한 신기술을 국내 대기업들이 외면함으로써 외국 업체가 가져가거나 그대로 사장되는 사례들이 부지기수라고 한다.

방금 말한 것처럼 정부와 민간 부문을 아울러 국가 R&D 사업 총괄 시스템을 구축하고 민·관 협조체제를 강화한다면 정부 예산을 보다 효율적으로 사용하면서 국가 R&D 생산성도 크게 향상시킬 수 있게 될 것이다.

• 실패를 두려워하지 말아야 한다

정부 예산으로 수행하는 R&D 사업의 최대 약점은 연구·개발 결과가 실패로 끝나지 않도록 처음부터 성공 가능성이 높은 과제에 지나치게 집중하는 것이다. 그 결과 정부 R&D 사업의 과제별 성공률은 평균 90퍼센트나 되지만, 연구·개발 결과물이 상용화되어 국내 기업들의 글로벌 경쟁력 향상으로 이어지는 경우는 매우 드문 실정이다.

이처럼 국가 R&D 사업이 기업 경쟁력 향상으로 이어지지 못하는 현상을 해소하기 위해서는 R&D 사업 성공률에 대한 개념을 새롭게 정의하는 것이 필요할 것 같다. 응용연구[39] 과제의 경우 단순히 특정 R&D 과제를 차질 없이 수행하였는지 여부가 아닌, R&D 결과물의 상용화 여부를 기준으로 성공률을 측정하는 것이다.

그 대신 특정 R&D 과제 수행에 실패한 경우에도 연구자가 창의적인 사고를 가지고 열심히 노력한 것으로 인정되는 경우에는, 이후 과제의

---

39 기초연구는 응용연구의 기초가 되는 기본 원리에 대한 연구를, 응용연구는 상업적·기술적인 활용을 목적으로 하는 연구를 말한다.

성공적 수행을 위한 경험 축적과 새로운 접근 방법 개발 등 가치 측면에서 과제 성공자에 못지않은 평가를 내릴 수도 있어야 한다.

국가 R&D 사업 총괄본부에서는, 고난도 또는 실패할 위험이 큰 과제들을 포함해서, 국가 안보와 신기술 개발 및 기업 경쟁력 향상을 위해 꼭 필요한 중장기 연구·개발 과제들을 총망라하여 이를 유형별로 분류하고 우선순위를 정해 놓아야 한다. 그러고 나서 각 유형별로 출연기관, 대학연구소, 기업연구소 등에 배분하는 것이다. 예를 들어 기초연구 과제와 우주항공 및 방위산업 등 분야의 연구·개발 과제들은 출연기관에 집중 배분하는 방식이다.

낙후된 핵심 원천기술을 크게 끌어올려야 한다

서울대학교 공대 교수 26명은 『축적의 시간』이란 저서를 통해 지금껏 한국 산업의 발전 모델이 선진국이 제시한 개념설계를 기초로 빠르게 모방·개량하면서 생산하는 모방적 실행 전략에 의존해 왔지만, 이제는 그와 같은 성장모델이 한계에 도달했다고 진단한다.[40]

우리나라는 주요 선진국들처럼 오랜 기간 정상적인 절차를 밟아 경제 성장 및 기술 발전을 이룩한 것이 아니라, 선진국들의 앞선 기술을 신속하게 받아들여 응용 제품을 만들어 파는 등 패스트 팔로어(Fast follower) 전략을 통해 급속한 성장을 이룩하였다. 그런데 중국 등 신흥

---

40 서울대학교 공과대학, 『축적의 시간』, 지식노마드, 2015, 43쪽.

개발국이 같은 전략으로 무섭게 추격해 와 얼마 안 있어 우리나라를 추월할 것이 확실한 마당에 더 이상 지금까지와 같은 방식으로 우리 경제의 성장 기조를 유지하기는 어렵게 됐다.

이렇게 지난 반세기 동안 우리 경제를 지탱해온 모방·추격형 성장 모델이 한계에 이른데다가, 우리는 미국·유럽 등 선진국들에 비해 개념설계 분야, 즉 각종 제조, 대형 공사, 플랜트 건설 등에 필요한 원천기술이 턱없이 부족한 실정이다.

국내 대기업들은 대형 공사, 플랜트 건설 등에 필요한 핵심 원천기술의 전부 또는 대부분을 보유하지 못한 관계로 미국, 일본, 유럽 등 선진국 기업에 막대한 돈을 주고 해당 기술을 도입해야 하며, 시설물 운영과정의 유지·보수비용 또한 만만치 않게 들어간다고 한다. 우리는 저들 선진국들에게 기술적으로 완전히 종속되어 꼼짝달싹하지 못하게 된 것이다.

우리는 지금 선진국의 문턱까지 와서 명실상부한 선진국이 되기 위해 혼신의 노력을 기울여야 하는 처지에 놓여있다. 하루속히 우리의 기술력을 주요 선진국 수준으로 끌어올려 놓겠다는 목표를 세우고 이를 실현하기 위해 총력을 기울이지 않으면 안 된다.

우리는 6·25전쟁의 폐허 속에서 절망과 빈곤을 딛고 일어선 지 40년 만에 세계 10위권의 중견 국가로 도약할 만큼 무서운 저력을 지닌 국민이다. 그리고 지금 우리나라는 경제개발 착수 당시인 1960년대보다는 제반 사정이 훨씬 양호하다. 적어도 1960년대 이후 20년간 우리 정부와 국내 기업들이 보여준 기술개발 의지와 실천력만 발휘한다면 우리가 추구하는 목표를 달성하고도 남을 것이다.

자! 이제 우리는 1960~1970년대에 그랬던 것처럼 강인한 도전 정신과 기술개발 의지를 되살려 지금 주요 선진국들에게 뒤처져 있는 핵심 원천기술을 선진국 수준으로 끌어올리는 데 온 힘을 기울여야 한다.

미국, 유럽 등 주요 선진국들은 지난 100년에 걸친 산업기술 경험 축적을 통해 오늘날과 같은 핵심 원천기술을 보유하게 되었다. 후발국가인 중국은 광활한 산업 및 내수시장을 발판으로 선진국들이 100년 동안 일궈온 경험과 기술 축적을 급속하게 이루어 감으로써 핵심 원천기술 개발에 걸리는 시간을 최대한 단축할 것으로 보인다.

그런데 우리나라는 중국에 비해 터무니없이 작은 산업 및 내수시장을 보유하고 있어 상대적으로 핵심 원천기술 개발을 급속하게 이뤄내는 일이 쉽지 않을 것 같다. 우리는 여기서 불가능을 가능으로 바꿀 수 있다는 마음가짐으로 창의적인 기술개발 전략을 짜야 한다.

당분간 우리나라 기술 수준을 주요 선진국만은 못해도 중국, 인도 등 신흥 개도국을 능가하는 수준으로는 올려놓아야 한다. 그러고 나서 기술적 우위를 바탕으로 중국, 인도, 동남아, 중동 등 광활한 산업 및 내수 시장을 최대한 이용하는 전략을 구사해야 한다. 이렇게 해서 우리도 중국처럼 핵심 원천기술 개발을 위한 경험과 기술 축적 기간을 최대한 단축하는 것이다.

아울러 국내 기업들은 신제품 개발이나 대형 공사 또는 플랜트 건설 과정 등에 꼭 필요한 원천기술을 계속 선진국에 의존하기만 할 것이 아니라 빠른 기술 축적을 통해 자급자족할 수 있는 방향으로 노력을 아끼지 말아야 할 것이다.

정부는 핵심 원천기술 개발에 대한 중·장기 계획을 수립하고, 국내 기업들이 정부 계획에 따라 기술 축적에 박차를 가할 수 있도록 직·간접적인 지원과 동기부여를 강화해야 한다. 다시 말해서 국내 기업들이 당장의 자금 압박이나 경영상의 이유로 핵심 원천기술 개발을 자꾸만 뒤로 미루는 일이 없도록 재정·금융·경영상의 지원을 아끼지 말아야 할 것이란 얘기다.

우리는 여기서 다시 한 번 민·관 R&D 투자 규모와 생산성을 주요 선진국 수준으로 끌어올리는 등 국가 R&D 사업의 양적 확대와 질적 개선에 총력을 기울여야 할 필요성을 절감하지 않을 수 없다.

더욱이 지금 미국을 비롯한 선진국들은 미래 글로벌 시장을 선점할 수 있도록 사물인터넷(IoT), 빅데이터, 인공지능, 로봇 등 차세대 첨단 기술 개발에 박차를 가하고 있어, 그냥 이대로 두면 우리나라와 선진국 간 기술력 격차는 갈수록 더 벌어질 수밖에 없다. 따라서 이제는 우리가 지난날과 같은 모방·추격형 전략이 아닌 창조적 혁신 전략을 바탕으로 해서 제4차 산업혁명 선도국가로 힘찬 발걸음을 내딛지 않을 수 없는 것이다.

그런데 우리나라가 1960년대 이후 급속한 기술 혁신을 이룬 덕분에 제3차 산업혁명 대열에서 낙오되지 않고 세계적인 IT 강국으로 부상할 수 있었던 것처럼, 기존 산업 분야의 기술 혁신 없이는 제4차 산업혁명 선도국가로 나아갈 수 없다. 따라서 정부의 제4차 산업혁명 대응 전략도 IoT, 빅데이터, 인공지능 등 신기술 개발에만 집착할 것이 아니라, 국내 산업 전반에 대한 기술혁신과 구조개선 등 종합적인 차원에서 이뤄져야 할 것이다.

신성장동력 창출 위해 과학기술 인재 확보가 절실하다

중국은 그동안 과학기술 분야 인재들을 미국 유명대학에 보내 공부하도록 하는 등 글로벌 인재 양성에 심혈을 기울여 왔으며, 다시 이들에게 고액 연봉과 격려금을 보장하면서 국내로 데려왔다. 아울러 2008년부터 글로벌 인재 유치를 위한 '천인(千人) 계획'을 추진하여 2012년까지 해외 인재 2,000여 명을 데려오는 데 성공했다.

중국은 이에 만족하지 않고 2012년부터 '만인(萬人) 계획'을 추진, 2022년까지 국내에서 우수 인재 1만 명을 발굴·육성하는 프로젝트를 진행하고 있다.

중국은 제4차 산업혁명 시대를 맞이하여 인공지능(AI) 분야 인재 양성 및 유치에도 심혈을 기울이고 있다. 글로벌 인공지능 선도(先導) 기업인 구글도 이와 같은 중국 내 인공지능 분야 인재 양성 열기에 고무되어 중국 베이징에 '인공지능 연구센터' 설립을 추진하고 있으며, 이곳에 중국인 인공지능 엔지니어 500여 명을 발굴해서 채용할 계획으로 있다.

최근 중국은 고액 연봉을 미끼로 우리나라 IT 및 한류 콘텐츠 산업 분야의 우수 인력을 빼가는 일에도 열을 올리고 있다.

• 해외 인재를 유치하고 잘 관리해야 한다

우리나라도 박정희 정부 때 과학기술 분야 인재 육성 및 유치에 심혈을 기울인 결과 국가 경제의 급속한 발전에 큰 힘이 됐다고 한다. 그런데 지금은 우리나라에서 해외 인재 유치를 위한 여건이 1960~1970년대에 비해서는 훨씬 양호할 것으로 생각되는데도 실상은 그렇지 못한 것 같다.

요즘 한국에서는 어렵게 유치한 해외 인재들이 우리 대학과 연구소 등에 적응하지 못해 1년도 채우지 못하고 떠나는 경우가 많다고 한다. 예를 들어 외국인 교수들은 한국인 교수 또는 학생들과의 의사소통 장애로 교수직을 원활하게 수행하기 어렵고 우리 특유의 조직 문화에도 적응이 어려워 귀국을 선택하게 되는 것이다.

교육부와 과학기술정보통신부에 따르면 지난 이명박 정부에서 2008년과 2009년에 각각 시작한 '세계 수준 연구 중심대학(WCU)'과 '세계 수준 연구센터(WCI)' 사업을 통해 유치한 해외 인재 583명 가운데 2013년까지 국내에 남아 있던 인원은 84명뿐이었다고 한다. 어렵게 유치한 해외 인재들 중 불과 4년 만에 86퍼센트가 본국으로 돌아가 버리고 14퍼센트만 남아 있었던 것이다. 이후에도 우리나라에서 국내 고급 인재의 해외 유출은 갈수록 심해지는 반면, 해외 고급 인재의 국내 유입은 여전히 저조한 실정이다.

제2부에서 말한 것처럼 우리는 동북아에서 중국과 일본이 우리의 경쟁상대라는 사실을 한시도 망각해서는 안 된다. 양적으로 우리가 도저히 따라잡을 수 없는 분야는 어쩔 수 없다 하더라도 우리 경제 규모에 비례해서 해외 우수 인재를 알맞게 유치하고 그들을 십분 활용해서 우리의 과학기술 경쟁력을 끌어올리는 일까지 저들에게 뒤처져서는 절대로 안 될 것이다.

정부와 대학들은 해외 인재들이 국내 환경에 적응하지 못하고 조기 귀국을 선택할 수밖에 없는 이유를 다각적으로 심도 있게 검토해서 근원적인 해결 방안을 반드시 찾아내야 한다. 국내 인재는 물론 해외 인재들이 다시는 한국을 떠나고 싶은 마음이 들지 않도록 우수 인재 관리에

온 힘을 쏟아야 한다.

• 국내 과학기술 영재 발굴과 육성에 힘써야 한다

우리나라에서 구글, 페이스북처럼 단기간에 글로벌 대기업으로 성장할 수 있는 벤처기업을 키워내고 과학 분야 노벨상 수상자를 배출하기 위해서는 과학, 컴퓨터 등 분야에 천재적 재능을 지닌 영재들을 발굴·육성하는 데 총력을 기울여야 한다.

조선 세종시대 장영실은 과학과 발명 분야에 천재적인 재능을 타고났으나 미천한 노비 신분으로 태어나 자신의 꿈을 마음껏 펼칠 수 없었다. 그렇지만 천만다행으로 위대한 세종시대에 태어난 덕분에 세종의 아주 특별한 배려로 면천되어 벼슬길에 나가게 되었고, 세계 최초의 우량계인 측우기를 발명하는 등 우리 역사에 길이 남을 위대한 업적을 많이 남겼다. 오랜 역사 동안 우리나라에는 장영실 못지않은 과학자와 발명가들이 자신을 알아주고 키워주는 사람을 만나지 못해 이름도 없이 스러져 간 경우가 수도 없이 많을 것이다.

오늘날에는 조선 시대처럼 신분상 제약으로 재능 있는 사람이 꿈을 실현하지 못하는 경우가 발생하지는 않지만, 오늘날에도 또 다른 유형의 제약이 있을 수 있다. 과학, 컴퓨터, 게임, 발명 등 분야에 천재적인 재능을 타고난 학생이 본인 또는 부모의 잘못된 선택으로 법관이나 의사 등 사회적 선호도가 높은 직업 쪽으로 일찌감치 진로를 결정함으로써, 천부적인 재능을 발휘할 기회를 영영 놓쳐버리는 결과를 가져올 수 있다. 대수롭지 않게 생각할 수도 있는 일이지만 국가 과학기술 발전에 엄청난 손실을 줄 수 있는 매우 중요한 선택이 아닐 수 없다.

정부와 교육 당국에서는 어떤 방법을 동원해서라도 우리나라 전체

초·중·고등학생들을 대상으로 과학, 컴퓨터, 발명 등 분야 영재들을 빠짐없이 찾아내야 한다. 그리고 이 학생들이 자신들의 천재적 재능에 부합하는 진로를 선택하여 대망을 이룰 수 있도록 맞춤형 교육과 최대한의 지원을 제공해야 한다.

한편, 우리는 특정 분야에 뛰어난 재능을 가진 영재들이 다른 일반적인 분야에는 전혀 관심을 기울이지 않거나 보통 사람보다 못한 재능을 나타내는 경우를 흔히 볼 수 있다. 결국, 이런 학생들이 일부 과목의 점수 미달로 서울대 등 일류 대학에 입학할 수 없게 되는 일이 종종 발생한다. 현대판 장영실이라고나 할까.

특정 분야에 뛰어난 재능을 가진 영재의 수는 극히 제한되어 있다. 우리나라가 경제 대국으로 도약하기 위해서는 지금부터 국내에 몇 안 되는 과학, 컴퓨터 등 영재들이 마음껏 재능을 연마하고 꿈을 펼칠 수 있도록 길을 활짝 열어줘야 한다.

정부와 교육 당국은 과학, 컴퓨터 등 영재들이 일부 과목의 점수가 미달되는 경우에도 서울대 등 일류 대학에 입학할 수 있게 특례를 부여하는 것은 물론, 대학에 입학한 후에도 정규 교과 과정에 구애받지 않고 자신의 천재적 재능을 마음껏 연마할 수 있게 해줘야 한다.

국내에 세계적인 글로벌 대기업이 많아져야 한다

우리나라 경제가 본격적인 성장기에 접어든 1970년대 이후 40여 년간 미국에서는 마이크로소프트, 구글, 페이스북 등 세계시장을 뒤흔들만한 글로벌 대기업들이 우후죽순처럼 생겨났다. 하지만 이 땅에는 그동안에 괄목할 만한 세계적 기업들이 탄생하지 않은 채 삼성, 현대, SK, LG 등 기존 재벌기업 중심의 경제체제를 계속 유지해오고 있다.

우리나라는 삼성, 현대, SK, LG 등 소수 대표기업이 국가 경제의 3분의 1을 지탱한다. 그만큼 우리 경제에서 글로벌 대기업이 차지하는 비중이 엄청나게 큼에도, 우리나라는 아직까지 세계적인 신생 글로벌 대기업을 전혀 배출하지 못하고 있는 실정이다. 우리보다 뒤늦게 경제개발을 시작한 중국만 해도 1998년과 1999년에 각각 창업한 텐센트와 알리바바를 비롯해 이미 세계적인 글로벌 대기업 반열에 들어섰거나 얼마 안 있어 이 대열에 합류할 신생 기업들이 부지기수다. 미국의 종합 경제지 포춘(FORTUNE)이 매년 선정하는 글로벌 500대 기업 중 우리나라는 1997년 14개에서 2017년 15개로 제자리걸음 수준인데 비하여, 중국은 같은 기간 3개에서 109개로 크게 늘어났다.

우리나라 정치권 특히 진보정당에서는 대기업보다 수적으로는 월등하게 많지만 경제력은 형편없이 취약한 중소기업 지원에 중점을 두어 경제민주화와 함께 경제 성장을 도모하는 정책을 선호하는 것 같다. 그런데 이왕이면 국내 대기업도 키우고 중소기업도 키울 방법이 있다면 더 좋은 일이 아닐까? 대기업과 중소기업 간에는 빼앗고 빼앗기는 갑을(甲乙) 관계만 존재하는 것이 아니라 상부상조하고 함께 이익을 누리는 상생 관계도 얼마든지 존재할 수 있다.

경제적 약자인 중소기업을 보호·육성하기 위해 대기업을 견제할 필요가 있다면 그것은 전자의 경우에만 해당되는 일이 될 것이다. 이 문제는 이어지는 「실질적으로 국내 중소기업의 경쟁력을 키워야 한다」에서 검토하기로 한다.

• 기존 삼성전자를 세계 1위 IT 기업으로 키워야 한다

삼성전자는 대한민국의 자존심이다. 삼성전자는 스마트폰과 메모리 반도체 및 가전제품 분야에서 지금까지 세계 1위를 유지하고 있다. 중국 업체들의 무서운 추격을 따돌리고 다른 글로벌 IT 기업에 비해 많이 뒤처져 있는 소프트웨어 및 시스템반도체 분야 기술력을 끌어올려 명실상부한 세계 1위 IT 기업으로 자리매김하는 것이 삼성전자의 소망이자 대한민국의 꿈이다.

그런데 얼마 전까지 삼성전자는 주력 제품인 스마트폰의 영업 부진으로 심각한 위기에 몰려 있었다. 삼성전자는 회사 이익의 60~70퍼센트를 차지하던 주력 제품인 스마트폰이 성장의 한계에 부딪히면서 2014년도 영업이익이 25조 300억 원으로 전년 대비 32퍼센트나 감소했다. 2015년도 영업이익은 26조 4,100억 원으로 2014년에 비해 5.5퍼센트 증가했지만, 2013년(36조 7,700억 원)에 비하면 28퍼센트나 감소한 것이다. 이는 경쟁국들의 스마트폰 제조기술 평준화, 신생기업 샤오미(Xiaomi) 등 중국 업체들의 저가 공세, 경쟁사인 애플(Apple)에 비해 형편없이 낮은 수익성[41] 등으로 스마트폰 부문 영업 실적이 급락하였기 때문이다.

다행히 반도체 부문의 선전으로 삼성전자는 당장의 위기를 모면하고

---

41 삼성전자는 2014년도 스마트폰의 세계시장 점유율(판매 대수 기준)이 25퍼센트로 경쟁사인 애플(15퍼센트)을 앞질렀으나, 영업이익 점유율(25퍼센트)은 애플(79퍼센트)의 3분의 1 수준에 불과했다.

종전과 같은 글로벌 경쟁력을 유지하고 있으나, 지난번 위기의 진원지인 중국에서 삼성전자의 반도체 기술력을 급속하게 따라잡고 있어 긴장을 늦출 수 없는 상황이다.

삼성전자는 최고 의사결정권자인 이재용 부회장이 구속된 2017년 2월 이후 한동안 미래 성장동력을 키우기 위한 대형 프로젝트와 투자 결정이 거의 중단된 상태였으며, 사물인터넷(IoT)과 인공지능(AI) 기술 개발을 위해 지난해까지 적극적으로 추진하던 인수합병(M&A)도 안 하게 됐다.

현 정부에서는 공정거래위, 금융위·금감원 등 금융기관과 검찰·국세청 등 사정기관 중심으로 '재벌 개혁'에 총력을 기울이고 있으며, 이 과정에서 삼성 등 국내 5대 재벌기업이 검찰 수사 대상에 오르는 등 도무지 정신을 차릴 수 없을 지경이다. 경쟁국들에 비해 과도한 규제로 기업 지배구조 개선을 위해 많은 돈이 추가로 들어가기도 한다.

삼성을 비롯한 국내 대기업들은 경쟁국 기업들에 비해 경영권 방어 장치가 매우 취약한 상태에 있으므로 엘리엇 같은 해외 투기자본의 공격을 받아 경영권을 위협받는 일이 빈번하게 발생한다. 국내 대기업들은 배당금을 늘리고 자사주를 소각하는 등 경영권을 지키기 위해 막대한 자금이 들어가기도 한다. 우리 정치권과 정부에서는 국내 대기업들이 해외 투기자본으로부터 경영권을 방어하기 쉽도록 미국, 일본, 영국, 프랑스 등 선진국들처럼 차등의결권이나 황금주 같은 경영권 안전장치를 마련해주기는커녕, 경영 안정성을 흔들고 해외 투기자본의 공격 가능성을 높여줄 수 있는 각종 규제를 만들어내고 있다.

결국은 기업과 경제 성장을 위해 연구·개발(M&A) 또는 설비 투자에 들어가야 할 돈이 엉뚱한 데로 흘러가는 셈이다. 국내에서 연간 설비 투자의 90퍼센트를 담당하는 대기업들이 이래가지고서야 어찌 위기에 처한 이 나라 경제를 살려낼 수 있을 것인가.

앞으로는 정치권, 정부, 재계 모두 정신을 바짝 차리고 국내 대기업들이 쟁쟁한 글로벌 대기업들과 경쟁을 벌이는 과정에서 각종 불리한 여건을 안고 가는 일이 없도록 해야 한다. 제4차 산업혁명 시대를 맞이하여 세계적인 글로벌 기업끼리 IoT, 빅데이터, 인공지능 기술 개발 경쟁이 날로 치열해지는 마당에 삼성 등 국내 글로벌 대기업들마저 제4차 산업혁명 대열에서 뒤처진다면 정말 큰일이 아닌가.

지금 대한민국이 위기와 기회의 갈림길에 서 있는 것처럼 삼성전자 또한 같은 상황에 처해 있는 것으로 보인다. 우리는 앞으로 삼성전자에게 닥쳐올 위기와 기회의 시나리오를 단순히 삼성만의 일로 생각해서는 안 된다. 핀란드의 대표기업 '노키아'의 몰락이 이 나라 경제에 던져준 충격을 생각한다면 충분히 알 수 있는 일이다.

삼성전자가 소프트웨어 및 시스템반도체 분야 기술력을 세계 최고 수준으로 끌어올려 명실상부한 세계 1위 IT 기업으로 등극함과 동시에, 스마트폰, 반도체, 가전제품 이외의 사업 분야에서 새로운 강자로 떠오를 수 있게 정부와 기업 상생·협력기구[42]에서 적극적으로 지원해야 한다.

정부는 삼성에 대한 전방위적 압박을 지양하고 오히려 삼성전자를 세계 1위의 IT 기업으로 만들기 위한 전담 부서를 두어 정부 차원의 각종 지원을 아끼지 말아야 한다. 그런데 여기서 반드시 유념해야 할 두 가지가 있다. 그 하나는 이것이 대기업 특혜 논란으로 비화되어서는 안 된다는 점이다. 삼성전자가 현 위기를 기회로 삼아 세계 1위의 IT 기업으로

---

42 국내 글로벌 대기업, 일반 대기업, 중견기업 그리고 중소기업들이 유기적인 상생·협력 관계와 혁신적인 기업 생태계를 유지하기 위한 기구. 다음 「실질적으로 국내 중소기업의 경쟁력을 키워야 한다」 참조.

자리를 굳혀 가면서 기업의 덩치를 키우는 것이 위기에 처한 우리 경제를 살리는 것과도 직결된다는 사실을 정치권과 국민이 이해할 수 있도록 홍보에 힘써야 한다. 나머지 하나는 삼성이 정부의 지원을 기업에 대한 간섭으로 생각하여 거부 반응을 보이지 않도록, 삼성 측과 긴밀한 협의를 통해 기업이 성장하는데 실질적인 도움이 될 수 있는 분야에 대한 지원이 이뤄지도록 해야 한다.

기업 상생·협력기구는 IT와 소프트웨어 분야에 뛰어난 기술력을 가진 중소기업들을 중심으로 삼성전자에 접목할 첨단 신기술 개발에 전념할 수 있는 기술협력단을 구축·운영해야 한다. 삼성전자도 정부 및 기업 상생·협력기구와 일정 분야의 기업 정보를 공유하면서, 정부와 중소기업들의 도움을 받아 세계 1위의 IT 기업이 되기 위한 연구·개발과 혁신에 박차를 가해야 한다.

한 가지 다행스러운 것은 삼성전자가 제4차 산업혁명 시대를 맞이하여 자율주행차 및 로봇과 IoT·빅데이터·인공지능 같은 신산업·신기술을 움직이는 핵심 엔진으로 부상한 반도체 산업에서 세계 1위 기업으로 자리매김했다는 사실이다. 삼성전자는 이와 같은 기회를 최대한으로 살려 구글처럼 제4차 산업혁명 선도 기업으로서 자율주행차 및 로봇과 IoT·빅데이터·인공지능 같은 신산업·신기술 분야에서 세계 1위 기업이 될 수 있도록 정부 및 기업 상생·협력기구와 공동 전략을 마련하여 최대한의 노력을 기울여야 한다.

• 기존 현대차를 세계 1위 자동차 기업으로 키워야 한다

국내 2위의 대표기업인 현대자동차(이하 현대차)는 강성노조로도 유명하다. 현대차 국내 공장은 강성노조 때문에 자동차 1대 생산에 들어가는 평균시간(HPV)이 미국 현지 공장의 1.8배, 중국의 1.5배에 달한다. 자동차 생산 라인의 차종 변경, 인원 배치, 근로 시간제 변경 등 모든 사항을 노사협의를 통해 결정해야 하고, 노사협의 결렬 시 조업중단 등 비효율적인 요소가 너무 많기 때문이다.

이처럼 초강성노조 때문에 고비용·저효율 구조를 감수하면서도 현대차는 세계 5~6위의 자동차 회사로서 우리 경제를 지탱하는 버팀목 역할을 훌륭하게 수행해 왔다. 만약에 이런 기업이 경쟁사인 도요타처럼 노사가 합심하여 원가 절감과 생산성 향상 노력을 기울인다면 머지않아 도요타를 제치고 세계 1위의 자동차 회사가 되는 날이 성큼 다가올 것으로 믿어 의심치 않는다. 이렇게 되면 삼성전자가 소니를 추월한 데 이어 또 하나의 글로벌 성공 신화를 창조하게 되는 것이다.

현대차는 2017년 기준 직원 1인당 평균 연봉이 9,400만 원으로 국내 대기업 중에서도 높은 편에 속하며, 세계 1위 자동차 회사인 도요타(9,100만 원)보다 많다. 도요타는 협력적 노사관계로 인해 근로자 생산 효율이 높고 생산 및 수출 실적이 지속적인 상승세를 보이고 있다. 반면에 현대차는 적대적·투쟁적인 노사관계로 인해 근로자 생산 효율이 낮고 생산 및 수출 실적이 지속적인 감소세를 보이는 등 회사 경영이 악화일로를 치닫고 있음에도, 매년 연례행사처럼 임금 투쟁과 과도한 임금 인상이 되풀이되어 온 것이다.

앞으로 현대차 노조는 경쟁사인 도요타처럼 협력적인 노사관계를 정립하여 과도한 임금 인상을 자제하고, 수십 년째 미뤄온 M/H(1인 1시간의 작업 분량) 기준 도입을 받아들임으로써 HPV를 미국과 중국 등 경쟁국 수준으로 대폭 낮춰야 한다. 그렇지 않으면 갈수록 일본, 미국, 독일, 영국 등 경쟁국 자동차 회사와의 글로벌 경쟁에 밀려 세계 자동차 시장에서 설 땅이 없게 될 것이다.

현재 한국 자동차 3사(현대차·기아차·한국GM)의 근로자 1인당 매출액
이 영국 자동차 3사(복스홀·재규어랜드로버·닛산영국법인)의 절반 수준에 불
과한 점을 고려할 때 심각한 위기의식을 느끼지 않을 수 없다.

• 기존 중후장대산업의 글로벌 경쟁력을 확실히 다져놓아야 한다

우리나라는 얼마 전까지 조선, 철강, 해운, 정유, 석유화학 등 중후장
대(重厚長大) 산업이 세계시장에서 두각을 나타냄으로써 삼성전자, 현대
차 등 국내 대표기업들과 함께 우리 경제를 지탱할 수 있었다. 그런데 최
근 들어 중국 기업들의 약진과 공급 과잉 등으로 이들 중후장대 산업이
커다란 위기를 맞고 있다.

1990년대 후반 이후 세계 최강의 자리를 유지해 온 우리 조선업은
2011년 이후 중국에 밀려 줄곧 세계 2위에 머물면서 누적 적자로 심각
한 위기 상황에 직면했다가, 2018년 상반기 중 세계 경기 회복세에 힘입
어 다시 세계 1위를 탈환했다. 그렇지만 앞으로 세계 경제가 침체기에 접
어들 경우 우리 조선업은 또다시 위기를 맞이할 수 있으므로 항상 긴장
을 늦출 수 없는 상황이다. 우리나라는 경쟁국인 중국과 일본에 비해서
경기 상황에 따라 기업 구조조정과 사업 재편을 신속하게 추진할 수 있
는 시스템을 갖추지 못했기 때문이다.

한때 세계 1위의 철강기업이었던 포스코는 중국발 공급 과잉의 여파
등으로 영업 실적이 떨어져 지금은 세계 5위에 머물러 있으며 세계 3위
인 일본의 신일철주금(新日鐵住金)과 비슷한 수준이다. 철강 공급 과잉의
진원국인 중국은 최근 들어 자국 철강 산업에 대한 과감한 구조조정과
감산 등을 통해 글로벌 경쟁력을 강화함과 동시에, 자국 내 2·6위 업체

인 바오산강철(寶山鋼鐵)과 우한강철(武漢鋼鐵)의 합병을 통해 연간 생산량 6,000만 톤이 넘는 세계 2위 기업을 탄생시켰다.

우리는 여기서 우리의 주된 경쟁 상대국들이 다름 아닌 중국과 일본이며 지금 우리의 중후장대산업이 중국은 물론 일본 기업들에게 맹추격을 받고 있다는 점을 명심하고, 우리 기업들의 기술력 향상과 선제적 사업재편 등을 통해 글로벌 경쟁력을 확실히 다져놓아야 한다.

• 일반 대기업 수를 늘리고 글로벌 경쟁력을 키워 나가야 한다

미래 글로벌 대기업을 육성하는 길은 두 가지가 있다. 그 하나는 국내 일반 대기업 집단의 양적 팽창과 질적 성장을 통해 그중 일부를 글로벌 대기업으로 키워내는 것이고, 나머지 하나는 유망 벤처기업을 발굴·육성함으로써 신생 글로벌 대기업을 탄생시키는 것이다. 그런데 우리나라는 인구 1만 명당 대기업 수가 0.07개밖에 안 되어, 독일(0.21개)의 3분의 1, 일본(0.14개)의 절반 수준에 불과할 정도로 대기업의 수적 열세를 면하지 못하고 있다.

문제는 우리나라에서 중견기업이 성장하여 대기업 집단에 포함될 경우 신규 순환출자 제한, 계열사 간 거래 규제 등 70여 가지의 각종 규제 대상이 되어 기업 활동이 제한을 받기 때문에 대기업의 문턱에서 일부러 몸집을 키우지 않거나 줄이는 것이 일상화되어 있다는 것이다. 일부 중견기업의 경우 국내 부실기업 M&A를 통해 몸집을 불릴 기회가 발생하여도 대기업 집단에 포함되지 않으려고 이를 포기함으로써, 기업 간 자발적인 사업 재편 기회를 날려버리는 경우도 비일비재하다고 한다.

정부에서 2016년 9월에 대기업 집단 지정 기준을 5조 원에서 10조 원으로 상향 조정했지만 이 또한 일시적인 대증요법에 불과하며, 국내에서 세계적인 글로벌 대기업이 많이 나오게 하려면 근본적으로 과도한 대기업 규제를 선진국 수준으로 확실하게 풀어야 한다. 우리나라에서 경제 민주화를 내세워 대기업에 대한 각종 규제를 강화하는 것이 스스로 국가 경제 발전의 발목을 잡는 자충수를 두는 결과를 가져온다는 점을 명심해야 할 것이다.

정부는 국내 대기업들이 중소기업을 쥐어짜고 쥐락펴락하는 등 불공정 행위를 근절하는 대신[43] 대기업에 대한 각종 규제를 대폭 완화 또는 철폐함으로써, 장차 글로벌 대기업으로 성장할 수 있는 기업들이 줄을 잇도록 해야 한다.

• 유망 벤처를 키워 신생 글로벌 대기업으로 탄생시켜야 한다

20대 초반의 세르게이 브린(Sergey Brin)과 래리 페이지(Larry Page)는 고객이 원하는 정보를 아무리 복잡한 내용이라도 가장 빠르고 정확하게 검색할 수 있는 아이디어를 개발하고, 1998년 자신들이 세 들어 사는 집 차고에서 '구글(Google)'을 창업했다.

창업 당시 대학원생으로서 사업 자금을 마련할 길이 없었던 두 사람에게 벤처 투자자인 앤디 벡톨샤임(Andy Bechtolsheim)이 10만 달러를 선뜻 투자함으로써 오늘날 세계 굴지의 IT 기업인 구글이 창업의 첫발을 떼게 되었던 것이다. 구글은 창업한 지 10년도 안 되어 시가 총액 150조 원의 글로벌 대기업으로 성장했으며, 2018년 2월 기준 시가 총액은 830조 원이 넘는다.

20세기 후반 이후 정보화시대에 접어들면서 젊은 창업가들이 창의적

---

43 대기업의 중소기업에 대한 불공정 행위 근절 방안은 이어지는 「실질적으로 국내 중소기업의 경쟁력을 키워야 한다」 참조.

아이디어와 열정만으로 벤처기업을 창업한 후 불과 10년 내외에 글로벌 대기업으로 도약하는 사례들이 넘쳐나고 있다. 그런데 우리나라는 창의적인 아이디어를 가진 젊은 창업가들이 성공한 벤처 사업가를 거쳐 글로벌 대기업으로 성장할 수 있는 벤처 환경이 매우 취약하다.

우리 정부와 창업지원기관들은 예나 지금이나 지나치게 규정에만 얽매인 지원 시스템을 그대로 유지하고 있어서 기업 외형을 초월해 미래 발전 가능성이 풍부한 창조적 기업에 대한 맞춤형 지원을 기대하기 어렵다. 국내 대기업과 투자자 또한 단기간에 수익을 올릴 수 있는 기술에만 집착하고, 미래 글로벌 시장을 선도할 수 있는 창조적 기술에 대한 투자 의지는 매우 미흡한 실정이다.

2000년에 서울대학교의 데이터베이스(DB) 연구팀은 대용량의 데이터를 엄청나게 빠른 속도로 처리할 수 있는 빅데이터 기술을 개발하고 이를 국내에서 상용화하기 위해 백방으로 뛰어다녔지만 정부기관이나 국내 대기업들로부터 철저하게 외면을 당했다. 결국, 이 연구팀은 2년 뒤 미국 실리콘밸리로 갈 수밖에 없었고, 이곳에서 독일의 소프트웨어 솔루션 업체인 SAP를 만나 2005년 이 회사에 빅데이터 기술을 매각했다. SAP는 위 기술을 적용한 빅데이터 처리 소프트웨어로 한 해 10억 유로(약 1조 3,000억 원)의 수익을 올렸다.

이처럼 열악한 국내 벤처 환경은 우리나라에서 미래 글로벌 대기업 탄생 및 육성을 어렵게 하는 요인으로 작용한다. 따라서 이참에 국내 글로벌 대기업, 벤처 투자회사, 성공한 벤처 사업가, 기술 자문단 등으로 구성된 '유망 벤처 발굴·육성 위원회'를 두고, 미래 성공 가능성이 큰 유망 벤처 창업가들을 엄선하여 집중적으로 육성할 필요가 있다.

여기서는 특허 유무 또는 매출액 등 형식적 요건은 모두 배제하고, 오로지 성공한 벤처 사업가를 거쳐 글로벌 대기업으로 성장할 수 있는 자질과 창의적 아이디어 또는 기술력 위주로 지원 대상자를 선정하여 아낌없는 지원을 제공해야 한다. 이렇게 해서 지원 대상 100개 기업 가운데 2~3개 기업만이라도 구글 같은 글로벌 대기업으로 성장할 수 있다면 그야말로 대박 중의 대박이 아닌가.

국내 대기업들도 일찌감치 유망 벤처 창업가들이 개발한 창조적 신기술의 가치를 알아보고 이를 접목함으로써 세계적인 글로벌 대기업으로 성장하는 데 밑알이 되게 할 수도 있을 것이다.

실질적으로 국내 중소기업의 경쟁력을 키워야 한다

우리나라는 전체 기업 가운데 대기업과 중견기업이 각각 0.1퍼센트를 차지하는 데 비해 중소기업이 99.8퍼센트를 차지하지만, 국내 전체 수출액 가운데 중소기업이 차지하는 비중은 20퍼센트를 밑도는 수준이다. 우리나라 중소기업의 생산성은 대기업의 30퍼센트 수준에 불과해 선진국인 독일(61퍼센트)과 일본(57퍼센트)에 비해 매우 낮다. 한국은행의 2016년 조사 결과에 따르면 국내 중소기업 가운데 40퍼센트가 넘는 기업들이 영업이익으로 이자비용조차 감당할 수 없는 상태라고 한다.

우리나라는 경제민주화를 내세워 경제적 약자인 중소기업에 여러 가지 지원과 혜택을 주고 있지만, 이렇게 전체 기업 가운데 중소기업 비중이 월등하게 높고 그나마 상당수가 좀비기업 수준인 기업 생태계 하에서 중소기업에 대한 보편적 지원 정책이 제대로 효과를 발휘하기는 매우 어려울 것 같다. 그러므로 중소기업의 글로벌 경쟁력 향상과 국가 경제 발전에 실질적으로 기여할 수 있는 실효성 있는 중소기업 지원 정책을 마련해서 시행해야 한다.

중소기업이 글로벌 강소기업 또는 중견기업으로 성장하기 위해서는 정글의 법칙이 작용하는 세계시장에서 경쟁국 기업들과 당당히 겨룰 수 있는 경쟁력을 갖추는 것이 절대로 필요하다. 오늘날 세계시장은 루이스 캐럴(Lewis Carrol)의 소설에 나오는 '붉은 여왕의 나라'와도 같다. 경쟁국 기업들이 모두 열심히 뛰고 있기 때문에 국내 기업들이 그들보다 더 열심히 뛰지 않으면 경쟁에서 살아남을 수 없다.

국내 중소기업들은 세계시장 진출을 위한 대표 선발전이라고 할 수 있는 국내시장에서 혹독한 훈련과 체력 보강을 통해 스스로 글로벌 경쟁력을 키워 나가야 한다. 또한, 정부에서는 지금과 같은 단순 보호·특혜 위주의 지원 정책 대신 국내 중소기업들이 스스로 글로벌 경쟁력 향상을 위해 분투노력할 수 있는 여건과 분위기를 만들어 주고, 대기업과 중견·중소기업들이 상생·화합할 수 있는 기업 생태계 조성을 위해 적극적으로 나서야 한다.

• 천편일률적인 중소기업 지원, 경쟁력 향상과는 거리가 멀다

우리나라는 중소기업 지원을 위한 정책 가짓수가 1,500개나 되고 지원 금액도 연간 수조 원이 넘는다. 그렇지만 국내 중소기업 가운데 정부 지원을 통해 성공한 사례를 찾아보기가 어려운 실정이다. 정부에서 기술력과 혁신 역량이 뛰어난 중소기업을 선별해 집중적으로 지원하는 것이 아니라, 시혜 차원에서 수많은 중소기업에 대하여 천편일률적으로 지원을 해주고 있기 때문이다.

더욱이 자사의 경쟁력을 키우는 데는 관심이 없고 정부 지원금을 타내는 데만 열중하여 여러 개의 지원 분야에서 수십~수백억 원의 지원금을 받아 챙기는 중소기업도 많다고 한다. 심지어 정부 지원자금 소위 '눈먼 돈'을 더 많이 챙기기 위해 브로커를 동원하는 사례까지 비일비재한 실정이라고 하니 참으로 기가 막힐 일이다.

• 중소기업 경쟁력 향상을 위한 맞춤형 지원을 해야 한다

국내 중소기업의 수는 무려 320만 개가 넘는다. 이렇게 많은 중소기업을 몇 개의 그룹으로 나누고 각각의 그룹 유형에 맞는 맞춤형 지원 정책을 시행해야 한다. 예를 들어 전체 중소기업을 ①예비 중견 또는 강소기업 그룹44, ②중견 또는 강소기업 육성 그룹, ③R&D(연구·개발) 특화 그룹, ④국가 전략산업 특화 그룹, ⑤일반 지원 그룹, ⑥지원 제외 그룹으로 분류하는 것이다.

먼저, 실질적인 국내 경쟁체제 아래에서 매년 일정 수의 유망 중소기업을 선정하여 이들을 중견 또는 강소기업으로 육성하기 위한 중·장기 지원 정책을 시행한다. 지원 대상 기업의 수는 경쟁국들의 수준에 맞추어 국내 전체기업 가운데 목표 연도에 이뤄져야 할 국내 중견 또는 강소기업 비중을 기준으로 정하면 될 것이다.

다음으로, 고부가가치 원천기술 개발 의지와 역량을 갖추고 있으나 연구·개발 투자 여력이 없는 중소기업을 선발하여 정부 R&D 예산 또는 산학협력 지원을 집중적으로 제공한다. 또한, 소프트웨어 및 시스템

---

44 지난 정부에서는 글로벌 강소기업 300개를 육성하기 위한 '월드클래스 300 프로젝트'를 추진한 바 있다. 이와 같은 방식으로 기 선정된 글로벌 강소기업 후보 업체들에 대하여는 현행 지원 제도를 그대로 유지하면 될 것이다.

반도체 산업, 첨단 융·복합 산업, 신소재 산업, 생명공학 산업, 방위 산업, IoT·빅데이터·인공지능 같은 제4차 산업혁명 관련 산업 등을 국가 전략 산업으로 육성하는 데 핵심 파트너로서 참여할 중소기업을 선정하여 집중적으로 육성한다.

그 밖에 일반 중소기업의 글로벌 경쟁력을 높일 방안을 다각적으로 연구·검토하여 '일반 중소기업 경쟁력 강화 프로그램'을 구축·시행한다. 정부 지원 정책에 의존하여 간신히 연명하는 좀비(zombie) 기업이나 국가 경제 발전에 도움이 안 되는 저부가가치 기업 등은 정부 지원 대상에서 제외한다.

한편, 첨단 빅데이터 및 인공지능 시스템을 이용해 정부 지원을 받은 중소기업을 유형별로 구분하여 지원 효과를 정밀하게 파악하고 분석하는 시스템을 구축하는 것이 필요할 것으로 보인다. 먼저 각각의 중소기업이 정부 지원금을 어디에 어떻게 사용했는지 파악한 후 시계열 분석을 통해 지원 효과를 점검해 나가는 것이다.

• 대기업과 중소기업 상생 방안을 마련해서 시행해야 한다

그동안 역대 정부에서 대기업이 중소기업을 쥐어짜고 쥐락펴락하는 등 불공정 행위를 근절하고자 많은 노력을 기울였지만, 대기업과 중소기업 간 숙명적 갑을 관계의 폐단이 좀처럼 개선되지 않고 있다. 이렇게 된 데는 이 문제를 전적으로 국가 제도의 틀 안에서만 해결하고자 하는 데 있지 않을까 하는 생각이 든다.

피해 중소기업이 대기업으로부터 더 이상의 불공정한 대우를 받지 않기 위해 공정거래위원회에 신고하는 방법이 있는데, 그럴 경우 십중팔구는 어렵게 따낸 협력업체의 지위까지 몽땅 잃어버리게 될 것이므로 대부분 신고할 엄두도 못 내는 실정이다.

따라서 국내 중소기업들이 대기업의 횡포에서 벗어나 자신들의 기업 역량을 마음껏 발휘하고 키울 수 있는 공정 질서를 유지하기 위해 피해 업체의 신고 및 조사에만 의존할 것이 아니라, 국내 대기업과 중소기업 간 상생하는 기업 생태계를 조성하는 노력을 기울여야 한다. 이를 위해 국내 기업 간 상생·협력과 건강하고 혁신적인 기업 생태계 조성을 위한 '기업상생·협력기구'를 만들어서 운영하는 것이 좋을 것 같다.

이는 국내 글로벌 대기업, 일반 대기업, 중견기업 그리고 중소기업들이 기업상생·협력기구를 중심으로 유기적인 공생 관계를 유지함으로써 대기업·중소기업 간 상생은 물론 건강하고 혁신적인 기업 생태계를 유지하자는 것이다.

미국에서는 구글 같은 글로벌 대기업이 수많은 스타트업(Startup, 신생 벤처기업)과 함께하는 기술 생태계를 구축하고, 성장 잠재력이 큰 벤처 육성과 지원을 아끼지 않고 있으며, 유망 스타트업에 대한 인수합병(M&A)도 활발하게 이뤄지고 있다. 우리나라에서도 삼성 등 글로벌 대기업들이 구글처럼 수많은 중소기업과 상생·협력하면서 유망 벤처기업 발굴, 육성, 지원 및 인수합병에도 발 벗고 나서는 기업 생태계를 구축해야 한다.

일반 대기업과 중견기업은 국내 기업 생태계의 중핵으로서 기업 간 상생·협력 및 각종 혁신 과제들을 추진하는 데 중심 역할을 담당해야 한다. 특히 대기업은 스스로 그동안 중소기업을 쥐어짜고 쥐락펴락하던 구태에서 완전히 벗어나 중소 협력업체들의 기술 개발을 적극적으로 지원하고, 이들이 개발한 혁신적 신기술을 접목하여 자사의 글로벌 경쟁력을 높이는 등 상생·협력 관계를 유지해 나가야 한다.

중소기업은 정부와 대기업에 지나치게 의존하는 대신 스스로 힘을 축적하여 자사의 글로벌 경쟁력을 강화하기 위한 노력을 아끼지 말아야한다. 또한, 대기업과 중견기업을 무조건 두려워하고 경계하는 심리에서도 벗어나야 한다. 그들에게 최대한 협력하는 대신 그들로부터 앞선 기술과 영업 노하우를 전수받아 자사의 글로벌 경쟁력을 높이는 데 전력투구해야 한다.

간단히 말해서 대기업은 수많은 스타트업 또는 기술 혁신적인 중소기업으로부터 자체적으로 해결이 어려운 특정 문제해결 솔루션이나 혁신적 신기술을 얻고, 중소기업은 대기업으로부터 각종 사업화를 위한 동력을 얻는 방식으로 상호 협력하면서 시너지를 창출하는 것이다.

기업상생·협력기구는 국내 기업들이 공통적으로 직면한 구조적 취약점과 경영상 문제점 등을 개선하기 위한 혁신 과제를 마련하고 다 함께 과제 수행에 동참하도록 함으로써, 국내 모든 기업의 글로벌 경쟁력 향상과 동반 성장을 도모할 수도 있다.

이렇게 기업상생·협력기구를 중심으로 국내 모든 기업이 상생·협력하면서 경영 혁신, 신기술 개발, 투자 확대 등 침체된 경제를 살리기 위해 전력투구하는 모습을 먼저 보여준다면, 정치권과 정부도 규제 완화 등 기업을 경영하기 좋은 환경을 만드는 일을 더는 미룰 수 없게 될 것이다.

빅뱅식 금융 개혁으로 동북아 금융허브를 구축하자

2003년 12월 당시 노무현 정부에서는 2020년까지 우리나라를 홍콩, 싱가포르와 더불어 아시아 3대 금융허브로 자리매김한다는 목표에 따라 '동북아 금융허브 추진 계획'을 발표하였다. 그런데 그로부터 10여 년이 지나도록 '금융허브'는커녕 우리 금융 산업의 글로벌 경쟁력이 그 당시에 비해 조금도 나아지지 않았다.

세계경제포럼(WEF)의 '2017년 국가 경쟁력 보고서'에서 우리나라의 금융시장 성숙도는 138개국 중 74위에 머물렀다. 스위스 국제경영개발원(IMD)의 조사 결과에 따르더라도 2017년 기준 한국의 금융시장 경쟁력은 63개국 중 35위에 불과하다.

• 우리 금융, 글로벌 경쟁력 높이기 위해 개혁을 서둘러야 한다

우리 몸에서 원활한 혈액 순환이 이뤄지게 하려고 역동적으로 움직이는 심장의 기능이 필요한 것처럼 한 나라의 경제가 잘 돌아가기 위해서는 '경제의 심장'이라고 할 수 있는 금융 산업이 잘 발달해 있어야 한다. 침체된 경제를 살려내 성장 가도에 올려놓기 위해서는 우리나라에서 경제의 심장인 금융 산업을 일으켜 당초 계획대로 동북아 금융허브를 구축해야 한다.

그리고 이를 위해 우리 금융 산업의 글로벌 경쟁력을 저해하는 요인들을 남김없이 치유·개선할 수 있는 금융 개혁을 본격적으로 추진해야 한다. 그런데 지금까지 역대 정부에서는 그때그때 대증요법적인 일부 개혁 과제를 추진하기만 할 뿐 근본적이고 종합적인 금융 개혁을 추진할 엄두도 못 냈던 것 같다.

　더욱이 현 정부에서는 금융 개혁의 대상을 금융 산업이 아닌 국내 대기업으로 여기는 것이 아닌가 하는 생각이 들 정도로 심하게 역주행을 하는 것 같다. 이제부터라도 1980년대 영국이 했던 것처럼 빅뱅식 금융 개혁을 단행하지 않으면 안 된다.

　먼저, 금융기관 수뇌부에 대한 낙하산 인사를 철폐하고 우리나라 금융 시스템을 금융 선진국 수준으로 개혁할 의지와 능력을 갖춘 이 분야 전문가들을 발탁해서 앉혀야 한다.

　다음으로, 국내 금융기관들의 시스템 혹은 구조적인 문제점을 개선하는 것이 필요하다. 국내 금융기관들의 글로벌 경쟁력이 형편없이 낮은 이유는 선진국 금융회사에 비해 시스템 혹은 구조적으로 취약한 여러 가지 문제점들이 복합적으로 내재해 있기 때문이다.

　따라서 금융 당국이 국내 금융기관들의 시스템 혹은 구조적인 문제점들을 정확하게 파악하고, 이를 치유하여 글로벌 금융회사 수준으로 만들 수 있는 지침서를 만들어 각 금융기관에 전달한 후 정기적으로 그 이행 상황을 점검해야 한다. 선진국 금융 당국은 자국 금융회사들에 대한 검사 업무를 수행할 때 시스템의 문제점 파악과 대안 제시 등 컨설팅 쪽에 중점을 두고 진행한다고 한다.

　이를 위해 현재 금융위원회와 금융감독원으로 이원화되어 있는 금융 감독 시스템을 일원화하여 국내 금융기관들의 구조 및 시스템 개선 등 금융 개혁을 일사불란하게 추진하도록 해야 한다.

• 금융 개혁 활성화를 위해 핀테크 기반을 확충해야 한다

　최근 금융 선진국들을 중심으로 핀테크(금융+기술) 돌풍이 거세다. 핀테크(fintech)란 금융과 정보기술(IT)이 결합한 서비스를 말한다. 요즘 한창 뜨고 있는 인터넷전문은행(이하 인터넷은행)이 대표적인 사례이다.

우리나라에서도 2017년 4월과 7월에 K뱅크와 카카오뱅크(이하 카뱅)가 각각 영업을 시작하면서 인터넷은행 시대가 열렸지만 미국, 일본, 독일, 영국 등 선진국에 비해 출발이 많이 늦어 그 실적이 초라하기 그지없는데, 그나마 은산분리(銀産分離) 규제 등으로 성장이 지지부진하였다. 예를 들어 국내 인터넷은행인 카뱅의 2017년 7월 현재 자본금은 8,000억 원으로 시중은행 자본금의 300분의 1도 안 되는 수준이다. 카뱅이 계속 덩치를 키워갈 수 있도록 자금줄인 카카오(Kakao)가 출자금을 늘려줄 수 있지만, 은산분리 규제로 인해 더 이상 10퍼센트를 초과해서 출자할 수 없었다.

국내에 K뱅크와 카뱅 같은 인터넷은행이 출현하면서 처음에는 KB국민은행 등 시중은행들이 잔뜩 긴장을 했다고 한다. 고객 입장에서는 직접 은행에 가지 않고 공인인증서도 없이 스마트폰만으로 예금, 대출, 송금 등 각종 금융 거래를 할 수 있는 인터넷은행에 매력을 느낄 수 있기 때문이다. 시중은행들은 경쟁적으로 대출 금리를 낮추고 고객에 대한 서비스를 개선하는 등 뭔가 달라진 모습을 보여주기도 했다.

앞으로 국내 인터넷은행 등 핀테크 기업들이 계속 덩치를 키우고 영업망을 확장할 수 있다면, 시중은행들은 정부에서 하지 말라고 해도 스스로 살아남기 위해 금융 개혁을 추진하지 않을 수 없게 될 것이다. 우리는 IT 강국의 이점을 최대한 살려 주요 경쟁국들에 비해 초라하기 짝이 없는 핀테크 산업을 경쟁국 수준에 도달할 때까지 계속 끌어올려야 한다. 2018년 9월 인터넷은행 설립 및 운영에 관한 특례법 제정안이 국회를 통과함으로써 IT 기업의 출자 한도가 기존 10퍼센트에서 34퍼센트로 늘어났지만 일본, 중국 등 경쟁국들에 비하면 아직도 넘어야 할 규제의 벽이 너무 높다.

무엇보다 인터넷은행의 영업 범위를 개인과 중소기업에 한정함으로써 중소기업을 제외한 기업 대출의 길이 막힌 것은 국내 인터넷은행의 글로벌 경쟁력을 키우는 데 결정적인 장애 요인이 될 것으로 보인다. 국내 인터넷은행들이 개인정보보호법 규제로 인해 다른 경쟁국들처럼 빅데이터를 이용한 자체 신용분석을 할 수 있는 길이 제한되는 것도 또 다른 장애 요인이다. 그 밖에도 관련 산업 간에 얽히고설킨 각종 규제로 인해 국내 인터넷은행들이 경쟁국 수준의 글로벌 경쟁력을 갖추기에는 아직도 갈 길이 멀다. 계속 이런 식으로 갈 경우 경쟁국들과의 사이에 벌어진 격차가 좁혀지기는커녕 더 벌어질 수밖에 없다.

정치권과 정부에서는 앞으로 국내 핀테크 기업들이 성장하는 데 걸림돌이 되는 장애 요인들을 남김없이 제거하고 최대한의 지원을 아끼지 말아야 할 것이다. 다른 경쟁국들에게 많이 뒤처져 있는 국내 핀테크 산업을 저들과 대등한 수준으로 끌어올리기 위해서는 경쟁국들보다 더 좋은 환경을 만들어주고 더 많은 지원을 제공하지 않으면 안 될 것이기 때문이다.

국내 핀테크 산업을 선진국 수준으로 키워 국내 시중은행들과 함께 동북아 금융 허브의 꿈을 반드시 이뤄내도록 해야 한다.

• 우리 금융 산업의 해외 진출을 서둘러야 한다

금융 선진국에 비해 형편없이 취약한 해외 영업 부문을 강화하는 것도 빼놓을 수 없이 중요한 일이다. 선진국 은행들은 해외수익 비중이 40퍼센트를 넘는 것에 비해 국내 은행들은 겨우 5퍼센트에 불과한 실정이다. 전 세계를 하나의 시장으로 보는 21세기 글로벌 시대에 살고 있는 우리로서 언제까지나 우리 금융 산업을 우물 안 개구리처럼 국내에서만 미무르게 할 수는 없다.

그리고 어차피 우리 금융 산업의 국제화를 피할 수 없는 추세라면 하루라도 빨리 추진하는 것이 우리나라의 선진국 진입을 앞당기는 데 유리할 것이다. 이 또한 금융기관 자율에 맡겨서는 안 될 것 같은 생각이 든다. 금융기관 경영진으로서는 짧은 임기 중 해외영업 확대로 인한 초기 실패로 인사상 불이익을 당할 우려가 있으므로, 보증수표나 다름없는 국내 영업에 안주하는 쪽을 선호할 가능성이 크기 때문이다.

정부에서는 선진국 금융회사들의 해외영업 실태 및 성공 사례에 대한 분석·검토를 거쳐 국내 금융기관들의 해외영업 활성화 방안을 마련하고, 이를 금융개혁 과제에 포함하여 적극적으로 추진해야 한다. 아울러 국내 금융기관 임직원들이 해외영업 확대 등 미래지향적인 업무 수행으로 인해 발생할 수 있는 초기 실패에 지나치게 구애받지 않도록 진취적·합리적인 인사제도를 구축할 필요가 있다.

외국인 관광객 추가 유치로 국내 내수시장을 키우자

우리 경제가 침체에서 벗어나지 못하는 원인 가운데 하나로 내수시장 침체를 들 수 있다. 그런데 극심한 경기 침체 속에서 불과 5,000만 명에 불과한 인구 수준으로 국내 내수 경기를 활성화하기 위해 정부에서 많은 노력을 쏟아 붓고 있지만 뚜렷한 성과를 기대하기 어려운 실정이다. 그런데 밖으로 눈을 돌려보면 비행기로 1~3시간 걸리는 중국에만 해도 날로 확장 추세에 있는 14억 규모의 내수시장이 있다.

• 국내 내수시장 규모를 1억 명 이상으로 키우자

한 나라의 내수시장을 활성화하기 위해서는 인구가 적어도 1억 명 정도는 돼야 한다고 하니 중국을 비롯한 외국인 관광객 수를 획기적으로 늘려 국내 내수시장 규모를 1억 명 정도로 키워야 한다. 2016년에 우리나라를 찾은 외국인 관광객이 1,700여만 명[45]이니까 지금보다 외국인 관광객 수를 3배 정도 늘리면 된다.

그런데 우리나라에서 외국인 관광객 수를 이처럼 획기적으로 늘리기 위해서는 정부와 관광 및 서비스업계를 중심으로 획기적인 외국인 관광객 유치 전략을 완전히 새롭게 짜야 한다. 우리나라가 14억 인구의 거대한 내수시장을 바로 이웃에 두고 있는 지리상 이점과 케이팝(KPop), 식음료, 헬스케어, 화장품 등 한류 열기에도 불구하고 외국인 관광객 유치 실적이 크게 늘어날 수 없는 원인이 무엇인지 알아보고 이를 타개할 방안을 마련해야 한다.

• 싸구려 관광 이미지를 벗어나야 한다

그동안 정부와 관광 및 서비스 업계에서는 외국인 관광객 유치를 위한 관광 인프라 확충 및 다양한 관광 상품 개발에 전력투구하기보다는 어떻게 해서라도 한국을 찾는 외국인 관광객 수를 늘리고 보자는 실적

---

45 2017년에 한국을 찾은 외국인 관광객 수는 1,300여만 명이지만 이는 사드 갈등으로 중국인 관광객 수가 크게 줄었기 때문이다.

위주의 유치 전략에 집중해 왔다.

중국인 단체관광의 경우 현지 여행사에서 항공료 또는 선박 운임에도 훨씬 못 미치는 지가상품으로 관광객을 모집해 한국으로 보내주면 국내 여행사에서는 중국 현지 여행사에 손실 부담금조로 일종의 인두세를 지급한다. 국내 여행사에서는 중국인 단체 관광객들을 면세점으로 안내해서 쇼핑을 하게하고 면세점으로부터 관광객들이 구매한 금액의 20퍼센트 상당을 수수료 명목으로 받아 수입처리 한다고 한다.

이렇게 일종의 먹이사슬 고리로 연결된 외국인 관광객 유치 시스템이 지속될 경우 외국인들에게 한국이 싸구려 관광지라는 인식을 심어주게 되어, 우리 대한민국을 세계인이 즐겨 찾는 관광대국으로 만들겠다는 꿈은 일찌감치 접을 수밖에 없을 것이다.

최근 정부에서 저가·저질 관광을 근절하는 방안을 발표하였지만 이 또한 대증요법이 아닌 근원적 대책을 마련해서 시행해야만 할 것이다. 외국인 관광객들이 한국을 싸구려 관광지가 아닌 '정말 가보고 싶은 나라'로 인식하여 한국을 찾을 수 있게 각종 관광 인프라를 충분히 갖추고, 한국에서만 접할 수 있는 여러 가지 관광상품을 개발해 놓아야 한다.

우리는 머지않아 아름다운 금수강산 대한민국을 세계인이 즐겨 찾는 관광대국으로 만들겠다는 목표를 세우고, 이에 걸맞은 관광 인프라를 구축하고 다양한 관광상품을 개발하는 데 총력을 기울여야 한다.

• 외국인 관광객을 위한 관광 상품을 다변화해야 한다

한국을 찾는 외국인 관광객 수를 획기적으로 늘리는 데 필요한 것은 이들의 방문 목적이 단순 쇼핑 위주에서 벗어나 다변화될 수 있도록 혁신적인 외국인 관광객 유치 전략을 마련해서 실행에 옮기는 일이다. 즉, 이들의 한국 방문 목적이 지금과 같은 단순 쇼핑 위주에서 명소 관광, 레저, 의료, 한류 체험 등 다양하고 실속 있는 관광 아이템으로 다변화돼야 한다.

우리나라에는 유럽이나 중국처럼 웅장하고 화려한 고대 유적이나 세계적으로 알려진 관광 명소가 별로 없다. 그런데 두바이는 국토 대부분이 사막인 보잘것없는 자연환경을 보유하고 있음에도 사막에 기이한 모양의 건축물을 짓는 등 아름다운 도시를 건설하고 인공 섬을 조성하는 등 세계적인 관광 명소를 만들었다. 우리나라에서도 창의적 발상의 전환을 통해 우리의 자랑스러운 역사적 사실 또는 문화유산과 한류를 접목하여 세계적인 관광 명소를 얼마든지 만들어낼 수 있다.

예를 들어 세계 해전사에서 유례를 찾아볼 수 없는 여러 대첩과 23전 23승의 기적을 이뤄낸 이순신 장군의 전승 기록과 거북선 등을 소재로, 남해안의 옛 통제영(統制營) 터와 격전 해역들을 생동감 있게 복원함으로써 세계인이 즐겨 찾는 관광 명소를 만들어낼 수 있다. 그 밖에 춘향전 등 고전 명작이나 한류를 소재로 한 테마파크(theme park), 관광농원, 의료관광, 한류체험관 등 한국에서만 접할 수 있는 다양한 관광 코스를 만들어서 내놓아야 한다.

지금 국내 여행사들은 대부분 현지 여행사에 인두세를 내고 중국인 등 단체 관광객을 유치하였기 때문에 국내 면세점에서 주는 수수료에 의존해 손실을 보전할 수밖에 없다. 따라서 관광 스케줄 대부분을 면세점 쇼핑에 할애하고, 나머지는 서울 시내에서 비용이 별로 안 들어가는 경복궁, 창경원, 남산, 북촌 한옥마을 등지를 돌아보는 게 고작이다.

정부와 서비스업계에서는 외국인 관광객들이 자신들의 선호에 따라 다양하고 실속 있는 관광 코스를 자유롭게 선택할 수 있도록 관광 정보를 충분히 제공하고, 여행사들이 단체 관광객의 관광 코스를 임의로 제한하거나 유도하는 일이 없도록 해야 한다.

• 외국인 관광객들의 불만 요인을 해소해야 한다

지금 우리나라에서는 외국인 관광객들을 위한 숙박시설 부족, 불법·불량 숙박업소 급증, 바가지요금, 엉터리 성형수술 등 이들의 불만을 극대화하고 한국의 이미지를 실추시키는 일들이 끊이지 않고 있다.

이와 같은 사례들이 각국에 지속적으로 전파될 경우 한국을 찾는 외국인 관광객 수는 급격하게 감소될 수밖에 없다. 그러니 앞으로 정부와 서비스 업계 그리고 전 국민이 합심하여 외국인 관광객들이 한국에 와서 겪어야 하는 불친절, 불량 숙박업소, 바가지요금 등 불만 요인들을 말끔히 해소하는 노력을 기울여야 한다.

우리 국민 가운데 국내에 외국인 관광객이 넘쳐나 내수가 활성화되고 국가 경제가 살아나는 것을 반기지 않을 사람이 있을까? 더욱이 국내 서비스업 종사자 가운데 외국인 관광객이 폭증하여 내수 경기가 활성화되는 것을 좋아하지 않을 사람은 한 사람도 없을 것이다. 그런데도 서비스업 종사자들이나 일반 국민들이 각자도생 구도에 빠져 당장 자신의 이익과 직결되지 않는 일에는 전혀 관심을 기울이지 않는 것이다.

예를 들어 어느 소매점 주인이나 택시 기사가 외국인 관광객들에게 바가지를 씌움으로써 당장 얼마간의 이익을 취할 수는 있지만, 이로 인해 한국을 찾는 외국인 관광객 수의 지속적인 감소를 가져와 결과적으로는 소탐대실의 우를 범하게 된다는 사실을 미처 깨닫지 못하는 것이다.

나아가서 서비스업 종사자가 아닌 일반 국민들이 한국을 찾은 외국인 관광객들에게 친절한 길 안내를 해주고 다정한 인사 한마디를 건네는 것이 외국인 관광객 수의 지속적인 증가를 가져와 국가 경제에 큰 보탬이 될 수 있다는 생각을 하지 못하는 것이다.

지금부터 서비스업 종사자를 포함한 모든 국민들이 당장 눈앞의 이해관계를 초월하여 외국인 관광객들의 불만 요인을 해소하고 이들에게 자그마한 친절이라도 베풀고자 하는 노력을 아끼지 말아야 한다. 이 또한 우리 경제를 살리기 위한 개혁 과제의 일종이라는 것을 항상 유념해야 한다.

정부와 관광 및 서비스 업계의 노력으로 국내 내수시장 규모가 1억 명 수준으로 늘어나면서 내수시장 확대 및 활성화를 통한 경제 성장의 선순환이 이뤄지도록 해야 한다.

영리병원과 원격진료 시스템 도입, 더는 미루지 말자

우리나라는 선진국에 비해 국내 서비스업 비중과 서비스업의 노동생산성이 매우 낮다. 또한, 각종 규제로 고부가가치 서비스업에 대한 진입장벽이 너무 높아 국내에서 서비스업 발전이 안 되는 실정이다. 특히 우리나라는 미국, 유럽 등 선진국에 비해 손색이 없는 뛰어난 의료기술을 보유하고 있음에도 영리병원, 원격진료 등 글로벌 추세를 따라가지 못함으로써 세계 의료시장에 진출하여 더 많은 실적을 올릴 기회를 놓치고 있는 것 같다.

한국과 사우디아라비아 정부는 2013년 9월에 사우디 전체 보건소 3,000곳과 공공 병원 80곳의 병원 정보 시스템 구축을 한국에 맡기고, 이후 10년 동안 매년 사우디 의사 100명씩을 삼성의료원 등 국내 5개 병원에 보내 연수시키기로 협약을 체결했다.

서울대병원은 2014년 7월에 아랍에미리트(UAE) 왕립병원인 '칼리파병원'의 환자 진료, 병원 정보시스템 구축, 현지 의료진 교육 등 병원 운영 전반(운영 사업비 1조 원)을 5년간 책임지는 위탁 운영자로 선정되었다. 미국의 존스홉킨스 및 스탠퍼드 대학병원, 영국의 킹스칼리지병원 등 세계 정상급 병원들과의 경쟁에서 얻은 결과이다. 사우디와 아랍에미리트는 한국의 의료 수준이 미국이나 유럽 못지않다고 생각하여 그와 같은 결정을 내린 것이다.

그런데도 우리나라는 선진국 수준의 뛰어난 의료기술을 보유한 나라답지 않게 의료관광객 유치 실적이 지나치게 초라하다. 2013년 기준으로 태국은 연간 250만 명, 싱가포르 120만 명, 인도 85만 명, 말레이시아는 77만 명의 의료관광객을 유치한 데 비해 우리나라는 21만 명을 유치하는 데 그쳤다.[46]

• 영리병원, 보다 근본적인 정책 대안 마련이 필요하다

우리보다 의료관광객 유치 실적이 뛰어난 싱가포르, 태국, 인도, 말레이시아 등은 모두 영리병원이 정착된 데 반해 우리나라는 의료법상 영리병원 설립이 불가능하게 되어 있다. 다만 2012년 10월에 '경제자유구역의 지정 및 운영에 관한 특별법' 시행규칙 개정령을 공포함으로써 경제자유구역 내에서 외국인 영리병원에 한하여 설립할 수 있게 되었다.

---

46 한국은 2016년에도 의료관광객 유치 실적이 36만 명에 불과했다.

하지만 지난 정부에서는 법 시행 후 3년이 지나도록 국내에 단 1건의 영리병원 설립 허가도 내준 적이 없다가 2015년 12월 제주도에 최초로 소규모(47개 병상) 외국계 영리병원을 설립할 수 있도록 승인했다. 그런데 국내 최초의 영리병원(녹지국제병원) 설립 건은 제주도에서 3년 동안 허가 여부를 결정하지 못하고 있다가 2018년 12월 '내국인 진료 금지'를 조건으로 허가가 났지만, 진료 대상이 외국인에 한정된 데다가 진료과목도 가정의학과, 피부과, 성형외과, 내과에 불과한 수준이다. 더욱이 현 정부에서는 지난 정부가 국내에 영리병원을 도입하고자 한 일을 '적폐'로 규정하고 논의 자체를 금기시하는 분위기여서 국내에 제2, 제3의 영리병원이 들어서는 것은 기대하기 어려울 전망이다.

지난 정부에서는 국내에 영리병원을 도입해야 할 필요성을 인정하여 이를 추진하였으나 의료계와 시민단체 및 진보 야당의 반대를 무릅쓰고 정책을 추진할만한 역량이 미흡하였고, 현 정부에서는 아예 영리병원 도입 자체를 기피하는 것이다.

의료계와 시민단체 등 영리병원 도입을 반대하는 이들은 "국내에 영리병원 체제가 도입될 경우 국민 의료비 부담이 커지고 경제 수준에 따른 의료 서비스 차별이 우려된다"는 등의 이유를 드는데, 물론 이와 같은 주장에도 일리는 있다. 이들이 주장하는 두 가지 문제점에 대하여 명쾌한 해결 방안을 마련하지 못한 채 국내에 영리병원을 본격적으로 도입했다가는 자칫 엉뚱한 재앙을 초래할 수도 있다.

우리나라에서 영리병원이 정상적으로 뿌리내려 정착할 수 있는 조건은 미국 같은 선진국과도 다르고 인도와 동남아 국가들과도 다르다. 만약에 국내 병원들이 지나치게 이익만을 추구하면서 과잉 진료, 진료비 부풀리기, 수익성이 떨어지는 환자에 대한 진료 거부 등 부당 의료행위를 일삼는다면 국민들은 지금보다 열악한 의료 환경 속에서 삶의 질이 떨어질 수밖에 없다. 심한 경우 선진국들이 부러워할 만큼 잘 짜인 국민 건강보험 체제 일부가 무너져 내리면서 가진 자와 못 가진 자의 의료 서비스 격차가 심화되는 의료 서비스 양극화 현상이 발생할 수도 있다.

그런데 문제는 모든 서비스산업은 전 세계 기업을 상대로 경쟁해야 한다는 사실이다. 경쟁국가 병원들이 영리병원 체제로 덩치를 키우고 경영을 현대화하는데 우리만 우물 안 개구리 식 경영을 고집한다면 세계 의료시장 경쟁에서 자꾸만 밀려날 수밖에 없다.

그러니까 우리나라 의료산업 발전을 위해 꼭 필요한 영리병원 도입을 추진하되, 미국 등 선진국과 동남아 국가들의 영리병원 도입 성공 사례와 이 제도를 국내에 도입할 경우 발생할 수 있는 문제점들을 면밀하게 비교, 분석, 검토하는 절차가 반드시 선행돼야 한다. 그런 다음 일반 국민들이 병원을 이용하면서 의료비를 더 내고, 진료를 거부당하고, 부당한 의료 서비스 차별을 받는 등의 부작용이 전혀 발생하지 않는 한국형 영리병원 도입 방안을 만들어서 내놓아야 한다.

한국형 영리병원 도입 방안이 정해진 후에도 처음에는 시범사업 모델로 소수의 영리병원을 설립·운영하면서 관련 제도와 법안을 빈틈없이 보완하는 것이 필요하다. 그런 다음, 일정한 범위와 조건 하에서, 전국 어디서나 내외국인 모두 영리병원을 쉽게 설립할 수 있도록 함으로써 우리나라를 명실상부한 세계 최고 수준의 의료 선진국으로 만들어야 한다.

• 기술 진보의 산물인 원격진료 시스템, 더 이상 미루지 말자

미국, 독일, 일본 등 선진국 병원들은 물론 인도와 싱가포르, 태국 등 동남아 국가들까지 IT 기술을 이용한 내외국인 환자 원격진료 시스템을 도입하여 큰 시장을 형성하고 있는데 반해 우리나라는 의사·환자 간 원격진료를 법으로 금지하고 있어 IT 강국이면서도 원격진료를 상용화하지 못하고 있다.

보건복지부에서 2014년 4월 의사·환자 간 원격진료를 허용하는 의료법 개정안을 국회에 제출하였으나[47], 동네 의원 중심으로 고혈압·당뇨병 환자, 거동이 불편한 노인·장애인, 도서·벽지 주민 등 제한적인 경우에만 원격진료가 허용되는 '우물 안 개구리식' 제도개선 수준이다. 그나마 지금 국회 계류 중인 의료법 개정안도 진보정당과 의료계의 반대가 완강하여 국회통과를 기대할 수 없는 상황이다.

일본에서는 20여 년 전인 1997년에 이미 도서·벽지 주민들을 대상으로 원격진료를 허용했으며, 2015년부터는 전국으로 확대해서 시행하고 있다. 우리나라가 동북아의 일원으로써 제대로 된 대접을 받으며 살아가기 위해 일본은 우리가 반드시 뛰어넘어야 할 경쟁국이다. 그런데 우리나라가 이렇게 세계적인 추세와 동떨어진 갈라파고스적 규제로 인해 모든 면에서 일본과 중국에게 자꾸 뒤처지기만 한다면 동북아에서 우리의 처지는 갈수록 지금보다 못한 상태로 전락하게 될 것이다.

그렇다면 진보정당과 의료계에서 원격진료 시스템 도입을 반대하는 속마음은 무엇일까? 진보정당의 경우 경제적 약자인 중소병원의 권익을 보호한다는 명분이고, 중소병원으로서는 원격진료 시스템이 도입될 경우 대형병원으로의 환자 쏠림 현상이 가속화될 것이라는 우려 때문일 것이다.

그렇지만 이는 마치 18세기 당시 수공업자들이 산업혁명을 반대하는 것과 같은 논리일 뿐이다. 아무리 강한 권력을 가진 사람이라도 기술 진

---

47 19대 국회 임기 만료와 함께 폐기됐다가 2016년 6월에 재발의되었다.

보의 영향으로 진행되는 혁신의 물결을 막을 수는 없다. 따라서 정부는 국내 의료 산업에 기술 진보의 산물인 원격진료 시스템을 도입하고 활성화하는 정책을 절대로 포기해서는 안 된다. 아울러 원격진료 시스템 도입으로 인하여 중소병원들이 입게 될 피해를 최소화할 방안을 마련하는 데에도 노력을 아끼지 말아야 할 것이다. 국내 대형병원과 중소병원 간 역할 분담을 제도화하는 방안도 고려해 봐야 한다.

농업 현대화로 선진국 수준의 농업 경쟁력을 확보하자

우리나라는 농업 선진국에 비해 턱없이 작은 땅덩어리를 보유하고 있어 1인당 평균 경지 면적이 미국의 53분의 1, 프랑스의 26분의 1에 지나지 않는다. 이처럼 열악한 환경 속에서 우리는 미국, 프랑스 등 농업 선진국에 비해 크게 낙후된 농업 경쟁력 격차를 해소하지 못한 채 농산물 수입개방에 전전긍긍해왔다.

그런데 최근 들어 농업에 IT 기술을 접목한 첨단 농법이 개발되고 온실 등 특수 환경에서의 농작물 재배가 보편화되는 등 좁은 공간에서도 얼마든지 고수익을 올릴 수 있게 되었다. 드디어 농업 현대화 사업을 통해 우리나라가 농업 선진국으로 발돋움할 수 있는 길이 열리게 된 것이다.

• 농업 현대화 사업을 위해 기업체의 농업 참여가 절실하다

농업 현대화 사업의 요체는 크게 ①영농 규모의 확대, ②농업의 첨단 산업화, ③농축산물 유통 단계의 단축 등 세 가지로 요약할 수 있다. 그동안 정부에서는 '들녘경영체' 육성을 통해 영농 규모의 확대를 도모하고, 농업에 IT 기술을 접목하여 농업을 첨단 산업화하기 위한 사업을 지속적으로 추진하고 있지만, 농업 현대화 사업의 본격 추진으로 우리 농업을 선진국 수준으로 끌어올리기에는 미흡한 수준이다.

농업 현대화 사업을 보다 확실하게 본격적으로 추진하기 위해서는 농식품 관련 기업 또는 IT 기업 등을 본 사업에 끌어들임으로써 농업의 규모화 및 첨단 산업화가 쉬워지고 IoT, 빅데이터, 블록체인 기술 등을 이용해 농축산물 생산, 보관, 가공, 유통을 일괄적으로 처리할 수 있게 돼야 한다.

일본에서는 2009년 농지 규제 완화 이후 기업체의 농업 진출이 활발하게 이뤄져 1,700개가 넘는 기업들이 첨단 농업 기술을 이용하여 대규모 농장을 경영하면서 생산한 농산물을 자사 판매망을 통해 도시 소비자들에게 직접 판매하고 있다.

중국 또한 세계 최대 전자상거래 업체인 '알리바바그룹'을 비롯한 IT 기업들 중심으로 본격적인 농업 투자 바람이 불고 있다. 중국 2위 전자상거래 업체인 '징둥상청(京東商城)'은 장쑤성(江蘇省)에 380만제곱미터의 농지를 매입해 직접 벼농사를 지으면서 생산된 쌀을 자사 판매망을 통해 친환경 쌀 인증 마크를 붙여 판매하고 있다.

그런데 우리나라에서는 동부그룹이 2012년 말 경기도 화성시에 있는 간척지 15헥타르에 초대형 유리 온실을 짓고 수출용 토마토를 재배하려다 농민들의 반대에 부딪혀 사업이 백지화되는 등 기업체의 농업 참여가 실현되기 어려운 실정이다.

우리나라가 오랜 숙원인 선진국 수준의 농업경쟁력을 갖추기 위해서는 정부와 기업 그리고 농민 간 대타협을 통해 기업체의 농업 참여를 이끌어내는 것이 급선무다. 그리고 이를 위해 우리나라 농촌 지역을 각각 그 특성에 따라 지구 또는 단지(이하 지구) 등으로 세분화하고, 각 지구별로 기업체가 참여하는 농업 현대화 사업 프로젝트를 마련해야 한다. 예를 들어 벼, 잡곡, 채소, 과수 등 작목별로 특산 단지를 조성하고 기업체와 영농조합 그리고 농민들이 함께 참여하는 농업 현대화 사업을 추진하는 것이다.

정부는 각 지구별로 농업 현대화 사업 추진 내용과 사업이 성공적으로 추진될 경우 우리 농업의 미래상과 지역 농민들이 누리게 될 각종 혜택에 대하여 대 농민 홍보에도 많은 공을 들여야 한다. 그러고 나서 우선 기업체가 참여하는 농업 현대화 사업에 찬성하는 지구 가운데 몇 곳을 선정하여 시범 사업을 할 필요가 있다.

이곳에서 대규모 농장을 경영하는 기업체는 IoT, 빅데이터, 인공지능 기술을 이용한 첨단 농법으로 가격 및 품질 경쟁력이 있는 최상품의 농축산물을 생산하고, 농축산물 직거래를 통해 유통 차익을 최소화해야 한다. 또한, 기업체의 농축산물 생산 및 유통 시스템에 지역 농민들이 일정 부분 동참하여 함께 이익을 누리는 것은 물론, 회사 직원 또는 아웃소싱 멤버로 참여하여 소득을 올릴 수 있는 기회를 제공하도록 해야 한다.

이와 같은 시범 사업지구의 성공 사례를 통해 국내에서 기업체의 농업 진출이 활성화되고, 농업 진출 기업들과 기존의 농업회사 및 영농조합 법인들이 긴밀하게 연계하여 전국적으로 농업 현대화 사업망을 촘촘하게 엮어나가도록 해야 한다.

한편, 기업체의 영농 참여를 통해 국민 식생활 변화와 쌀 수입 개방으로 갈수록 재고가 늘어나는 쌀 생산을 줄이고, 대신 자급률이 부족한 잡곡 등 경제성이 높은 농작물 재배를 늘리는 것도 자연스럽게 이뤄질 수 있다. 우리나라에서 쌀과 잡곡(사료용 포함)을 망라한 곡물 자급률은 24퍼센트에 불과하고, 해마다 부족한 잡곡류를 수입하기 위해 20조 원 상당의 외화를 낭비하고 있는 실정이다.

영농 참여 기업은 농지(논)를 구입 또는 임차하여 잡곡은 물론 채소, 과수, 관상수, 화훼, 약초 등을 재배하거나 민물고기 양식장으로 사용함으로써 쌀 생산 감축과 농업 소득 증대라는 일석이조의 효과를 거둘 수 있다.

• 농업 경쟁력을 높이고 고부가가치 산업으로 육성해야 한다

우리나라는 지금까지 열악하고 영세한 농업 환경으로 인해 선진국 수준의 농업 경쟁력을 갖추는 것이 불가능한 것처럼 보였지만, 앞으로는 기업체가 참여하는 농업 현대화 사업을 통해 우리의 농업 경쟁력을 선진국 수준으로 높이는 것이 가능하게 되었다.

신규 농업진출 대기업과 기존의 중소 농업회사 그리고 영농조합 법인 간 유기적인 협력관계를 통해 농업의 규모화와 첨단 산업화 및 도시 소비자와의 농축산물 직거래가 이뤄짐으로써 우리 농축산물의 가격과 품질 경쟁력을 선진국 수준으로 높일 수 있게 된 것이다. 이렇게 해서 지금까지 농축산물 유통 구조의 왜곡 현상으로 인해 생산자는 제값을 못 받고 소비자는 턱없이 비싼 가격으로 농축산물을 구입할 수밖에 없는 난제(難題)도 자연스럽게 해소될 것이다.

한편 중국, 인도를 비롯한 전 세계 신흥국들의 지속적인 식량 등 농축산물 수요 증가, 농축산물을 이용한 다양한 가공식품 및 기호식품 개발로 사양 산업으로 취급되었던 농업이 신성장산업으로 주목받게 되었다. 이러한 추세에 발맞추어 농업과 BT·NT 기술 융·복합을 통해 농축산물을 재료로 고급 식품, 의약품, 바이오 에너지를 생산하고 관광농업을 활성화하는 등 농업을 고부가가치 산업으로 육성해야 한다.

국내에서 농업 현대화 사업 참여 기업을 많이 육성하고 글로벌 경쟁력까지 갖추게 함으로써 세계적인 농업 기업을 배출해 내는 것도 빼놓을 수 없이 중요한 일이다.

아울러 기업체의 농업 참여와 IoT, 빅데이터, 인공지능 기반의 첨단 산업화를 통해 대량의 일자리를 새롭게 창출함으로써 청년 실업률을 크게 낮추도록 해야 한다.

3

정치 개혁

대한민국 정치권 이대로는 안 된다

동서고금을 막론하고 국가 위기 국면에서 걸출한 정치 지도자가 이끄는 개혁의 성공적 추진으로 위기를 기회로 바꿔 강대국의 꿈을 이룩한 사례가 많다. 우리가 익히 알고 있는 유명한 사례만도 고대 진나라 상앙, 중국의 덩샤오핑, 영국의 대처, 독일의 슈뢰더·메르켈 등을 들 수 있다. 이렇게 한 나라의 개혁적인 정치 지도자 및 정치권의 출현은 그 나라의 운명이 크게 뒤바뀔 수 있는 원동력이 된다.

그렇지만 국가 위기 국면에서 개혁적인 걸출한 정치 지도자도 개혁 의지로 결집한 정치권의 모습도 찾아보기 어려운 우리나라 현실에서는 그저 꿈같은 얘기가 아닐 수 없다. 제2부에서 말했듯이 우리나라에서는 보수정당이 집권하든 진보정당이 집권하든 현 안보와 경제 위기를 극복하고 통일강국의 꿈을 향해 나아갈 수 있도록 제대로 된 국가 개혁을 추진하기 어렵다.

지금 우리 대한민국은 총체적 위기 상황에 직면해 있어 보통 국가들처럼 정부에서 취할 수 있는 선택지(選擇肢)가 여럿일 수 없다. 예를 들어 안보 위기에 대한 우리의 대책은 북한과 주변 강대국들에게 휘둘리지 않도록 강하고 빈틈없는 국방력을 갖추기 위해 노력해야 한다는 선택지가 있을 뿐이다. 앞에서 말했듯이 북한 비핵화 정책에 의존하여 전력 증강을 소홀히 하는 것은 추호도 용납할 수 없다.

따라서 전력증강을 차질 없이 추진하기 위해 국방비 예산을 증액해야 하고 반면에 복지 등 다른 분야의 예산을 그만큼 줄여야 한다. 국가 안보를 튼튼히 하고 오천만 국민의 생존권을 보장하기 위해서는 당분간 삶의 질을 어느 정도 낮출 수밖에 없다. 북한은 주민들이 굶주림으로 죽어 나가도록 내버려두면서까지 핵무기 등 비대칭 무기 개발을 강행하지 않았던가.

경제 위기 극복을 위한 선택지도 마찬가지다. 통상적인 경기 부양책이 전혀 먹혀들지 않는 상황에서 여러 선택지 가운데 한 가지를 고를 수 있는 상황이 아니다. 규제·노동시장 개혁, 강력한 구조조정, R&D 투자 확대 등 우리 모두의 피땀과 자제를 요구하는 각종 개혁 과제를 선택할 수밖에 없는 실정이다.

이런 상황에서 현 안보와 경제 위기 극복을 위해 각종 개혁 과제들을 주도적으로 추진해야 할 보수 야당은 지리멸렬한 상태에 있고, 현 집권 여당은 국가 위기 상황에는 아랑곳하지 않고 자당(自黨)의 정치이념인 경제민주화와 소득주도 성장에만 매달려 있는 실정이다.

지난 20대 총선에서 국민들은 여·야 극한 대결로 국회에서 아무 일도 이룰 수 없는 기존 정치 구도를 타파하고 신선한 새 바람을 일으켜보겠다는 궁여지책으로, 국회선진화법 하에서 캐스팅 보트를 쥔 제3당을 탄생시

컸다. 그렇지만 이렇게 해서 탄생된 제3당마저도 국가 및 국정 운영에 대한 비전 부족 등으로 국민의 기대에 부응하지 못한 채, 당 내분과 이념적 갈등으로 인한 이합집산(離合集散)만을 되풀이하고 있는 실정이다.

현 위기를 기회로 삼아 각종 개혁 과제 추진에 매진함으로써 통일 강국의 꿈을 실현할지, 그냥 이대로 주저앉아 미·중·일 등 강대국 틈바구니에서 동북아의 약소국으로 전락할지 중대한 갈림길에서 주도적인 역할을 해야 하는 대한민국 정치권, 이제는 정말 변해야 한다.

현 정부·여당은 국가적 상황에 맞게 정책 기조를 조정해야 한다

한 나라의 경제가 위기에 처해 강력한 성장 동력이 필요한 경우에는 앞에서 소개한 2000년대 초 슈뢰더 독일 전 총리의 개혁 사례처럼 진보 정당이 집권한 경우에도 분배보다는 성장 위주의 정책을 펴서 국가 경제를 살리는 것이 급선무다. 원래 한 나라의 국정을 원활하게 수행하기 위해서는 성장과 분배라는 두 바퀴에 의해 국정이 운행돼야 하지만, 지금 우리나라는 안보와 경제 위기로 국가 형세가 한쪽으로 심하게 기울어져 있다. 따라서 당분간 분배보다는 성장이라는 바퀴 쪽에 더 큰 비중을 둬야 할 것이다.

소득을 성장의 원천으로 보는 개념 대신 성장을 소득의 원천으로 삼자는 것이다. 다시 말해 규제 및 노동시장 개혁, 경제와 기업 구조개선 등 각종 개혁 과제 추진을 통해 경제 성장을 이루는 과정에서 늘어나는 재정 수입으로 각종 복지 재원을 충당하는 것이다.

그런데 현 정부에서는 '소득주도 성장'이라는 명분 하에 각종 무상복지 확대, 최저임금 인상, 공무원 및 공공기관 일자리 늘리기 등 예산이 많이 들어가면서 깊은 침체의 늪에 빠져 들어가는 경제를 살리기에는 지나치게 미온적인 정책들을 추진하고 있는 것 같다. 경제 전문가들에 따르면 이와 같은 소득주도 성장 정책이 가뜩이나 어려운 국내 기업 활동을 위축시켜 경제 위기를 더욱 악화시키는 결과를 초래할 수도 있다.

지금부터 현 정부와 집권 여당은 국가 위기 국면에서 성장 위주의 개혁 주체로 과감한 변신을 결행해야 한다. 이것은 진보 정당으로서의 정체성을 바꾸는 것이 아니다. 원래 진보 정당은 경제·사회적 양극화 해소를 위한 분배 위주의 정책을 내세우지만, 극심한 경제 위기 상황에서는 우선 성장 위주의 정책을 펴서 경제를 살리는 것이 결국에는 경제·사회적 약자들의 권익 증진에도 도움이 된다고 생각하여 잠시 성장 위주 정책으로 선회하는 것이다.

근본적으로 정치의 목적은 국가를 부강하게 하고 국민을 살찌게 하는 것이다. 진보니 보수니 하는 정치 이념과 정강·정책은 정치를 잘하기 위한 수단이지 그 자체가 목적이 될 수는 없다.

그 옛날 왕조시대에도 제한적으로나마 수술을 통해 불치병을 치유할 수 있는 경우가 있었지만, 왕실에서는 왕족의 몸에 칼을 댈 수 없다는 규칙 때문에 죽어가는 병자를 살릴 방법이 있음에도 내버려둘 수밖에 없는 어처구니없는 일이 발생할 수 있었다. 진보 정당이 집권할 경우 정치적 이념에 얽매어 성장 위주의 과감한 개혁 정책을 수행할 수 없다면 그 옛날 왕조시대의 딜레마에 빠지는 현상과 다를 것이 없다.

물론 민주주의 국가에서 국가 개혁을 성공적으로 추진하는 데 국민 통합은 반드시 필요한 요소이므로 보수의 가치인 성장 위주의 친(親)기업 정책과 진보의 가치인 경제민주화 정책이 함께 가는 통 큰 상생의 정치를 구현해야 한다. 다만, 현 안보와 경제 위기 극복을 위한 예산 확보를 위해 비교적 적은 예산으로 최대한의 지원 효과를 거둘 수 있게 보다 창조적인 복지정책을 시행하는 것이 필요할 것으로 보인다.

각종 빅데이터 자료를 이용하여 정부와 사회의 지원이 꼭 필요한 저소득층을 제대로 파악한 후 이들을 대상으로 정부, 자치단체, 공공기관, 사회복지단체, 종교단체, 기업체, 개인 등이 참여하는 민·관 합동의 복지 지원 시스템을 구축·운영하는 등 획기적인 발상의 전환이 필요한 때다.[48]

보수 야당은 보수의 가치를 구현하는 데 총력을 기울여야 한다

마거릿 대처 전 영국 총리는 야당인 보수당 당수로 취임한 1975년 2월부터 경제 위기 극복을 위한 개혁 로드맵을 철저하게 준비해 두었다가, 총리로 취임한 1979년 5월부터 당초 계획했던 각종 개혁 과제들을 착착 추진함으로써 영국 경제를 살려내었다. 우리나라처럼 5년 단임제 정부에서 임기 초 또는 임기 중에 국가 개혁 프로젝트를 입안해서 추진하는 것으로는 여러 가지 구조적 문제점으로 만신창이가 된 우리 경제를 살려내기 어렵다.

따라서 보수 야당은 지금부터 현 안보와 경제 위기를 극복할 수 있는

---

48 제3부 제4장 「대책 없이 늘어나는 복지예산을 구조조정 해야 한다」 참조.

국가 개혁 로드맵을 철저하게 준비해 두었다가 차기 대선에서 승리할 경우 새 정부 임기 초부터 본격적인 개혁 추진이 이뤄질 수 있도록 해야 한다. 그런데 노동시장·공기업 등 개혁, 서비스산업 발전 정책 등 경제위기 극복을 위해 시급히 추진해야 하지만 현 정부 정책 기조에서 제외된 개혁 과제들에 대하여는 보수 야당에서 지속적으로 국민 여론을 환기시켜 정부·여당을 압박하는 노력이 필요하다. 현 정부에서도 정책 추진의 필요성을 인정하고 있지만 지지 세력과 일부 정치권의 반대로 추진이 안 되고 있는 규제 개혁 과제에 대하여도 정부와 보수 야당이 연대하여 개혁 추진이 이뤄지도록 힘을 모아야 할 것이다.

그런데 지금 우리나라는 성장 위주의 보수와 분배 위주의 진보가 팽팽하게 양립한 상태에서 두 바퀴로 굴러가는 것이 아니라, 그중 보수의 상징인 한쪽 바퀴가 실종된 채 외바퀴로 굴러가는 모양새다. 현 보수 야당이 당장 시급한 각종 개혁과제 추진을 위해 정부·여당을 압박하기는 커녕 차기 정권을 창출하기 위해 당 체제를 정비하고 국민 지지도를 끌어올리는 것도 쉽지 않은 실정이다.

무엇보다 시급한 것은 대한민국 보수 야당이 제2부 제4장에서 말한 것처럼 새로운 모습으로 굴기하여 국정 운행의 한 쪽 수레바퀴로서 본래의 모습을 되찾아야 한다. 그리고 나서 현 경제위기 극복을 위한 각종 개혁 과제 추진 등 보수의 가치를 구현하는 데 총력을 기울여야 한다. 국민들이 보수의 가치를 이해하고 그 필요성에 공감할 수 있도록 대국민 홍보를 강화하고, 정부·여당이 현 경제위기 극복을 위해 시급한 각종 개혁 정책들을 최우선 국정 과제로 채택하도록 압력을 행사해야 한다.

이렇게 보수 야당이 침체된 경제를 살리기 위해 전력투구하는 모습을 보여줌으로써 국민들로부터 확고한 지지를 받아 21대 총선에서 압도적인 의석수를 확보한다면, 향후 2년간 보수의 가치인 각종 개혁 과제 중 일부를 추진할 수 있는 동력을 확보할 수도 있다. 나아가서 이는 차기 대선에서 승리할 수 있는 교두보가 될 수도 있다.

제3당은 구국(救國) 정당으로서의 길을 가야 한다

우리 국회는 소위 국회선진화법으로 인해 여·야 간 주요 쟁점이 되는 사항에 대하여는 재적의원 5분의 3 이상의 찬성이 있어야 통과될 수 있으며, 이 경우 제3당이 캐스팅 보트를 행사할 수 있다. 앞으로 미래 대한민국의 운명을 가름하는 중대 고비가 될 몇 년 동안 어쩌면 제3당이 우리나라의 운명을 좌우할 수도 있는 매우 중요한 위치에 서게 된 것이다.

이런 상황에서 제3당이 자중지란에 빠져 유명무실한 존재로 전락하거나 여당과 제1야당 사이를 왔다 갔다 하면서 어중간한 태도를 보인다면 우리는 제3당에 대한 기대를 접어야 할지도 모른다. 그 대신 제3당이 2000년대 초 위기에 처한 독일 경제를 살려낸 사민당과 기민당처럼 정치적 이념과 대중적 인기를 초월한 개혁 정책을 표방하는 정당으로 자리매김한다면 우리는 정치권에 대한 희망의 불씨를 지펴도 좋을 것이다.

지렛대는 작은 힘으로 무거운 물체를 들어 올리는 기구인데, 받침점과 작용점 사이의 거리보다 받침점과 힘점 사이의 거리가 멀어야 무거운 것을 쉽게 들어 올릴 수 있다.[49]

---

49 작용점은 무거운 물체를 올려놓은 자리, 힘점은 힘을 가하는 자리를 말한다.

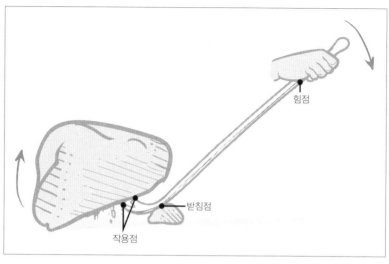

힘점

작용점

받침점

[그림 3]

　이와 마찬가지로 덩치가 작은 제3당이 덩치가 큰 상대 당과 국민의 마음을 다 함께 움직이기 위해서는 상대 당보다 더 긴 안목을 가지고 장기적인 비전을 제시할 수 있어야 한다. 그때그때 얄팍한 당리당략에 치우쳐 여당과 제1야당 사이를 왔다 갔다 할 경우 일시적으로 상대 당을 움직일 수는 있지만 국민의 마음을 얻을 수는 없다.

　앞으로 제3당은 여·야 간 극한 대치 상황을 극복하고 국정 수행의 근간이 되는 각종 법안을 올바르고 신속하게 처리하도록 한 국민의 여망에 부응하여, 정치적 이념과 실리보다는 오로지 국가 안위와 발전을 먼저 생각하는 구국 정당으로서의 길을 가야 한다.

국회 국정 감시 활동이 보다 효율적으로 행해져야 한다

TV를 통해 국회에서 국정조사 또는 대정부 질문이 진행되는 모습을 보면 일종의 갑갑증을 느낄 때가 많다. 답변 내용이 정부 정책 추진의 잘잘못을 명료하게 판단할 수 없도록 어물어물 넘어가는 경우가 많은데 질문 제한 시간에 쫓겨 문제점에 대한 결론도 내지 못하고 끝나는 경우가 많기 때문이다.

어떤 때는 답변을 듣기 위한 질문인지 단순히 질문을 위한 질문인지 아리송할 때도 있다. 정부 각 부처에서는 장관 이하 공무원들이 다른 중요한 정책 사안들을 뒤로 한 채 온갖 정성을 들여 국회 답변 자료를 만들고 준비하였지만, 막상 국회에 가서는 몇 마디 호통과 질책을 듣는 것으로 그만인 경우가 대부분인 것 같다.

우리나라에서 장관 이하 공직자들의 국회 출석·답변으로 인한 행정 낭비 실태는 매우 심각한 수준이다. 대부분의 정부 부처가 서울에서 왕복 4시간 이상이 걸리는 세종시에 자리 잡고 있는 데다 국회 대기시간 등을 고려하면, 불과 10~30분 정도의 질문·답변을 위해 장관 이하 수십 명의 공직자들이 온종일을 허비하는 경우가 다반사이다.

세종청사 내 정부 각 부처에서 소위 '무두절(無頭節)'[50]이 너무 자주 돌아와 근무 기강이 해이해지는 현상까지 나타나고 있다고 한다. 그나마 그 짧은 질문·답변으로 국정 수행에 얼마나 도움이 되었을까 생각해 본다면 더욱더 기가 막힐 일이다.

국회의 국정조사 또는 대정부 질문·답변이 내실 있게 효율적으로 운영되기 위해서는 소관 상임위에서 해당 부처에 서면으로 질문서를 보내

---

50 '상사 부재로 편안하게 하루를 보낼 수 있는 날'이라는 의미의 신조어.

답변을 받아보는 절차가 선행돼야 한다. 즉, 서면 질문·답변을 통해 문제점을 또렷이 부각하게 한 후 주요 쟁점이 되는 사항에 대해서만 국회에서 집중적으로 대정부 질문을 실시하는 것이다. 출석 대상도 쟁점 사안과 직접 관련이 있는 장·차관 또는 국장 이하 실무자에 한하도록 구체적으로 명시함으로써 국정 또는 업무 공백을 최소화하도록 해야 할 것이다.

대신 정부 측의 답변 내용이 시원치 않을 때는 제한시간 없이 끝장토론을 해서라도 정부의 정책 실패에 대한 책임을 확실하게 규명해야 한다. 정확한 실체 규명을 위해 직접 조사가 필요한 경우, 서면 질문서 발부 전후에 국회의원 또는 보좌관이 관련 부처와 산하기관을 방문하여 구체적인 업무 내용을 파악하고 관련 자료를 직접 제출받을 수도 있어야 할 것이다.

국회의 대정부 질문 등 국정 감시 활동은 정부의 국정 수행에 대한 잘잘못을 따져 그 효율성을 확보하기 위한 것이다. 총리와 장관들에게 질책만 하고 실제로 국정 수행의 효율성 증대에 별 도움을 주지 못한다면 국회 국정 감시권 행사의 필요성에 의문이 제기될 수밖에 없다.

4

정부와 공직사회 개혁

강하고 효율적인 정부를 만들어야 한다

지금 우리나라는 안보와 경제 분야에서 동시에 위기를 맞고 있다. 따라서 우리 정부는 100만 대군을 지휘·통솔하는 총사령부답게 정신을 바짝 차리고 국난 극복을 위한 전략 수립에 전력을 기울여야 하며, 엄한 군율과 귀신같은 용병술로 100만 공직자들이 각자의 능력을 최고도로 발휘하여 용전분투하도록 해야 한다.

정부 수뇌부에 걸출한 인재를 등용하고 그들이 위기 극복을 위한 각종 개혁 과제들을 소신껏 입안하여 역동적으로 추진할 수 있도록 힘을 실어줘야 한다. 우리 대한민국 정부를 1980년대 영국과 2000년대 독일처럼 강하고 효율적인 정부로 만들어 우리 경제를 침체의 늪에서 건져내 다시 성장 가도에 올려놓고 통일 강국이라는 목표를 향해 힘찬 항해를 계속하도록 해야 한다.

251

• 정부 수뇌부에 누구를 앉힐 것인가

조선 시대 선조 임금이 임진왜란 발발 1년 전에 류성룡 등의 추천을 받아 이순신을 전라좌수사로 발탁해 앉힌 것은 결과적으로 누란의 위기에 처한 국난을 극복하게 한 구국의 결단이었다. 반면에 중국 전국시대 조(趙)나라의 효성왕은 진(秦)나라와의 장평(長平) 전투에서 병법에는 밝지만 실전 수행 능력이 부족한 조괄(趙括)을 대장군으로 임명했다가 진나라에 대패한 것은 물론 조나라 40만 대군이 생매장되는 대재앙을 겪게 되었다.

이처럼 한 나라의 정부 또는 군 수뇌부에 누구를 앉히느냐에 따라 나라의 운명이 크게 갈라질 수 있다. 강한 장수에게는 약졸이 없는 법이다. 각각의 정부 수뇌부에 누구를 앉히느냐에 따라 100만 공직자들의 공직 수행 역량도 크게 달라질 수 있다.

그런데 최근 들어 총리 또는 각 부처 장관을 임명하는 일이 하늘의 별을 따는 것만큼 어려워진 것처럼 보인다. 차기 대통령이 되겠다는 사람들을 비롯하여 국내에 인재가 넘쳐나는 것처럼 보이는데도 막상 누군가를 총리나 장관으로 임명하려고 하면 의외로 적합한 인재를 찾기가 어려운 것이다.

그리고 이렇게 된 데는 특별한 경우를 제외하고는 낙타가 바늘구멍을 통과하는 것만큼이나 어려운 인사청문회가 그 원인을 제공했다고 볼 수 있다. 국회에서 개최되는 인사청문회는 국정을 가장 효율적으로 이끌어 갈 수 있는 총리나 장관감을 고르는 데 있다기보다 후보자의 지난 행적을 모조리 파헤쳐 결정적인 결점을 찾아내는 데 주력하는 것처럼 보인다.

예나 지금이나 아무리 능력이 출중하고 충성심이 강한 사람이라도 한

두 가지의 결점은 있게 마련이다. 문제는 그 사람이 지니고 있는 능력과 경륜으로 그 사람에게 맡기고자 하는 직무를 제대로 수행할 수 있느냐 하는 것이다. 아무리 병법이 뛰어나고 도덕적으로 완전무결한 장군이라 해도 앞에서 예를 든 '조괄'처럼 병법을 실제 전투에 응용할 줄 모르는 사람을 대장군으로 임명했다가는 국가에 커다란 재앙을 가져올 뿐이다.

그러므로 현 위기 극복을 위해 걸출한 인재 충원이 절실한 점을 고려해서 인사청문회의 중점을 공직 후보자가 국정을 효율적으로 이끌어갈 수 있는 역량과 경륜을 충분히 갖추었는지 아닌지에 두어야 한다. 청문 결과 뛰어난 역량과 경륜이 입증되었으나 전력(前歷) 조회 결과 약간의 비행(非行) 또는 결점이 드러난 경우에는 그것이 그에게 맡기고자 하는 직무 수행에 미칠 영향을 심사숙고하여 임용 여부를 결정하도록 해야 한다.

예를 들어 공직 후보자의 비행 또는 결점이 해당 분야의 국정 수행에 지장을 초래할 만큼 심각하거나, 도덕성 수준이 우리나라 고위 공직자 평균보다 미달되는 경우에는 당연히 임용 불가 결정을 내려야 할 것이다. 그렇지 않은 비행 또는 결점에 대하여는 국민들이 이해할 수 있는 수준으로 그에 합당한 조치를 내린 후, 앞으로 국정 수행 과정에서 과거의 잘못을 수백 배 능가하는 업적으로 보상할 수 있게 기회를 주어야 한다.

지금 우리나라 국회의 인사청문회 방식을 보면 신상 털기 방식의 지루한 공방이 반복되다가 뚜렷한 기준도 없이 그때그때 상황에 따라 통과 여부가 결정되는 것처럼 보인다. 또 현직 국회의원이 공직 후보자가 될 경우 대부분 무난하게 인사청문회를 통과하는 것이 관례가 되고 있는 실정이다.

이로 인해 정부에서는 공직 후보자를 고를 때 국정 수행 능력과 정책 소신 등 자질 쪽에 중점을 두는 것이 아니라, 인사청문회를 무난히 통과할 수 있는 사람 또는 현직 국회의원 위주로 치우치는 경향이 있는 것 같다. 이렇게 해서는 현 위기 극복을 위한 각종 개혁 과제들을 지혜롭고 담대하게 추진할 수 있는 걸출한 인물을 발탁하기 어렵다.

그러므로 차제에 공직 후보자의 인사청문회 심사 기준을 확실하게 정하는 것이 좋을 것 같다. 먼저, 공직 후보자가 해당 분야 국정 과제들을 탁월하게 수행할 수 있는 능력과 개혁 의지를 가지고 있는지 여부에 대하여 정해진 심사 항목별로 철저한 검증이 이뤄져야 한다.

다음으로, 공직 후보자의 각종 위반 행위에 대한 점수 합산 결과를 가지고 도덕성 검증 통과 여부를 결정하는 것이다. 예를 들어 어떤 후보자가 위장전입, 음주운전, 부동산 투기, 세금 탈루 등 위반행위로 합계 30점 이상을 받았을 경우에는 탈락하는 식이다. 여기서 각 위반행위별 배점 기준은 해당 분야 고위 공직자로서의 부적격 정도와 우리나라 고위 공직자들의 도덕성 평균치 등을 감안해서 합리적으로 정해야 한다.

이렇게 해서 공직 후보자가 현직 국회의원이든 아니든 똑같은 기준을 적용받도록 하고, 약간의 위반 행위가 있다고 해서 공직 수행 능력이 뛰어난 인재를 놓치는 일도 없어야 할 것이다.

• 정부 수뇌부의 역할 및 권한을 강화해야 한다

정부 수뇌부에 걸출한 인물을 앉히는 것 못지않게 중요한 것은 그들이 장기적인 안목으로 소관 분야의 국정을 쇄신하고 각종 개혁 과제들을 소신껏 역동적으로 추진할 수 있는 권한과 기회를 충분히 부여하는 일이다.

먼저, 총리와 장관 등 정부 수뇌들이 소관 분야의 장·단기 개혁 과제들을 구상하고 주요 정책 과제 추진을 진두지휘하여 성공적으로 마무리 지을 수 있도록 충분한 재임 기간을 보장해 주어야 한다.

우리나라에서는 정부에 대한 국민 지지도 저하 또는 무슨 큰일이 생길 때마다 총리 또는 장관을 교체하는 일이 너무 자주 일어나 역대 장관들의 평균 재임 기간이 14개월에 지나지 않는 실정이다. 미국의 오바마 행정부 1기(2009년 1월~2013년 1월)에서 장관 15명 중 13명(87퍼센트)이 대통령의 임기 4년 동안 자리를 유지한 것과 대조적이다. 그나마 잦은 교체 시기마다 후보자를 내정하고 인사청문회를 거치는 과정에서 총리와 장관 자리를 장기간 비우게 되는 일이 자주 발생하곤 한다.

다음으로, 총리와 장관들이 소관 부처의 각종 국정 현안과 개혁 과제들을 소신껏 입안해서 추진하고 그 결과에 책임지는 책임총리 및 책임장관제를 시행해야 한다. 대통령의 국정 철학이 담긴 큰 그림만 내려주고 나머지는 총리와 장관들이 알아서 집행하도록 맡겨 둠으로써, 대통령은 더 큰 국정 철학과 국제정치적 이슈 그리고 새로운 개혁 과제 구상에 집중하면서 국정 전반에 걸친 큰 흐름을 조절할 수 있게 될 것이다.

아울러 총리와 장관들도 더욱 창의적, 적극적인 자세로 소관 국정 과제 추진에 전력을 기울임으로써 국정의 효율성과 소속 공무원들에 대한 지휘·감독 기능 또한 크게 향상될 것이다.

• 탁월한 정책 추진 사례가 국정 전 분야로 확산돼야 한다

정부 수뇌부 등에 걸출한 인재를 앉힌 결과 이들이 국정 쇄신과 국가 경쟁력 향상에 탁월한 성과를 이뤄낼 경우에는 이와 같은 사례가 국정 전 분야로 확산되도록 정치권과 정부에서 강력한 통치력과 지도력을 발휘해야 한다.

임진왜란 발발 1년 전인 1591년 3월에 조선 조정에서는 당시 종6품 벼슬인 정읍 현감 이순신을 정3품인 전라좌수사로 임명했다. 한꺼번에 7품계를 올려준 실로 파격적인 인사였다. 그렇지만 이순신 장군은 조정의 파격적인 임용을 훨씬 뛰어넘는, 전설처럼 신비롭기까지 한, 탁월한 전과를 지속적으로 이뤄냈다.

임란 1년 전, 조정 대신들은 당파싸움과 제 뱃속 채우기에만 급급하고, 국방을 책임져야 할 장군들 또한 아무 생각 없이 세월만 축내고 있을 때, 이순신 장군 홀로 다가올 전란에 대비하여 군선(軍船)을 건조 또는 보수하고, 조수와 물길을 살피고, 각종 전략을 개발하는 데 여념이 없었다.

이때 만약 조정에서 이순신 장군이 전란에 대비하여 용의주도하게 대처하는 모습을 눈여겨보고 일선 부대 장군들이 모두 따라 하도록 조치했다면, 임란 초기에 그리 쉽게 부산진성과 동래성이 무너지면서 왜군들이 파죽지세로 북상해 오지는 못했을 것이다.

각종 이기주의와 무사안일 풍조를 타파해야 한다

지금 우리에게 닥친 여러 위기 상황들을 잘 헤쳐나가기 위해서는 개혁적이고 걸출한 정부 수뇌부를 중심으로 이 나라의 100만 공직자들이 창의적, 능동적, 적극적인 자세를 유지하면서 각종 국정 과제 수행에 매진해야 한다.

그리고 이를 위해 이들 공직자들이 몸담은 공직사회 또한 대승적, 진취적, 역동적인 모습으로 거듭나야 한다. 이 나라의 100만 공직자들이 잘 갖춰진 정부와 공직 시스템 하에서 자신들의 능력과 열정을 최고도로 발휘함으로써 현 위기를 기회로 삼아 통일 강국의 꿈이 반드시 이뤄지도록 해야 한다.

• 각종 이기주의와 편의주의를 완전히 타파하자

정부 각 부처와 모든 공직자들이 힘을 합쳐 여러 국가적 난제들을 풀어나가는 데 장애가 되는 각종 이기주의와 편의주의를 완전히 타파하려면 어떻게 해야 할까? 그것은 모든 공직자들이 자신이 맡은 업무의 최상위 정책에 해당하는 국정 목표를 확실하게 이해하고, 마음에 새기고, 그 목표에 부합하는 방향으로 모든 업무를 수행하는 것이다.

일반적으로 전체적인 흐름을 파악하지 못하고 근시안적인 사고를 가진 사람을 가리켜 "나무만 보고 숲은 보지 못한다"고 한다. 우리나라 공직자들이 수행하는 모든 업무는 정부에서 설정한 국정 목표에 속해 있는 한 그루의 '나무'에 해당한다. 그런데 우리 공직자들이 자신이 수행하는 업무의 '숲'에 해당하는 국정 목표를 염두에 두지 않고 주어진 업무에만 집착할 경우 자칫 소탐대실의 우를 범하게 될 수 있다.

예를 들어 어느 공직자가 벤처기업 지원 업무를 수행하면서 언젠가 대박을 터뜨릴 수 있는 창조적 아이디어와 기술력을 보유한 기업을 단지 대출 기준에 미달된다는 이유로 지원 대상에서 탈락시켰다면 결과적으로 국가 경제에 큰 손실을 줄 수 있다. 벤처기업 지원 업무가 속한 최상위 정책의 의미를 제대로 이해하지 못하고 불합리한 규정에 스스로 얽매어 국가 경제 발전에 이바지할 좋은 기회를 날려 버리는 셈이다.

따라서 공직자 업무 수행의 준거가 되는 각종 예규, 훈령, 지침 등을 관련 국정 목표에 부합하는 방향으로 개정·보완하고, 공직자들이 각종 업무를 수행할 때 상위 정책인 국정 목표를 항상 마음에 새기고 그 취지에 부합하는 일 처리가 이뤄지도록 해야 한다. 이를 위해 공직자 근무 평정 시 '국정 목표에 부합하는 일 처리 수준'에 대한 평가 항목을 신설하는 것도 필요할 것으로 보인다.

• 공직자들이 무사안일 행태에서 벗어나야 한다

우리 공직사회에 무사안일이 만연하게 된 이유는 무엇일까? 아마도 그것은 우리 공직사회 특유의 온정주의 그리고 열심히 일하는 사람과 그렇지 않은 사람에 대한 상·벌이 분명하지 못한 데 있지 않을까 하는 생각이 든다.

우리 공직사회의 경우 포상 기준이 모호하고 어떤 경우에는 남발되는 경향이 있다. 근무 성적과 관계없이 인사권자의 마음에 드는 사람 중에서 부서별로 각종 포상을 적당히 분배하여 시행하는 것이 일반적인 경향이다. 승진 임용의 경우에도 직무수행 능력보다는 연공서열이나 인사권자와의 친소(親疎) 관계가 우선시되는 인사 관행이 일반화되어 있다. 게다가 적당히 윗사람의 비위를 맞추면서 규정에 어긋나는 일은 하지 않지만 주어진 업무를 매우 소극적으로 처리하는 등 무사안일한 사람은 전혀 처벌을 받지 아니한다.

우선, 공직자 포상 및 승진 기준과 요건을 확실하게 정해야 한다. 그러고 나서 남다른 창의력과 노력으로 맡은 분야에서 뛰어난 업적을 이뤄낸 공직자를 적극적으로 발굴하여 포상 또는 승진 임용하고, 특히 탁월한 업무 처리 능력과 리더십을 갖춘 공직자에 대한 특별승진 제도를 확대 시행하는 것이다.

한편, 정부와 감사원에서는 각종 규정 위배자 뿐 아니라 주어진 업무를 매우 소극적으로 처리하거나, 정부의 개혁 정책에 반하는 태도를 유지하거나, 업무 실적이 일정 기준에 미달되는 등 무사안일 공직자에 대한 징계 및 퇴출 규정을 마련하여 확실하게 시행해야 한다.

이를 위해 정부는 모든 공직자의 업무 실적을 객관적으로 공정하게 평가할 수 있는 계량적 평가 기준을 만들어 따로 운용할 필요가 있다. 예를 들어 어느 규제 개혁 담당 공무원에게 평정 기간 100건의 규제를 완화 또는 철폐하는 과제를 주었는데 그중 20건은 100퍼센트, 40건은 50퍼센트 정도의 성취도를 달성했다면, 해당 과제에 대하여 10점 만점에 4점을 부여하는 방식으로 평가가 이뤄져야 한다.

감사원은 공직자 무사안일 행위에 대한 감사 대상, 범위, 방법 및 징계양정 기준 등을 정해 각급 감사기관에 통보함과 동시에 각종 감사 시 공직자 무사안일 점검을 의무화해야 한다.

국가 안보와 경제를 해치는 공직 비리를 뿌리 뽑아야 한다

박정희 전 대통령이 시해된 10·26사태 이후 이 나라 권력 실세로 등장한 신군부에서는 1980년 7월 초부터 사회정화 차원의 대규모 공무원 숙정을 단행했다. 이때 있었던 참으로 어처구니없는 이야기 하나를 소개하고자 한다. 당시에는 신군부에서 숙정 대상 공무원을 각 기관별로 할당하는 방식으로 일을 처리하고 있었다.

이때 어느 지방 소재 국가기관에 4명의 숙정 대상 공무원이 배정되었는데, 마침 이 기관에는 상습적으로 금품을 수수하고 각종 이권을 챙기는 것으로 명성이 높은 직원 4명이 있었다고 한다. 따라서 이 기관 소속 전 직원들이 "숙정 대상자는 바로 이 사람들이 될 것"이라고 믿어 의심치 않았다. 당사자인 직원들도 "드디어 올 것이 왔다"고 생각하면서 모든 것을 체념한 상태였다고 한다.

그런데 얼마 후 숙정 대상 공무원이 발표되었는데 결과가 너무도 뜻밖이었다. 당연히 숙정 대상에 포함되리라고 생각했던 4명은 멀쩡하게 살아남았고, 평소에 병가를 많이 냈거나 민원인과 다툰 일로 '주의' 처분을 받은 직원 등 4명이 숙정 대상으로 발표되었던 것이다. 사실 이 기관에는 비리 또는 업무 부당 처리 등으로 징계처분을 받은 직원이 없었다고 한다. 그래서 주의 처분을 받았거나 병가를 많이 낸 직원들이 숙정 대상에 포함된 것으로 보였다. 당시에는 전국 각 기관에서 이와 유사한 사례들이 많았다.

공직 비리와 관련해서 이렇게 해묵은 이야기를 끄집어낸 이유는 우리 공직사회에는 아직도 여전히 위 사례처럼 불합리한 일들이 끊임없이 발생하고 있기 때문이다.

• 공직자 비리 조사의 한계: 대도(大盜)는 쉽게 잡히지 않는다

필자는 국가 사정기관의 한 축인 감사원에서 28년을 근무하면서 일정 기간씩 비리 공직자에 대한 조사 업무를 수행하곤 하였다. 그런데 공직을 떠난 지 10년이 지난 지금까지도 매우 불만족스럽고 어쩌면 부끄럽기까지 한 것은, 비리 공직자 조사 업무를 수행하면서 정말 질이 나쁜 비리 공직자는 놔두고 비교적 경미한 비리를 저지른 공직자를 적발해서 처벌을 받게 한 경우가 많았다는 사실이다.

상습적인 거물급 비리 공직자일수록 교묘하게 비리의 흔적을 남기지 않고 또 완강하게 버팀으로써 무혐의로 풀려나게 되는 반면, 아마추어 수준의 사소한 비리를 저지른 공직자일수록 혐의가 쉽게 드러나 처벌을 받게 되는 경우가 허다하다.

우리나라에서는 정치인을 비롯한 고위 공직자들의 뇌물수수 등 각종 비리 혐의가 드러나 세상을 떠들썩하게 만들다가 용두사미처럼 흐지부지되는 일들이 주기적으로 발생하곤 한다. 이들 비리 공직자들은 대부분 특정인으로부터 거액의 돈을 현금으로 은밀하게 받기 때문에 흔적이 남지 않고, 검찰에 불려갈 경우에도 혐의를 완강하게 부인하기 때문에 법원에서 무죄로 풀려나오곤 하는 악순환이 되풀이되는 것이다.

그리고 이처럼 공직자와 특정인 간 뇌물 수수가 이뤄지면서 그 대가로 입법 로비, 부실 공사, 부정 납품, 인사 특혜 등 각종 비리가 자행됨으로써 국가 안보와 경제를 해치고 사회 정의를 훼손하기도 한다.

국가 사정 활동은 이와 같이 국가 안보와 경제를 해치고 사회 정의를 훼손하면서 은밀하게 이뤄지는 뇌물 수수 등 공직자 비리 행위를 척결하는 데 최우선적으로 중점이 두어져야 한다. 다시 말해서 아마추어 수준의 사소한 비리를 저질은 공직자를 적발하는 것보다 상습적인 거물급 비리 공직자를 적발하는 데 훨씬 더 비중을 두고 사정 활동을 전개해야 한다. 상대적으로 무거운 비리를 저지른 공직자는 살아남고 가벼운 비리를 저지른 공직자들만 줄줄이 처벌을 받게 된다면 이 땅에 정의가 살아있다고 계속해서 말하기 어려울 것이다.

그렇다면 국가 안보와 경제에 커다란 해악을 끼치면서 교묘하게 요리조리 빠져나가는 거물급 비리 공직자들을 남김없이 잡아들일 수 있는 방법은 무엇일까? 결론부터 간단히 말하자면 그것은 ①비리 공직자들의 현금 수수를 차단할 수 있는 방안을 강구하고, ②사정기관들의 공직비리 관련 정보 수집 기능을 강화하고, ③사정기관 간 협조체제를 강화하는 방안 등을 생각해볼 수 있겠다.

• 제4차 산업혁명, 공직비리 척결에도 획기적인 전환점 될까

중국은 제4차 산업혁명 시대에 즈음한 신기술 개발에서 우리나라를 계속 앞질러가고 있다. 지금 중국인들은 일상생활에서 현금이 필요 없는 시대를 살아가고 있는 것 같다. 크고 작은 모든 결제를 손에 들고 있는 휴대폰으로 간단하게 처리한다.

우리도 더 이상 중국보다 제4차 산업혁명 대열에서 뒤처지지 않으려면 모든 결제를 현금 대신 휴대폰으로 처리하는 것으로 하루속히 생활 패턴을 바꿔야 한다. 이렇게 되면 우리네 일상생활에서 현금은 자연스럽게 불필요한 존재로 인식될 수밖에 없을 것이다.

1993년 당시 김영삼 정부에서는 금융거래의 투명성 확보를 위해 금융실명제를 도입하였다. 이후 금융 실명제는 국내에서 금융 거래를 통한 검은돈의 유통을 차단하는 등 경제 정의의 실현에 어느 정도 기여했다는 평가를 받고 있다. 그렇지만 금융 거래가 아닌 은밀하게 현금을 주고받는 데서 비롯되는 각종 비리 행위는 여전히 이 나라 경제와 사회 정의를 해치는 주범으로서 그 뿌리가 뽑히지 않고 있다.

지금 우리에게 반드시 필요한 각종 개혁 과제들을 성공적으로 추진하기 위해서는 그 무엇보다 우리 정치권과 공직사회에 만연한 각종 비리를 척결하는 일이 최우선적으로 선결돼야 한다. 그렇다면 우리 안보와 경제를 해치고 국가 개혁 추진에도 걸림돌이 되는 공직비리를 척결하기 위해 이제는 '금융 실명제'에 이어 '현금 실명제'를 도입하는 방안을 생각해볼 수도 있지 않을까?

우리의 일상생활에서 현금이 전혀 필요 없게 되면 현금은 단지 법인 또는 개인이 보유하는 동산(動産)으로서의 기능만을 갖게 될 것이므로, 일정한 조건과 범위 내에서 특정 법인 또는 개인의 현금 보유 및 입출금 내역을 실사하는 것이 가능할 수도 있다. 즉, 공직자윤리법에서 지정하는 공직자 등의 현금 보유 및 입출금 현황을 실사함으로써 현금으로 은밀하게 거래되는 뇌물수수 행위 등을 적발할 수 있는 길이 열리게 되는 것이다.

물론 처음부터 쉽게 이뤄질 수 있는 일은 아니지만 어느 정도의 시행착오를 거치면서 차츰 공직비리 방지 시스템으로 정착할 수 있게 될 것이다. 이를 위해 조폐공사에서 신권을 발행할 때 칩을 부착하여 필요할 때 현금 유통 경로를 추적할 수 있게 하는 등의 조치가 필요할 수도 있다.

• 공직비리 관련 정보 수집 기능을 강화해야 한다

공직비리와 관련된 각종 정보는 당사자의 투서 또는 제보와 각 사정기관의 공식 또는 비공식 첩보 활동을 통해 수집된다. 비리 공직자에게 직접 현금을 건넨 당사자는 은밀한 거래 내용을 아주 상세하게 알고 있으므로, 이런 사람이 심경 변화를 일으켜 사정기관에 투서 또는 제보를 할 경우에는 해당 비리를 파헤칠 수 있는 실마리가 제공되는 셈이다.

당사자의 투서나 제보가 없는 경우에도 사정기관의 조사관 또는 정보수집관이 각종 점조직을 통해 관련 당사자들에게 접근하거나 특수 요

263

원을 비리가 진행되는 현장에 침투시키는 등의 방법을 동원하여 비리 내용을 탐지해낼 수도 있다.

상습적이면서 은밀하게 현금 거래로 이뤄지는 뇌물 수수 등 비리 행위를 일반적인 사정 활동을 통해 적발하는 것은 불가능에 가까운 일이다. 그렇지만 당사자의 투서 또는 제보가 있거나 비리 내용에 대한 구체적인 정보가 입수된 경우에는, 무엇보다 누구를 조사할지 대상자가 확정되고 조사 내용과 방법도 어느 정도 파악할 수 있으므로, 당해 사건 조사가 반은 성공한 것이나 다름없다.

그런데 우리나라에서는 각 사정기관 간 공직비리 정보의 수요와 공급이 심한 불균형을 이루고 있어 상습적이고 은밀하게 진행되는 구조적·고질적인 공직비리 척결이 어려운 실정이다. 다시 말해서 어떤 사정기관에서는 수많은 공직비리 관련 정보를 캐비닛에 꽁꽁 숨겨두고 있으면서 실제 활용도는 미미한 실정이며, 어떤 사정기관에서는 공직비리 조사 인력과 노하우를 충분히 보유하고 있음에도 관련 정보가 턱없이 부족하여 '장님 코끼리 만지기' 식의 비능률적인 조사 활동을 벌이고 있는 것이다.

따라서 사정기관 간 정보 공유 및 상호 지원은 물론 각종 공직비리를 각 사정기관들이 분담 또는 합동조사 등의 방법으로 처리할 수 있게 사정기관 간 협조체제를 구축하는 것이 필요할 것으로 보인다.

• 사정기관 간 협조체제를 강화해야 한다

우리나라에서 국가 사정기관이라고 하면 감사원, 국무총리실, 국민권익위원회, 검찰청, 경찰청 등이 있다. 이들 사정기관에서는 저마다 고유 업무의 한 분야로서 공직비리 조사 업무를 수행하고 있지만, 정부 차원의 큰 흐름 없이 제각각 뿔뿔이 흩어져서 조사 업무를 수행하다 보니,

보다 큰 사정기관으로서의 위력을 보여주지 못하고 있는 것 같다. 만약에 이들 사정기관들이 국가 사정 총사령부를 중심으로 결집하여 이 땅의 비리 공직자들에 대한 집중포화를 퍼붓는다면 저들이 과연 얼마나 버텨낼 수 있을까?

그동안 정부의 지속적인 공직부패 척결 의지에도 불구하고 여전히 극성을 부리면서 국가 안보와 경제 발전을 저해하는 공직 비리를 뿌리 뽑기 위해서는 사정기관 간 벽부터 당장 허물어야 한다. 이를 위해 국내 사정기관들의 공직 비리 조사 업무를 총괄하고 사정기관 간 협조를 이끌어낼 수 있게 상설기구로서 사정기관 협의체(이하 협의체)[51]를 두는 것이 좋을 것 같다.

각 사정기관에서는 협의체의 총괄·기획 하에 체계적이고 유기적인 정보 수집 활동을 벌임과 동시에, 사정기관 간 정보 공유 및 상호 지원을 통해 각 사정기관들이 관련 정보를 충분히 활용함으로써 은밀하게 진행되는 각종 구조적·고질적인 비리들을 남김없이 척결하도록 해야 한다.

아울러 협의체를 통해 공직사회 내부에 늘 존재하는 각종 공직 비리의 유형과 행태 등 정확한 실태를 남김없이 파악한 후, 각종 비리의 유형·규모 등에 따라 즉시 처리 또는 중·장기 과제로 구분하고, 사정기관별 분담 또는 합동조사 등의 방법으로 강력한 사정 활동을 벌여야 한다.

특히, 공직 비리 중에서도 방산 비리는 국가 안보에 직접적이고 치명적인 위협이 되는 암적 존재이기 때문에 암세포를 완전히 잘라내 없애버리는 수술 요법을 통해 앞으로 군 내부에서 단 한 건의 방산 비리도 재발하지 않도록 해야 한다. 더욱이 제1장에서 말한 것처럼 지금은 북한이 핵무기를 실전 배치하기 전에 국방 개혁을 차질 없이 마무리해야 하는

---

51 각 사정기관의 실무 대표자들로 구성된 사무국에서 일상 업무를 담당한다.

절박한 시기인 만큼, 더 이상 방산 비리로 인해 국방 개혁에 차질을 초래하는 일이 있어서는 절대로 안 될 것이다.

우선, 방산 물자 구매 과정에서 부정 구매 사실을 자동 검색할 수 있게 해주는 첨단 소프트웨어 시스템을 구축한 후 방산 비리에 대한 자체 감사 기능을 크게 강화해야 한다. 아울러 비리가 확인된 범죄자에 대하여는 국가 안보 저해 사범으로 인정하여 가중 처벌을 할 수 있도록 관련 법 개정도 함께 이뤄져야 한다.

• 국가 사정활동 강화로 인한 부작용을 최소화해야 한다

공직 비리 척결을 위해 사정 활동을 강화하다 보면 자칫 공직자의 사기 저하 및 복지부동, 기업 활동 위축 등 부작용이 나타날 수 있다. 국가 위기 극복을 위해 공직자들이 분발하고 기업 활동을 활성화해야 할 시점에서 정반대의 현상이 일어나는 것은 절대로 안 될 일이다.

따라서 중증 암 환자에게 치료 효과가 뛰어나면서도 부작용이 거의 없는 '신개념 항암제'가 필요한 것처럼, 비리 공직자만 꼭 집어서 철저한 조사를 진행하고 선량한 일반 공직자와 기업인에게는 전혀 피해가 없는 '신개념 조사기법'을 개발할 필요가 있다.

먼저 앞에서 말한 정보 수집 기능 강화를 통해 숨은 비리 공직자들의 정체가 드러나면 사정 활동의 대상이 분명해지면서 사정의 물줄기도 고요하게 흘러가 공직사회와 기업 활동에 미치는 악영향이 대폭 줄어들게 될 것이다.

아울러 협의체를 중심으로 각 사정기관 간 인적 교류 및 업무 협조를 통해 더욱 창조적이고 효율적인 조사 기법을 개발함과 동시에 신개념 사정 활동을 효과적으로 수행할 수 있는 인재들을 충원함으로써 국가 발전과 공직부패 척결이라는 두 가지 목표가 동시에 이뤄지도록 해야 한다.

특히, 방산비리 조사의 경우 국가 안보를 해치는 비리 행위를 근절해야 한다는 목표와 군 전력 강화 및 방위 산업을 육성해야 한다는 목표가 서로 상충할 수도 있으므로 기획 단계에서 세심한 주의를 기울여야 할 것으로 보인다. 그동안 검찰과 감사원의 강도 높은 방산 비리 조사의 영향으로 첨단무기 구입과 개발 업무 등 담당자들 간에 보신주의에 입각해서 창의적, 적극적인 사업 추진을 회피하는 풍조가 퍼져 있다고 한다.

더욱이 최근 몇 년에 걸쳐 대형 방산 비리 사건들이 속속 터져 나옴으로써 국민들에게 우리 군이 비리의 온상처럼 인식된 것은 매우 바람직스럽지 못한 일이다. 국민으로부터 신뢰받지 못하는 군대가 강군(强軍)이 되기는 어려울 것이기 때문이다. 그런데 지난 몇 년 동안 우리가 들어서 알고 있는 방산비리 사건은 꽤 많은 것 같았는데 막상 이 일로 법원에서 유죄 판결을 받은 사람은 많지 않았던 것 같다.

정부에서는 방산비리 조사 결과 드러난 비리 행위 중 구조적·고질적인 비리 자행으로 군 전력 증강 및 방위 사업에 지장을 초래한 사례와 원가계산 잘못으로 국방 예산을 낭비한 사례 등을 구분해서 발표하는 등, 국민들이 방산 비리 실태를 정확하게 인식할 수 있도록 해야 한다. 아울러 방산 비리 가운데 군 전력 증강 및 방위 사업에 지장을 초래하는 구조적·고질적인 비리 행위를 근절하겠다는 의지를 확실하게 보여줌으로써 군에 대한 국민 신뢰를 높은 수준으로 끌어올려야 한다.

이렇게 구형 음파탐지기 고가 구매와 불량 방탄복 허위 검수 같은 구조적·고질적 비리 행위에 대하여는 지속적으로 강도 높은 조사를 진행하고 범법자를 엄단하는 대신, 방산 원가에 지나치게 집착하는 조사 방식은 되도록 지양하고 적발된 행위에 대하여도 최대한 관용을 베푸는 것이 좋을 것 같다.

오히려 첨단무기 구입과 개발 업무 등 담당자들이 보신주의에 입각해서 창의적, 적극적인 사업 추진을 회피하는 등 무사안일 행위에 대한 조사와 처벌을 강화하는 것이 필요할 것으로 보인다.

공직자 사기 진작 위해 국가 감사체제를 개선해야 한다

우리나라 공직자들이 가장 싫어하는 행사 중 하나를 꼽으라면 '감사'를 지목할 것 같다. 행정의 신뢰성과 효율성을 확보하기 위해 감사는 꼭 필요하지만 이로 인한 부작용 또한 만만치 않다. 즉, 감사원, 소관 중앙부처, 상급기관, 자체감사기구 등 여러 감사기관이 제각각 다른 잣대를 들이대면서 같은 업무에 대하여 중복되는 감사를 함으로써 수감기관의 업무 수행에 지장을 초래하는 경우가 많고, 공직자 사기 저하, 소극적인 업무 처리 등 많은 부작용이 뒤따르기도 한다.

문제는 정부 안에 각급 감사기관들이 같은 감사 중점(重點)과 잣대를 적용하여 일관성 있는 감사를 실시하게 하고, 감사결과 똑같은 처리 기준을 적용하며, 수감기관별 감사 빈도와 중복 여부를 상호 조정하는 등의 총괄·기획 시스템이 갖춰져 있지 아니한 데 있는 것 같다.

이에 감사원이 국가 최고 감사기관으로서 중앙부처를 포함한 국가기관, 자치단체, 공기업 등의 모든 감사활동을 국가 전체적인 관점에서 기획·조정하고, 감사 실시 및 처리에 관한 표준을 정해 각급 감사기관이 준수하도록 할 필요가 있다. 아울러 위 모든 기관 및 단체를 대상으로 수감기관별 감사 빈도와 중복감사 실태를 실시간으로 점검·조정함으로써 전국 피감사기관들의 수감 부담을 크게 덜어주도록 해야 한다.

이와 같은 감사체제 개선을 통해 모든 공직자들이 감사로 인한 스트레스를 덜 받고 보다 진취적, 적극적, 창조적인 업무처리 스타일을 유지함으로써 국가 위기 극복을 위한 국정 수행에 큰 보탬이 되도록 해야 한다.

감사원은 예·결산 감사, 공직 비리 조사, 성과 감사, 특명 감사 등 특수 분야 감사와 전국 감사기관 총괄·기획 업무를 담당하고, 자체감사로서 수행이 가능한 기관운영 감사 등은 해당 자체감사기구에 일임하는 것이 좋을 것 같다. 그 대신 각급 자체감사기구의 자체감사 수행 적정 여부를 사후 확인·점검하는 시스템을 유지해야 한다.

이와 같은 역할 분담을 통해 감사 빈도와 사각지대를 동시에 줄일 수 있고, 자체감사의 질도 감사원 감사 못지않은 수준[52]으로 끌어올림으로써 공직사회 전반에 걸친 업무 능률의 향상을 기할 수 있다.

---

52 자체감사기구 소속 감사 요원들은 당해 또는 산하기관 업무에 정통하고 취약 업무에 대한 정보 수
집도 쉬우므로 감사원의 전문 감사 기법을 전수받아 적극적인 감사를 수행하기만 하면 감사원 감
사 못지않은 수준의 감사 실시가 가능하다.

대책 없이 늘어나는 복지예산을 구조조정해야 한다

앞으로 가파르게 늘어날 수밖에 없는 복지예산을 감당힐 빙법은 단한 가지 침체된 우리 경제를 되살려 국민 복지에 쓸 재원을 충분히 확보하는 것이다. 그렇지만 해마다 늘어나는 복지예산을 충당하느라 중앙과 지방 재정이 갈수록 피폐해진다면 각종 경제 살리기 정책 추진 또한 지지부진할 수밖에 없어 결국 지속적인 복지 정책의 실현도 불가능하게 될 것이다.

『이솝우화』 가운데 「황금알을 낳는 거위」 이야기가 있다. 옛날 어느 마을에 가난한 농부 부부가 살고 있었는데, 이들이 시장에서 사온 거위 한 마리가 어느 날부터 황금알을 매일 한 개씩 낳기 시작했다. 그러자 거위 배속에 황금알이 잔뜩 들어있을 것이라고 생각한 농부 부부는 황금알을 한꺼번에 꺼내려고 거위의 배를 갈랐다. 물론 거위의 뱃속에는 황금알이 한 개도 들어있지 않았고, 이제 더는 황금알을 낳을 수도 없게 된 것이다.

국가 경제는 황금알을 낳는 거위와 같은 존재이다. 정성을 들여 건강하게 국가 경제를 키워 끊임없이 황금알을 낳도록 기다려주지 않고 바로 소비해버리면 다시는 황금알을 얻을 수 없게 될 것이다.

• 보편적 복지 제도는 선별적 복지로 바뀌어야 한다

복지예산처럼 정치권과 특정 계층에서 큰 관심을 기울이는 예산을 그것도 현재 시행 중인 제도를 고쳐 삭감하는 것은 무척 어려운 일이다. 그렇지만 우리 국민 가운데 현행 복지제도를 그대로 유지하다가는 갈수록 국가 재정이 궁핍해져 결국에는 최소한의 복지를 지속적으로 시행하기조차 어렵게 된다는 사실을 모르는 사람은 없다.

당분간 우리 모두가 허리띠를 졸라매는 한이 있더라도 한정된 국가 예산을 경제 성장을 추진하는 데 집중적으로 투입함으로써 꺼져가는 성장 동력을 되살리고, 늘어나는 조세 수입을 통해 자연스럽게 복지예산을 늘려나가는 정책을 추진해야 한다. 그런데 정부에서 안보와 경제 분야 예산 확충을 위해 복지 등 다른 분야의 예산을 줄일 수밖에 없다면 정치권, 정부, 공공기관 그리고 일반 국민들이 다 함께 고통을 분담할 각오가 되어 있어야 한다.

정치권은 선거제도 개선을 통해 각종 선거비용을 대폭 줄이고, 정당 및 의정 활동비 가운데 매우 중요하지 않은 예산도 줄이고, 지역구 챙기기 등 선심성 예산도 제로 수준으로 줄이는 등 가시적인 고통 분담 실적을 내놓아야 한다. 정부는 스스로 각종 중복·낭비성 예산을 과감하게 줄이고 공공기관 개혁에도 박차를 가함으로써 정부와 공공기관부터 고통 분담의 모범을 보여주어야 한다.

이렇게 정치권, 정부, 공공기관이 스스로 허리띠를 졸라매고 고통을 분담하겠다는 강한 의지를 보인 후, 현행 복지제도를 원점에서 다시 검토하여 경제 성장과 점진적이고 지속적인 복지사회를 함께 이룩할 방안을 마련해야 한다.

우선 막대한 예산이 소요되면서 사회적 약자인 빈곤·저소득층을 배려한다는 취지에도 맞지 않는 보편적 복지제도는 선별적 복지제도로 무조건 바뀌어야 한다. 국가 위기 극복을 위해 모두 허리띠를 졸라매야 하는 마당에 재벌 집 아이에게까지 정부 예산으로 무상 급식 또는 보육비를 지급하는 보편적 무상복지 제도를 지속하는 것은 무의미한 일이다.

그 밖에 소득 수준에 따라 차등 지급하는 선별적 복지 항목들에 대하여는 아래 '복지예산 집행의 효율화' 시스템을 통해 해당 예산을 최대한 절감하는 방안을 강구해야 한다.

• 복지예산 집행의 효율화, 주어진 예산으로 최대의 효과를

복지예산을 구조조정하는 대신에 주어진 복지예산을 보다 효율적으로 운용함으로써 빈곤·저소득층에게 최대한의 복지 혜택을 주도록 해야 한다.

보건복지부, 자치단체, 복지재단, 민간 복지단체, 개인 등 민·관 복지사업 주체들이 각각 추진하는 복지사업을 총괄하는 기구를 두는 것도 좋을 것 같다. 여기서 복지사업 주체들이 긴밀하게 연계하여 빈곤·저소득층에 대한 복지지원 사업을 합리적으로 분담하도록 하는 것이다.

이렇게 정부 예산과 민간 기부금 및 성금을 망라하여 빈곤·저소득층에게 합리적인 배분이 이뤄지도록 함으로써 복지예산(정부예산·기부금·성금)의 중복, 비효율, 낭비 요인을 없애고 모든 지원 대상자들에게 골고루 실속 있게 돌아가도록 하자는 것이다.

여기서 민·관 복지사업 총괄 시스템 운영과 함께 필요한 것은 사회복지 사업에 대한 민간 기부 확대를 통해 복지예산 구조조정으로 줄어드는 복지 재원을 최대한으로 채워 나가는 것이다. 즉, 공적 예산이 줄어드는 만큼 민간 복지사업 주체들이 제공하는 지원 규모를 늘리고 체계화함으로써 비상시국하의 빈곤·저소득층 지원을 꾸려나가자는 것이다.

이것은 부족한 복지 재원 충당을 위해 법인세를 인상하는 것보다 훨씬 현명하고 바람직한 정책이 될 것이다. 이는 우리 사회에서 부자들이 도덕적 의무(노블레스 오블리주, Noblesse oblige)를 이행하는 모습을 보여줌으로써 사회 통합을 촉진하는 효과가 있을 수도 있다.

아울러 민간 복지단체 또는 개인들이 내는 기부금이 전체 예산의 30퍼센트가 넘는 복지예산의 일부를 채워줌으로써 국가 안보와 경제 성장을 위해 부족한 예산을 충당할 수 있다는 사실은 기부자들의 애국심을 불러일으키는 계기가 될 수도 있을 것이다.

그런데 우리나라에서는 부자들의 기부를 저해하는 각종 규제가 많아서 선진국들처럼 기부 문화가 활성화되지 못하는 주요 원인으로 작용하고 있다. 국회에서 그중 일부 규제를 완화하는 법률 개정안을 상정해 놓고 있지만 이것만으로 우리나라에서 기부문화가 활성화되기는 어려울 것이라고 한다.

부자들이 취약계층을 위해 평생 모은 돈을 내놓겠다는 데 각종 세금이나 규제로 이를 막는 어처구니없는 일이 더는 발생하지 않도록 관련 규제를 남김없이 풀고, 우리 사회에도 주요 선진국들처럼 노블레스 오블리주 문화가 정착되도록 대대적인 캠페인을 벌여야 한다.

정부 복지정책 시행으로 인한 국민복지 증진 효과를 입체적으로 측정·분석할 수 있는 시스템을 구축하는 것도 필요하다. 이를 통해 복지예산 지원으로 빈곤·저소득층의 삶이 얼마나 어떻게 나아졌는지 유형별로 분석한 후, 주어진 예산으로 빈곤·저소득층의 생활수준을 보다 효과적으로 끌어올릴 방안을 마련하는 등 복지정책에 반영(Feedback)하는 것이다.

우리나라에서는 2010년 이후 복지예산이 연평균 7퍼센트 이상씩 증가하여 전체 예산 중 차지하는 비율이 30퍼센트를 넘지만, 국민들이 느끼는 복지 체감도는 그다지 높아지지 않았고 복지 사각지대 해소도 미흡한 실정이다. 이는 통계청 조사 결과 2018년 1분기 중 우리 국민 가운데 최상위 소득 계층(소득 상위 20퍼센트) 가구의 월평균 명목소득이 전년 동기보다 9.3퍼센트 증가한 데 비해, 최하위 소득 계층(소득 하위 20퍼센트) 가구의 월평균 명목소득은 8.0퍼센트 감소한 것만 봐도 충분히 알 수 있는 일이다. 지난 8년 동안 복지 예산이 매년 큰 폭으로 늘어났을 뿐 아니라, 현 정부 들어 소득주도 성장이라는 이름으로 저소득층을 배려하는 정책 추진에 더욱 박차를 가했는데도 우리 사회의 소득 양극화 현상은 오히려 심화되는 모양새다.

그러므로 정부 복지정책 시행에 따른 국민복지 증진 효과를 지원 대상자 및 분야별로 측정·분석한 후, 막대한 예산 지원에도 불구하고 국민복지 증진 기여도가 미흡한 것으로 나타난 부분에 대하여는 그 원인을 철저하게 규명할 필요가 있다. 그러고 나서 해당 분야의 지원 시스템과 방법을 획기적으로 개선하여 국민복지 증진 효과를 크게 높이도록 해야 한다.

또한, 민간 소프트웨어 전문 업체에 의뢰하여 민·관 복지예산[53]의 누수 현상을 물샐 틈 없이 감시하고 지원 효과까지 정밀하게 측정할 수 있는 첨단 '사회복지 통합 관리망' 프로그램을 개발하는 것도 필요하다. 기존 관리망을 첨단 시스템으로 보완함으로써 복지예산 누수를 극소화하고 지원 효과는 극대화하는 것이다.

---

[53] 민간 복지단체 가운데 정부 보조금 또는 국민 성금으로 복지사업을 운영하는 단체의 예산 집행 실태에 대해서는 정부 차원의 확인·조사가 필요하다.

5

지방자치단체 및 공공기관 개혁

지방자치, 생산적·효율적인 방향으로 개혁하자

민선 자치제가 시행된 지 20년이 지난 지금 우리나라 지방자치제도는 포퓰리즘적 예산 낭비, 지방 토착 비리, 각종 인사 비리, 비능률적인 지방의회 운영 등으로 얼룩진 모습이다. 그렇지만 주민들의 직접 선거로 선출된 단체장과 지방의원들에 대하여 중앙정부가 일일이 통제할 수도 없다.

따라서 중앙정부로서는 각종 법령과 지침, 지방교부세 등 예산 통제, 검찰권 발동, 감사원 감사 등을 통해 각급 자치단체의 일탈 행위들을 통제할 수밖에 없고, 나머지는 지역 주민들의 선거권 행사, 주민소환, 주민소송 등 직접적인 감시·통제 장치에 의존해야 한다.

• 자치단체 예산에 대한 주민 통제를 강화해야 한다

민선 자치제하에서 단체장의 선심성 예산 집행과 타당성 없는 공약사업 등에 대한 중앙정부의 통제에는 한계가 있으므로 단체장의 예산 낭비에 대한 주민 통제 시스템을 확실하게 구축·운영하는 것이 좋을 것같다.

경기도 용인시 주민과 시민단체들은 2013년 10월 타당성 없는 경전철 사업 추진으로 막대한 재정 손실을 초래한 전·현직 용인시장 3명과 담당 공무원 6명 그리고 용역기관인 한국교통연구원 등을 상대로 사업비 1조32억 원을 물어내라는 주민소송을 냈다. 용인시는 경전철 개통 시 하루 이용객이 16만 명에 달할 것이라는 용역 결과만 믿고 경전철 사업을 추진, 2013년 4월 개통하였으나 이용객이 하루 평균 2만 명도 안 돼 민간 사업자에게 이후 30년간 매년 295억 원씩의 손실보전금을 지급해야 한다.

이 건은 2017년 9월 항소심에서 사실상 주민들이 패소[54]함으로써 낭비된 사업비는 한 푼도 건지지 못하게 됐다. 따라서 가장 좋은 방법은 자치단체에서 타당성 없는 사업을 추진하고자 할 때 주민과 시민단체들이 나서서 그 부당성을 지적하고, 감사 청구 또는 권위 있는 전문기관에 다시 한 번 사업 타당성 조사를 의뢰하는 등 사전 통제 수단을 발휘하는 것이다.

정부와 언론기관에서는 전국 자치단체의 항목별 예산을 한눈에 비교·분석할 수 있는 시스템을 통해 특정 자치단체의 예산 낭비 사례를 찾아내 직접 시정을 요구하거나 이를 공시하여 주민 통제를 받도록 해

---

54 법원에서는 용인시가 관련자에게 10억여 원의 배상 책임을 물으라고 일부 승소 판결을 했지만 이는 사업 추진 과정에서 일부 업무를 부당 처리한 데 대한 책임을 물은 것이며, 소송의 본질인 예산 낭비 혐의에 대하여는 고의성이 입증되지 않았다는 등의 이유로 기각했다.

야 한다.

• 지방선거제도 개선 등을 통해 토착 비리를 근절해야 한다

지방 토착비리 성행의 원인을 제공하는 단체장 및 지방의원 선거제도를 개선하기 위해서는 가장 먼저 실제로 선거운동이 이뤄지는 현장에 대해 세밀하고 정확한 실태 파악이 이뤄져야 한다. 최근 들어 각종 선거 사범에 대한 벌칙 규정과 단속이 대폭 강화되어 향응 또는 금품 제공 등 불법 선거운동이 발붙일 수 없게 되었다지만, 선거운동 현장을 깊숙이 들여다보면 후보자와 전혀 무관한 것으로 위장한 제삼자에 의한 불법 선거운동이 여전히 기승을 부린다고 한다.

따라서 불법 선거운동에 대한 신고와 조사에만 의존할 것이 아니라 제삼자에 의한 위장 선거운동에 대한 정보 수집 등을 통해 그 실상을 정확하게 파악한 후, 이를 발본색원하는 방안을 마련함과 동시에 공정 선거 풍토 조성을 위한 대국민 홍보에도 전력을 기울여야 한다.

다음으로 돈 안 드는 선거 그리고 후보자 똑바로 알기 선거운동의 일환으로 'IT 선거 공영제'를 시행하는 것도 생각해볼 수 있다. 법률로 정한 공영 선거운동을 제외한 대부분의 선거운동은 선거기획사에서 대행하고 후보자는 주연 배우처럼 기획사에서 시키는 일만 해야 한다.

선거기획사는 공식적인 IT 선거운동 프로그램에 따라 후보자가 걸어 온 길, 인터뷰, 각종 공약과 정책 발표, 후보자간 또는 후보자와 유권자 간 토론·만남·대화 내용 등을 녹화·편집하여 TV, 인터넷, SNS 등을 통해 유권자들에게 전달하는 것이다.

이렇게 해서 지역 주민들이 선거운동 기간 중 입후보자들이 출연하는 다큐멘터리 영화를 보는 것처럼 그들이 지니고 있는 가치관, 태도, 그동안 살아온 행적 그리고 지역 발전을 위한 정책 구상 내용 등을 보고, 듣고, 느끼고, 비교·검토하는 것이 가능하다. 이렇게 해서 모든 후보자들이 공식 선거비용만으로 선거를 치를 수 있게 되고, 유권자들도 지금보다 마음에 드는 후보자를 고르는 일이 더 쉬워질 것이다.

이처럼 돈 안 드는 선거제도가 정착되면 자금 동원 능력과 관계없이 지역 발전을 위해 헌신할 수 있는 유능한 후보를 당선시킬 수 있으며, 이들이 선거비용 조달을 위해 각종 이권에 개입하는 등 토착 비리도 대부분 사라지게 될 것이다.

특히, 우리나라 기초의회의 경우 의원들의 행정 전문성 결여, 고압적 태도, 부당한 행정 간섭 등으로 자치단체 직원들의 업무 수행에 지장을 초래하거나 사기를 떨어뜨리는 등 폐해가 극심한 실정이므로, 선거 제도 개선을 통해 참신하고 유능한 지방의원을 선출하도록 해야 한다.

지역 주민들이 IT 기술을 이용한 선거홍보 영상을 통해 각 지방의원 후보들의 면면을 입체적으로 심도 있게 들여다볼 수 있다면, 탁월한 의정활동 능력을 갖춘 인물들이 지방의원으로 선출될 가능성도 그만큼 커지게 될 것이다.

각 기초단체별로 기초의원 추천위원회를 두어 의원 정수의 2~3배수 정도의 의원 후보를 선정한 후 그 단체가 소속된 광역의회에서 최종 선출하는 방안도 검토해볼 수 있다. 이 경우에는 이들 기초의원 후보들에게 지역 사회 명망가, 각계 전문가, 공무원 퇴직자 등 일정한 자격 요건을 두는 것도 좋을 것이다.

그리고 기왕 2011년 2월에 대통령령으로 발효된 '지방의회의원 행동강령(이하 행동강령)'[55]을 전국 자치단체 의회에서 조례로 정해 모든 의원들이 준수하도록 해야 한다. 상위 법령에서 조례로 정하도록 한 규정을 기한 내에 이행하지 않을 때는 이행을 강제할 수 있는 제도를 시행하는 것도 필요하다.

아울러 위 행동강령이 사문화되지 않게 자치단체별로 시민 감시기구를 결성하여 지방의원들의 행동강령 준수 여부를 철저하게 감시하도록 해야 한다. 위 시민 감시기구에서는 기초 지방의원들이 고압적인 자세, 부당한 행정 간섭, 과도한 자료 요구 등 지방 행정의 원활한 수행을 저해하고 공무원의 사기를 떨어뜨리는 행위를 자제하도록 하는 역할도 수행해야 한다.

민선 자치제하에서 발생할 수 있는 인사 및 토착 비리를 근절하기 위해 단체장의 측근 직원들이 가신(家臣) 역할을 하면서 각종 이권 개입을 주도하고 차기 선거 준비에 전념하는 등 비리 행위에 대한 특별 감찰을 강화하는 방안도 고려해볼 수 있다. 이를 위해 각급 자체감사기구 및 감사원에서는 단체장 주변 측근 직원들의 각종 이권 개입이나 정치적 중립 의무 위반 등 비리 행위에 대한 정보 수집 기능을 크게 강화해야 한다.

• 자치단체 통·폐합으로 행정 효율을 높여야 한다

우리나라는 주요 경쟁국들에 비해 유난히 땅덩이가 작고 교통수단과 정보통신 기술의 발달로 세상은 갈수록 좁아지고 있다. 이런 환경 그리고 이런 세상에서 광역 및 기초 자치단체를 지나치게 세분화하는 것은

---

55 지방의원들이 각종 이권 또는 인사에 개입하거나 비리에 연루되는 일 없이 청렴하고 공정한 자세로 직무를 수행할 수 있게 이들이 준수해야 할 행동 기준을 정하고, 세부적인 사항은 각 자치단체 의회에서 조례로 정하도록 했다. 그런데 위 행동강령이 발효된 지 3년 6개월이 지난 2014년 8월까지 전국 245개 자치단체 가운데 60곳(24퍼센트)만이 관련 조례를 제정했다고 한다.

과도한 선거 비용, 지역 간 갈등, 행정력과 예산 낭비, 각종 개발 사업의 효율성 저하, 글로벌 도시 경쟁력 저하 등 여러 가지 비효율과 낭비를 가져올 수밖에 없다.

이에 광역 자치단체의 경우 현재의 '도' 개념을 없애고 전국을 10개 정도의 특별시, 광역시, 자치시 등으로 통·폐합하는 방안을 생각해볼 수 있다. 기초 자치단체의 경우에도 228개 시·군·구를 100개 이내로 통·폐합해야 한다. 그러고 나서 각 광역 대도시 중심으로 특성화된 지역개발사업을 추진하여 글로벌 대도시로 키워 나가야 할 것이다.

예를 들어 싱가포르 면적의 2.6배이고 자연경관이 뛰어나 국제적 인지도가 높은 제주특별자치시를 싱가포르 수준의 글로벌 대도시로 키워내는 것 등이다. 서울에서 제주까지 2시간 30분에 갈 수 있는 고속열차를 개통하고, 제주지역 개발 사업에 대한 민·관·외국인 투자를 획기적으로 늘려 이곳을 세계적인 국제 자유무역 도시로 키워내야 한다.

부실 공기업 개혁으로 국가 재정과 경제를 살리자

전국적으로 700개가 넘는 국가 및 지방 공기업 가운데 다수 공기업들이 만성 적자와 과도한 부채에 허덕이고 있다. 그런데 이들 부실 공기업들을 하나하나 깊이 들여다본다면 부실의 원인과 규모 그리고 이를 치유하는 데 필요한 개혁 유형도 제각각 다를 수밖에 없다.

정부는 개혁 대상 부실 공기업에 대한 정확한 실태 파악을 통해 이들 각각의 정상화에 필요한 개혁 수위(민영화, 경쟁체제 도입, 구조조정, 경영 쇄신 등)를 결정한 후 맞춤형 개혁 프로그램을 작성하여 그대로 실행해야 한다. 각각 다른 증상으로 중병을 앓고 있는 환자들에게 똑같은 처방으로 똑같은 약만 투여해서는 아무런 효과를 거둘 수 없고 오히려 병을 키우기 십상이다.

각각의 부실 공기업에 대한 정밀 진단을 통해 병인을 정확하게 파악한 후 민영화 또는 경영 혁신(경쟁체제 도입, 구조조정, 경영 쇄신 등)을 단행해야 한다. 아울러 자체감사 운영 및 대(對)공기업 노조 대책 등 내부 통제 시스템도 크게 강화해야 한다.

• 부실 공기업 정상화를 위해 민영화 또는 경영 혁신이 필요하다

지금과 같이 경제가 침체되고 대기업들이 마땅한 투자처를 찾지 못해 현금을 잔뜩 보유하고 있는 상황에서 공기업 민영화는 경제 활성화 대책의 하나로서 유용한 카드가 될 것 같은 생각이 든다.

마거릿 대처 전 영국 총리는 영국 정부가 국가 주요 산업을 국유화함으로써 민간기업 경영자들이 기업가 정신을 발휘하여 국가 경제를 활성화할 기회를 박탈한 것으로 생각하였다. 그리하여 집권 기간 중 주요 대형 국유기업의 대부분을 포함한 48개의 국영기업을 민영화하였던 것이다.

우리나라에서는 석유공사, 가스공사, 광물자원공사 등 자원개발 공기업들이 공기업 특유의 전문성 부족, 단기 실적 쌓기, 외형적 성과에 대한 집착, 비전문가인 정치권과 정부의 지나친 간섭 등으로 지난 10여 년간 해외 자원개발 사업의 부실을 초래함으로써 막대한 손실을 입었다.

이제는 우리도 만성적인 적자 구조, 방만 경영, 부채 누적 등으로 미래 국가 재정에 과중한 부담을 초래하거나, 장기적인 사업 전략과 고도의 전문성 필요, 기타 공기업보다는 민간 기업에 맡기는 게 나은 것으로 여겨지는 공기업에 대한 민영화를 과감하게 추진해야 한다. 그리하여 부실이 늘어가는 공기업도 살리고, 유능한 민간 대기업들에게 새로운 사업 기회도 제공하고, 공기업 매각을 통해 경제 활성화를 위한 재원도 마련해야 한다.

한편, 국내 부실 공기업 가운데 당장 민영화를 추진하기 어려운 공기업을 대상으로 경쟁체제 도입 대상을 크게 확대할 필요가 있다. 그리고 경쟁체제 도입 후 기존 공기업과 경쟁 회사 간의 조직 운영 및 경영 실적 비교·분석 결과를 정리하여 정기적으로 공시해야 한다.

아울러 기존 공기업의 경영 효율이 경쟁 회사보다 떨어지는 현상을 그대로 두고 볼 것이 아니라, 그 원인을 철저하게 규명하여 경쟁 상대와 비슷한 수준이 되도록 구조조정 또는 경영 쇄신을 지속 추진해야 한다.

민영화가 필요하지만 공익과 국민편익 등을 고려해 공기업의 지위를 유지하기로 한 경우에도 당해 공기업에 대한 구조조정 또는 인사 및 경영 쇄신 등 강도 높은 경영 혁신을 단행해야 한다. 그리하여 실질적으로는 민영화가 이뤄진 것과 비슷한 경영 상태를 유지할 수 있어야 한다.

• 자체감사, 노조대책 등 내부통제 시스템을 강화해야 한다

감사원과의 공조체제를 유지하면서 경영과 업무 전반에 대한 심층 감사활동을 통해 임직원의 비리, 업무 부당 처리, 예산 낭비 사례 등을 빠짐없이 색출할 수 있는 독립적인 자체감사 시스템을 구축해야 한다.

특히 지금처럼 공기업 감사를 직무수행 역량과 무관하게 정치권이나 중앙부처에서 낙하산으로 내려보내는 관행은 반드시 사라져야 한다. 그들은 공기업 감사 자리를 그동안 정치권이나 중앙부처에서 애쓴 노고에 대한 논공행상 정도로 생각하여 주어진 임기 동안 자체감사 활동에 별로 신경을 쓰지 않는 경우가 대부분이다. 공기업 내부에서도 경영 혁신 차원의 자체감사가 활성화되는 것을 원하지 않기 때문에 서로 이해관계가 맞아떨어지는 셈이다.

최근 정부에서 공기업 사장, 감사 등에 대한 낙하산 인사를 근절하는 방안으로 일정 기간의 관련 업무 경력 등 '공기업 임원 직위별 세부 자격 요건'을 정하겠다고 발표한 적이 있었다. 그런데 다른 임원과 달리 감사의 경우에는 당해 공기업 사장 등의 눈치를 보지 않고 자체 감사 업무를 수행할 수 있는 조건이 당해 공기업 관련 업무를 잘 아는 것보다 훨씬 중요하다. 따라서 감사의 경우에는 낙하산 인사가 아니면서 사장 등의 눈치를 보지 않고 소신껏 자체감사 업무를 수행할 수 있는 두 가지 요건을 충족하는 사람을 발탁 임용하도록 해야 한다.

또한, 공기업 감사를 능력 위주의 고위 공직자 출신으로 선임할 경우에는 지금처럼 정년퇴직이 임박한 사람을 임용할 것이 아니라 감사 임기를 마친 후 다시 원래의 소속 기관 등에 복귀할 사람을 임용하되, 감사 재직 시의 업적에 따라 재임용 조건이 결정되도록 해야 할 것이다.

한편, 이상과 같은 각종 개혁 과제의 성공적 추진을 위해서는 당해 공기업 노조의 반발을 효과적으로 억제할 수 있어야 한다. 정부의 각종 개혁과제 추진 과정에서 강성노조 등 이해관계 집단이 커다란 걸림돌로 작용한다는 것은 앞에서도 이야기한 바 있지만, 공기업 노조의 경우는 더욱 특별한 의미를 부여할 필요가 있다. 즉, 공기업 노조는 사기업 노조와 달리 국가와 국민을 위해 봉사해야 하는 공직자들로 구성된 집단이라는 점이다.

따라서 공기업 노조는 공공성과 효율성을 최우선적으로 고려하여 정부 정책에 반하거나 국가 발전을 저해하는 결과를 가져올 수 있는 노동운동을 자제해야 할 특별한 의무가 있다. 경제 위기 극복을 위해 정부에서 추진하는 노동시장 개혁에도 공기업 노조가 솔선수범하여 민간기업 노조들이 뒤따르도록 해야 한다.

　우선 "모든 공기업 노조는 공공성과 효율성을 최우선시하여 정부의 공기업 정책에 반하는 노동운동을 자제해야 한다"는 의무 규정과 이를 위반할 경우 벌칙 규정을 신설하는 등 공기업 노조 관련 법령의 제·개정을 서둘러야 한다.

　노조의 인사 및 경영권 개입과 과도한 복리후생 제도를 불러오는 불합리한 단체협약도 체결하지 못하도록 법제화해야 한다. 아울러 정부 정책에 반대하기 위한 불법 파업 등 강성노조 활동에 대하여는 모든 공권력을 동원하여 강력하게 대처하는 등 정부의 확고한 개혁 의지를 보여주어야 한다.

6

공교육 정상화

공교육을 제자리에 돌려놓고 교육의 질을 높여야 한다

역대 정부에서 사교육 근절을 위해 그렇게 많은 노력을 쏟아 부었는데도 사교육이 줄어들지 않고 계속 기승을 부리는 것은 학생들이 원하는 대학에 들어가는 데 공교육보다 사교육이 더 유용하다고 믿기 때문이다.

그런데도 사교육을 근절해야 하는 이유는 사교육이 학생들에게 창의력을 길러주고 미래 지식 기반을 확충해야 하는 교육 본래의 목적에 부합하지 않기 때문이다. 더욱이 사교육은 학부모들의 교육비 부담을 가중시키고 보다 여유 있는 가정의 자녀가 좋은 대학에 들어가는 데 유리한 교육 환경을 조성하는 등 사회적 부담과 불평등을 초래하기도 한다.

사교육의 목적은 오로지 수강생들이 원하는 대학에 들어가도록 하는 것이다. 그렇지만 학생들이 대학에 들어가는 것은 교육의 한 방편이지 그 자체가 목적이 될 수는 없다. 그런데도 우리 학생들은 학창 시절의 상당 부분을 무시무시한 경쟁을 뚫고 오직 본인이 원하는 대학 또는 차선(次

善), 삼선(三善)의 대학에 들어가기 위한 억지 공부에 매달려야 한다.

이제 사교육 근절 방안에 대한 해법을 말할 수 있을 것 같다. 우선 무모할 정도로 치열한 경쟁을 통해 성적 또는 점수 순서로 대학 입학생을 뽑는 현행 대학입시 제도를 확 바꿔야 한다. 또한, 공교육의 질을 높여 학생들의 사교육 의존 심리가 사라지도록 해야 한다.

• 공교육을 교육 본래의 목적에 부합하도록 개선해야 한다

저명한 미래학자인 앨빈 토플러(Alvin Toffler)는 2008년 9월 서울에서 열린 아시아태평양 포럼에서 "한국 학생들이 학교와 학원에서 미래에 필요하지 않을 지식과 존재하지 않을 직업을 위해 하루 15시간의 시간을 낭비하고 있다"고 말했다.

지금 우리나라에서는 공교육이 본래의 기능을 제대로 발휘하지 못하는 가운데 사교육이 기승을 부림으로써, 미래 대한민국을 이끌어갈 인재 양성 시스템이 정상 가동되지 못한 채 여러 가지 부작용을 낳고 있다. 따라서 공교육이 국가와 산업 그리고 사회가 필요로 하는 참 인재를 길러내고 미래 지식기반을 확충해야 하는 교육 본래의 목적에 부합하도록 우리나라 공교육 프로그램을 완전히 새로 짜야 한다.

당연히 공교육의 방향은 지금처럼 학점 따기나 각종 시험에서 고득점을 하기 위한 것에서 벗어나 졸업 후 직장 또는 사회에서 개인의 능력을 최고도로 발휘하기 위한 것으로 대전환이 이뤄져야 한다. 예를 들어 영어 교육의 경우 대학입시 또는 취업 등에 대비해 토익 점수를 올리는 데 집중하는 대신 외국인과의 원활한 의사소통, 영문 보고서 작성, 영어 발표 능력 등을 키우는 데 주력하는 것이다.

세계는 네 차례에 걸친 산업혁명을 통해 하루가 다르게 변해가고 있는데, 우리의 공교육은 세상의 변화를 따라가지 못하고 구태의연한 입시 위주의 교육 방식을 그대로 답습함으로써 제4차 산업혁명 시대를 이끌어갈 참 인재를 길러내지 못하고 있다. 이제 우리의 공교육이 제4차 산업혁명 시대에 꼭 필요한 인재를 길러내기 위한 것으로 대변환이 이뤄져야 한다.

제4차 산업혁명은 교육 분야에 있어서도 위기와 기회의 갈림길이 될 수밖에 없다. IoT, 빅데이터, 인공지능을 기반으로 하는 디지털 생태계 하에서 미래 이 나라 경제와 사회를 이끌어가야 하는 학생들이 지금처럼 구태의연한 주입식 교육과 입시 위주의 학습에만 매달려서는 대한민국의 밝은 미래를 보장할 수 없다. 우리나라가 제4차 산업혁명의 물결에 순항하지 못해 선진국 진입의 문턱에서 미끄러져 별 볼 일 없는 나라로 전락할 수도 있다는 얘기다.

그런데 공교육을 교육 본래의 목적에 부합하도록 개선하기 위해서는 현행 대학입시 제도를 완전히 바꾸어야 한다. 우선 학생들이 중학교 1·2학년 때 본인의 소질과 적성 등을 고려해 장래 진로를 결정하도록 해야 한다. 이때부터 학생들은 장래 진로에 부합하는 맞춤형 교육을 받게 되는 것이다.

예를 들어 장래 직업으로 외교관을 선택한 학생은 중·고등학교에서 필수 교양과목 및 공통 이수과목과 함께 국제관계학개론 및 외국어 등 기초 전공과목을 공부한 후 외교관을 전문적으로 양성하는 대학에 들어간다. 대학 졸업 후 고급 엔지니어나 유망 벤처 기업인이 되고자 하는 학생은 필수 교양과목 및 공통 이수과목과 함께 기계, 전기, 전자 또는 컴퓨터 관련 기초 전공과목을 공부한 후 공학 계열 대학에 들어간다.

특별한 사유로 인해 중학교 때 장래 진로를 결정하지 못했거나 장래 진로를 변경할 필요가 있는 일부 학생들에게는 고등학교 1·2학년 때 진로를 결정 또는 변경할 수 있도록 기회를 부여하는 것도 필요할 것이다.

또한, 학생 진로가 결정된 이후 학생 개개인에 대한 평가 결과는 각각의 공교육 프로그램 항목별로 세분화된 평가 시스템에 의하여 실시간으로 자동 집계돼야 한다. 위 공교육 시행 및 평가 프로그램은 국내외 최고의 교육 및 컴퓨터 전문가들에게 의뢰하여 우리나라에서 교육 본래의 목적에 완전히 부합하는 공교육 실행 및 평가가 이뤄지도록 만들어져야 한다. 여기서 우리의 강점인 IT 기술과 빅데이터 시스템을 최대한 활용하는 방안을 강구해야 한다.

• 빅데이터·인공지능 시스템을 통해 대학 입학생을 선발한다

대학입시 제도 개선의 종점은 중학교 때 본인의 진로를 결정하고 공교육 프로그램에 따라 맞춤형 교육을 받은 학생들이 어느 대학에 소속된 학과에 들어가느냐 하는 것이다.

그런데 여기서 한 가지 선행되어야 할 과제는 학과별로 국내 대학들을 몇 개의 유형으로 특성화하는 것이다. 예를 들어 지방대학을 당해 지역에 있는 정부기관, 자치단체, 공기업 및 대기업과 연계하여 취업을 쉽게 해주는 식이다. 또한, 같은 공과대학이라도 '갑' 대학은 컴퓨터 분야, '을' 대학은 기계 분야에 강점이 있다는 식으로 분류할 수도 있다. 이렇게 해서 서울과 지방, 일류와 이·삼류 등의 구별을 최대한 완화해주는 것이 필요하다.

지금 우리나라는 고등학교 졸업자 수의 급격한 감소로 대규모 대학 구조조정이 필요한 시점이다. 앞으로 본격적인 대학 구조조정을 추진하는 과정에서 대학 간 다양화 및 특성화를 통해 서울과 지방, 일류와

이·삼류 등의 구별을 최대한 완화하는 방안이 실현될 수 있도록 해야한다.

그러고 나서 대학 입학생 선발은 정교하게 만들어진 빅데이터 및 인공지능 시스템을 이용하여, 학생 개개인의 선호와 적성 그리고 '전국 공교육 평가 프로그램 네트워크'[56]에 집계된 학생별 평가 내역을 종합해서 본인이 들어갈 대학이 자동 결정되는 방식으로 시행하는 것이다.

결국, 대학 입시를 잘 치르기 위해 공교육과 사교육을 병행하는 교육 모델에서 학생 본인의 소질과 적성 그리고 공교육을 잘 이수했는지 여부에 따라 자신이 들어갈 대학이 자동 결정되는 모델로 완전히 뒤바뀌는 것이다.

당연히 모든 학생들은 지금처럼 중·고등학교에서 대학 입시 준비에 몰두하는 대신 앞으로 자신이 종사하게 될 직업 분야에서 최고의 능력을 발휘할 수 있도록, 대학 교육의 전 단계로서, 기초적인 지식과 기술 및 소양을 연마하는 것으로 공교육 방향의 대 전환이 이뤄지게 될 것이다.

• 마이스터고 등 특성화고를 활성화해야 한다

고졸 학력만으로 주요 공기업과 대기업 또는 유망 중소기업에 취업하여 고급 기술자로 성공할 수 있는 등용문으로써 2010년에 개교한 21곳의 '마이스터고'가 2013년 2월에 첫 졸업생 3,375명을 배출하였다.

이때 이들 졸업생의 취업률은 93.4퍼센트나 되고, 마이스터고 출신 10명 중 4명이 대기업과 공기업에 취업하는 등 서울 명문대 못지않은 실적을 올렸다. 한국전력공사와 협력 관계인 수도전기공고는 공기업 취업률이

---

56 학교 단위의 공교육 프로그램을 전국적으로 연결하여 실시간으로 학생 간 비교·평가가 가능하도록 만든 프로그램. 재학 중 학생 개개인의 지식과 기술, 소양, 정서, 과외활동 및 행동발달 사항 등이 종합 평가되도록 프로그램되어야 한다.

55.1퍼센트나 되었으며, 현대와 LG를 협력 업체로 둔 울산마이스터고와 구미전자공고는 대기업 취업률이 각각 75.5퍼센트, 50.9퍼센트였다.

교육부 자료에 따르면 2017년도 우리나라 고등학교 졸업자의 대학 진학률은 68.9퍼센트이다. 미국, 독일 같은 선진국의 경우 대학 진학률이 40퍼센트대이고, 일본을 비롯한 대부분의 OECD 국가가 50퍼센트 내외인 점을 고려하면 지나치게 높은 수준이다. 반면에 2017년 기준 우리나라 대졸 평균 취업률은 66.2퍼센트로 일본(97.3퍼센트) 등 선진국에 비해 매우 낮은 편이다.

앞으로 우리나라에서 마이스터고 등 특성화고를 늘리고 활성화하는 것은 대학 진학률을 선진국 수준으로 낮춤으로써 대졸 취업률을 90퍼센트 이상으로 높이고, 공교육이 장래 진로에 부합하는 맞춤형 교육으로 뿌리내리는 데 커다란 도움이 될 것으로 보인다.

마이스터고 등 특성화고를 졸업한 사람이 취업 후 본인의 능력에 따라 대졸자와 똑같은 대우를 받을 수 있는 기업문화를 만들어 가면서, 본인이 원할 경우 산학협력 시스템을 통해 대학 과정을 이수할 수도 있게 충분한 기회가 주어져야 한다.

• 교원 평가제도 등을 통해 공교육의 질을 높여야 한다

대학입시 제도 개선을 통해 중·고등학교 학생들이 맹목적인 입시 위주 공부에서 벗어날 수 있게 되면, 공교육이 국가와 산업 그리고 사회가 필요로 하는 창의적 인재 양성과 미래 지식기반 확충 위주로 실속 있게 운영될 수 있다. 단, 여기서 반드시 갖춰져야 할 또 한 가지 조건은 학교 현장에서 공교육을 담당하는 교사들의 연구 역량과 강의 기법 그리고 학생 교화(敎化) 능력이 뛰어나야 한다는 것이다.

그런데도 우리나라에서 공교육을 담당하는 상당수의 교사들이 더는 연구와 강의 기법 개발에 힘쓰지 않은 채 틀에 박힌 교육 방식에 안주하거나 무기력에 빠져드는 현상이 만연되고 있는 것 같다. 따라서 교원 평가제도 및 경쟁체제 도입, 파격적인 성과급제, 무능 교사 퇴출 등의 제도를 구축하고 이를 확실하게 시행함으로써, 모든 교사들이 연구 역량과 강의기법 그리고 학생 교화능력 등을 함양하는 데 전력을 기울이도록 해야 한다.

2007년 6월 미국 워싱턴 D.C. 교육감이 된 미셸 리는 2009년 10월에 시의회가 교육 예산 2,100만 달러를 삭감하자 학교 운영 예산을 줄이는 대신 부실 학교와 무능 교사에 대한 구조조정을 단행했다.

그녀는 교원평가제를 통해 우수 교사에게 성과급을 올려주는 대신 무능 교사 500여 명을 해고하였으며, 일정한 성과 기준에 미달되는 학교 23곳을 폐교 조치하였다. 워싱턴 교원노조에서는 리 교육감의 교사 해고처분에 대하여 소송을 제기하였으나 법원에서도 무능 교사에 대한 해고처분이 정당하다는 판결이 나왔다. 이와 같은 미셸 리의 개혁 조치는 성공한 교육정책으로 많은 사람들의 입에 오르내린 바 있다.

• AI, 빅데이터 등 기술 이용, 첨단학습 시스템을 구축해야 한다

제4차 산업혁명 시대에 필요한 인재 양성을 위해서는 공교육 정상화에서 한 걸음 더 나아가 공교육을 첨단화하는 것이 필요하다. 다시 말해서 제4차 산업혁명의 산물인 인공지능(AI), 빅데이터, 가상현실(VR), 증강현실(AR) 기술을 이용한 첨단 학습 시스템을 구축·운용하는 등 일종의 학습 혁명을 일으키는 것이다.

학습 혁명을 통해 획일적인 주입식 학습 대신 학생 개개인의 특성을 고려한 맞춤형 학습이 이뤄진다. 특정 과목을 예로 들어 수학을 잘하는 학생과 못하는 학생 간 학습 진도와 난이도를 융통성 있게 조절하는 것도 가능해진다.

학생들의 창의력·추리력과 탐구력을 키워주는 필수 과목이지만 학생들이 따분해 하는 수학·과학에 흥미를 느낄 수 있게 해주고 학생들의 암기력과 이해력을 높일 수 있는 학습 방법을 개발하는 것 또한 필요하다.

가상현실과 증강현실 기술을 이용한 다양한 직업 체험을 통해 일찌감치 학생 본인의 진로를 결정한 후, 미래 자신이 종사하게 될 직업 분야에 대한 지식과 기술을 연마할 수 있도록 해줘야 한다. 이렇게 해서 공교육이 제4차 산업혁명 시대에 국가와 산업 그리고 사회가 필요로 하는 참 인재를 길러내야 하는 교육 본래의 목적에 부합하도록 획기적인 변화가 이뤄져야 한다.

공교육 현장에서의 각종 일탈 행위를 바로잡아야 한다

우리나라 공교육을 정상화하기 위해서는 더는 신성한 교실에서 일부 일탈 학생들이 폭언·폭력을 일삼고, 교육 현장에서 생뚱맞은 이념이 설쳐대는 등 이상(異常) 기류들이 국내 교육 환경을 어지럽히는 일이 없도록 해야 한다.

• 학교 폭력 등 교권 침해행위를 더 이상 내버려 둬서는 안 된다

교육부 자료에 따르면 2009~2015년 사이에 초·중·고등학생들이 교사에게 막말 또는 욕설을 퍼붓거나 심지어 교사를 폭행하는 등 교권 침해 행위가 2만9,127건이 발생한 것으로 나타났다. 이를 유형별로 보면 교사 폭행 507건, 폭언·욕설 1만8,346건, 교사 성희롱 449건, 수업 진행 방해 6,224건, 기타 3,601건 등이다. 더구나 학생들에게 교권을 침해당한 교사가 차마 이를 알리지 못해 공식 통계에 잡히지 않은 교권 침해 행위도 상당할 것으로 보인다.

대야에 가득 찬 물에다가 잉크를 한 방울만 떨어뜨려도 물 전체가 파랗게 변하고 만다. 교권 침해 행위가 일부 학생들에게 국한된 문제라 해도 이는 교실 전체의 면학 분위기에 심각한 영향을 끼친다. 교사들도 더욱 적극적인 방식으로 학생 지도에 나설 경우 자칫 망신을 당하기 십상이므로 통상적인 지식 전달 이외의 폭넓은 학생 지도를 꺼릴 수밖에 없고, 심한 경우 극심한 스트레스와 자괴감으로 교직에 대한 긍지와 사명감마저 잃게 된다.

그렇다면 이처럼 공교육 정상화에 악영향을 끼치는 교권 침해 행위를 근절하는 방안은 무엇일까? 먼저 우리 사회의 병폐 가운데 하나인 지나친 온정주의에서 탈피해야 한다. 우리나라는 교사의 학생 체벌을 금지하고 있다. 그렇지만 학생이 교실에서 교사를 폭행하고 폭언과 욕설을 퍼붓는 행위가 공식적으로 통계에 잡힌 것만 연간 2,600건이 넘게 발생하는 현실에서 교사의 학생 체벌을 금지하는 것은 제대로 된 교육 방식이라고 보기 어렵다.

학부모들이 자녀를 학교에 보내는 목적은 필요한 지식 습득과 함께 국가·사회의 일원으로서 올바른 인격과 품성을 갖추도록 하기 위함이다. 더욱이 현대 우리 사회에서 부모와 자녀 간 대화와 소통이 비교적 원활하지 못한 점을 생각할 때 학생들의 올바른 정서 및 행동발달을 위한 학교 교육의 중요성은 크다고 아니할 수 없다.

그런데 교사가 학생을 올바른 길로 인도하기 위해 항상 좋은 말만 할 수는 없다. 때로는 심하게 꾸짖거나 사랑의 매를 들어야 하는 경우도 종종 발생할 수 있다. 학생들도 선생님이 항상 인자하기만 한 것이 아니라 때로는 아주 무서운 호랑이가 될 수도 있다는 생각에서, 간혹 공부가 싫증이 나고 엉뚱한 행동을 하고 싶은 충동이 일어나도 이를 자제할 수 있게 될 것이다. 이런 과정을 수없이 거치면서 자신을 바람직한 방향으로 통제할 수 있는 성숙한 인재로 자라나는 것이다.

다시 말해서 교사가 학생들의 품행을 올바로 지도하기 위한 체벌이나 소지품 검사 등 훈육 수단을 폭넓게 인정하는 제도를 확실하게 유지할 필요가 있다. 학교 내에 3~5명의 훈육 전담 교사를 두고 교내에서 폭력을 일삼는 문제 학생에 대하여는 강도 높은 훈육 처분을 내리는 것도 필요하다.

사실, 문제 학생에 대한 징계 조치의 일종인 정학 처분의 경우 문제 학생을 교화하는 수단으로서 부적합할 수도 있다. 계속 학교에 나오게 해서 학생으로서의 본분을 회복할 때까지 특별 교육을 받도록 해야 한다. 퇴학 처분을 내려야 할 만큼 문제가 심각한 학생의 경우에는 기숙사가 딸린 특수학교에 전학시켜 맞춤형 교육을 따로 하는 방안도 생각해 볼 수 있다.

교사의 체벌에 맞서 교사에게 욕설을 퍼붓거나 교사를 폭행하는 등의 패륜 학생에 대하여도 엄혹한 훈육 처분(체벌 포함)을 내림으로써 교사 훈육 행위의 실효성을 확보하도록 해야 한다. 그 대신 체벌 등 교사

훈육 행위는 교육상 꼭 필요한 경우에만 행해져야 하고, 일탈 행위의 정도에 비례해서 공정하게 집행돼야 하며, 교사 개인의 감정이 개입되어서는 안 된다. 교사가 학생을 자식처럼 생각하는 어진 품성, 오로지 학생의 밝은 미래만을 추구하는 훈육 방법, 그리고 뛰어난 교화 능력을 갖추는 것이 필요하다.

무엇보다 근본적인 교권 침해행위 근절 방안은 공교육 정상화를 통해 대부분의 학생들이 교실 내에서 면학 분위기가 조성되기를 원하고, 교사와 학생 간에 원활한 소통과 신뢰관계를 구축하는 것이다.

• 교육 현장이 이념화되어서는 안 된다

전국 17개 시·도 가운데 2014년 6월 지방선거에서는 13개 시·도에서, 2018년 지방선거에서는 14개 시·도에서 진보 성향의 교육감이 당선된 것만 봐도 알 수 있듯이, 예나 지금이나 우리나라 교육 현장이 이념의 굴레에서 벗어나지 못하고 있는 것 같다.

정부 교육 정책은 보수와 진보 등 정치적 이념을 초월하여 국가 백년대계를 지향하는 장기적 비전에 따라 지속 가능한 정책으로 입안돼야 하며, 이렇게 해서 정해진 교육 정책은 전국적으로 통일되고 일관성 있게 집행돼야 한다. 그런데도 우리나라에서는 시·도 교육감이 보수 성향이냐 진보 성향이냐에 따라 일선 학교 운영과 교육 방식이 극명하게 달라질 수 있으며, 특히 보수정당 집권 시에는 교육부와 시·도 교육청 간에 교육 정책을 놓고 의견이 대립되거나 갈등을 빚는 일이 빈번하게 발생하기도 한다.

특히 진보 성향의 교육감들은 학생들에게 왜곡된 역사관과 국가관을 주입하면서 한편으로는 반정부 시위단체로 뿌리내려져 있는 전교조에 대하여도 상당히 우호적인 태도를 보이는 경향이 있다.

따라서 진보적 이념에 치우친 교육 정책으로 교육 현장의 이념화를 확산시키는 교육감 직선제를 하루속히 폐지해야 한다. 우리보다 민주주의 전통이 오래된 선진국에서도 교육감 직선제를 시행하는 나라는 거의 없는 실정이다. 영국, 독일, 일본의 경우에는 자치단체장 또는 지방의회에서 교육감을 임명하며, 프랑스는 대통령이 직접 임명한다. 미국의 경우 37개 주(워싱턴 D.C. 포함)는 주지사(시장) 또는 교육위원회에서 교육감을 임명하고 나머지 14개 주에서만 직선제로 뽑는다.

더욱이 우리나라처럼 교육 방식을 놓고 보수와 진보 진영 간 이념 대립이 극심한 가운데 철저하게 이념 중립적인 교육 개혁이 필요한 입장에서는 당분간 프랑스처럼 교육감을 대통령이 직접 임명하는 제도를 시행하는 것이 합리적일 것으로 생각된다.

제 4 부

대한민국
미래 비전

23전 23승의 정신으로 일본을 따라잡아야 한다

우리 국민들은 대체로 이웃나라 일본에 대한 감정이 별로 좋지 않은 편이다. 국제 스포츠 경기에서도 우리 팀이 일본을 이겼을 때 유난히도 기분이 더 좋아지는 것을 느낄 수 있다. 왜 그럴까?

16세기 말 이후 우리는 일본에게 계속 침탈과 살육과 핍박을 당하는 역사를 기록해 왔다. 만약 하늘나라에 정의가 살아 있다면 마땅히 천벌을 내렸어야 마땅하다. 그런데도 일본은 우리의 불행인 6·25 전란을 계기로 재기에 성공함으로써 또다시 동북아의 강대국으로 군림하게 되었으며, 계속해서 우리 대한민국을 우습게 보는 태도를 버리지 못하고 있다.

그렇지만 우리 민족의 핏속에는 일본을 이길 수 있는 탁월한 유전자가 엄연히 존재하고 있다는 사실을 우리는 한시도 잊어서는 안 된다.

원래 우리나라는 삼국시대 이후 천년 동안이나 일본으로부터 선진국 대우를 받으며 저들에게 우리의 앞선 문물을 아낌없이 전수(傳授)하는 등 크나큰 은혜를 베풀었다. 비록 그 후에 형세가 기울어 16세기 말에 치욕적인 왜란(倭亂)을 겪게 되었지만 이때까지도 우리는 전쟁에 대한 대비가 없는 상태에서 그런대로 일본의 침략을 막아낼 수 있었다.

그 당시 이순신 장군이 이뤄낸 23전 23승 신화는 칠흑 같은 어둠을 통과하는 한 줄기 빛처럼 우리 민족의 핏속에 탁월한 유전자가 존재한다는 사실을 여실히 보여주고 있지 아니한가. 한산대첩, 명량해전, 노량 해전 등 수많은 전승 신화들은 이순신을 비롯한 이 나라 수군 장병들이 중과부적(衆寡不敵)[57]의 상황에서 조정과 인근 부대로부터 지속적인 견제와 모함과 질시를 받아가며 뛰어난 창의력, 주도면밀한 전략, 결집된 전투력으로 피땀 흘려 이룩한 노력의 결실이었다.

이제 우리나라 정치권, 정부, 기업 그리고 국민들은 그 옛날 23전 23승을 이뤄낸 탁월한 유전자를 바탕으로 뛰어난 창의력과 주도면밀한 전략 그리고 결집된 개혁 추진력을 총동원하여 일본을 뛰어넘는 선진 강대국을 이루기 위해 총력을 기울여야 한다.

그런데 2017년 기준 우리나라 GDP는 1조5,307억 달러로서 일본(4조8,721억 달러)의 3분의 1 수준에 불과하다. 따라서 경제 규모가 우리나라의 3배인 일본을 뛰어넘는 것은 불가능한 것처럼 보일 수도 있다. 더욱이 제조업의 전반적인 기술 수준도 우리가 선진국인 일본에 한참 뒤처져 있으며, 인구도 우리나라(5,175만여 명)가 일본(1억 2,675만여 명)의 절반이 안 되는 수준이다.

그렇지만 그 옛날 명량해전에서 우리는 겨우 12척의 남은 전선으로 그 10배가 넘는 왜선 133척과 싸워 대승을 거두었다. 우리가 열심히 노력해서 지금보다 경제 규모를 1.5배 정도로 키우고, 통일되면 또다시 국력이 배가(倍加)될 것을 생각하면 충분히 가능한 일이다.

더욱이 한·일 경제 현황을 비교할 때 우리에게 불리한 점만 있는 것도 아니다. 우선 재정 건전성 면에서 우리나라의 2016년 말 기준 국가 부채 비율(38퍼센트)은 일본(239퍼센트)의 6분의 1 수준에 불과하며, 2015년 말

---

57 적은 병력으로 많은 병력을 이길 수 없는 상황을 말한다. 당시 조선은 당파싸움만 일삼고 부국강병을 소홀히 함으로써 임진왜란 당시 육·해군 모두 왜군에 비해 초라하기 짝이 없는 수준이었다. 당시 일본은 총병력 33만 명 중 정예병 16만 명을 조선에 파병했고, 조선은 총병력이 15만 명이라고 하지만 정규군은 그중 3분의 1 수준에 불과했으며, 무기와 전투력도 왜군이 압도적 우세였다.

이후 국가 신용등급(Aa2)도 일본(A1)을 두 단계나 앞서게 됐다.

우리가 일본을 뛰어넘어 통일 강국의 꿈을 이루겠다는 의지를 불태우고 제2·3부에서 검토한 국가 개혁 방안들을 남김없이 실행에 옮긴다면, 머지않아 그 꿈이 현실로 이루어진 모습을 반드시 보게 될 것이다.

우리가 경제력에서 일본을 따라잡고 군사력 또한 일본을 능가함으로써[58] 동북아에서 중국, 일본과 어깨를 나란히 하는 지역 강대국으로 자리매김하게 될 때 우리 대한민국은 한·중·일 3국 정립(鼎立)으로 동북아 평화를 이끌어갈 수 있게 될 것이다.

우리가 주도하는 방식의 통일 대업을 이뤄야 한다

오랜 역사 동안 세계 여러 나라에서 같은 민족끼리 두 개 이상의 나라로 분열되었다가 다시 한 나라로 통합되는 역사를 되풀이해 왔다. 그렇지만 오늘날 세계에서 아직까지 분단국 상황을 유지하고 있는 나라는 손가락으로 꼽을 정도에 불과하며, 냉전시대의 유물인 이념 분단국으로서 서로 총부리를 겨누고 사는 곳은 한반도가 유일하다. 우리는 이와 같이 부끄러운 역사를 청산하고 7,500만 동포가 평화를 구가하면서 자손만대에 걸쳐 안락하게 살아갈 수 있도록 하루속히 통일 대업을 이뤄야 한다.

우리는 지금까지 제2·3부에 걸쳐 국가 위기 극복을 위한 개혁 방안

---

58   우리는 오랜 남북 대치 상황으로 인해 일본보다 강한 군사력을 보유하게 되었지만, 최근 일본이 막강한 경제력으로 각종 첨단무기 구입 및 개발에 박차를 가함으로써 상황이 역전되었다.

에 대하여 살펴보았다. 이제 그 결정판은 통일 과업 성취로 귀결된다. 고강도 국가 개혁을 통해 대한민국을 명실상부한 선진국 대열에 올려놓고 우리가 주도하는 자유민주주의 체제하의 통일 대업을 이루는 것이다.

• 통일에 대한 준비를 서둘러야 한다

2014년 1월 초 박근혜 전 대통령의 '통일 대박' 발언 이후 우리 국민들 사이에 통일에 대한 기대감이 높아졌다. 그런데 주변 강대국들의 이해관계가 복잡하게 얽혀 있는 한반도에서 우리보다 월등한 비대칭 전력으로 무장한 북한을 상대로 우리 주도의 통일을 이루는 것은 말처럼 그렇게 쉬운 일이 아니다.

통일 대박도 어디까지나 우리가 주도하는 방식으로 통일이 이뤄졌을 경우에 얻을 수 있는 과실이다. 만약에 국제사회 중재로 남북한 합의에 따른 연방제식 통일이 이뤄질 경우 자칫 우리에게 되돌릴 수 없는 재앙이 될 수도 있다. 어디까지나 우리가 주도하는 자유민주주의 체제하의 통일이 이뤄져야만 한다.

북한 정권 내부의 동요에 의한 급변사태가 발생할 경우 우리에게 통일의 기회가 앞당겨질 수 있다는 낙관론도 있지만, 경우에 따라서는 북한 급변사태에 대한 통제 실패로 우리에게 재앙이 닥칠 수도 있다. 또 경우에 따라서는 미·중·일 등 주변 강대국들이 개입하여 북한 지역을 독점 또는 분할 점거하는 등의 어처구니없는 사태가 발생할 수도 있다.

따라서 우리는 "어서 빨리 통일이 되었으면" 하고 조바심을 낼 것이 아니라 "한반도에 통일의 기회가 닥치기 전에 통일 준비를 서둘러야 할 텐데"라면서 부지런히 움직여야 한다. 여기서 가장 훌륭한 통일 준비는 제2·3부에서 검토한 대로 각종 개혁 과제들을 성공적으로 수행함으로써 우리의 국력을 강대국 수준으로 올려놓는 일이다.

아울러 북한의 핵무기 실전 배치에 따른 대비 태세를 완벽하게 갖추는 것은 물론, 핵무기 이외의 군사력 면에서 북한보다 확실한 우위를 유지해야 한다. 그렇지 않고서는 우리가 주도하는 방식의 완전한 통일을 이루지 못할 것이기 때문이다. 우리 사회에 만연한 분열과 갈등을 해소하고 전 국민이 올바른 가치관을 공유함으로써 국민 통합과 국론 결집을 이루는 것도 매우 중요한 일이다.

• 통일 전략은 장기적인 안목으로 수립해야 한다

2014년 이후 한동안 국내에서는 머지않아 통일이 이뤄질 것 같은 분위기에 들떠 있었다. 그런데 2017년 이후 남과 북 그리고 북·미, 미·중, 한·중 관계의 급격한 변화로 한반도 통일에 대한 인식이 많이 바뀐 것을 느낄 수 있다. 불과 2년 사이에 한반도에서 금방 전쟁이 일어날 것처럼 험악한 분위기에서 남·북 간 화해와 평화 모드로 급진전이 이뤄졌다.

만약에 북한이 진정으로 한반도 평화를 염원하는 차원에서 남·북 간 화해 모드를 선택한 것이라면, 우리에게 통일의 기회가 좀 더 앞당겨질 것이라는 기대를 가져봄직도 하다. 그렇지만 4·27 남·북 정상회담 이후 우리가 누리고 있는 봄바람은 미국을 비롯한 국제사회의 초강도 대북 제재와 트럼프 대통령이 내민 '군사적 옵션' 패에 당혹한 북한이 재기(再起)를 위해 일보 양보한 결과물이라고 봐야 하며, 저들은 이번에 양보한 것보다 몇 배 더 큰 것을 얻으려 할 것이다.

이후 북한은 계속해서 한반도 통일 제안을 내놓을 것이지만, 결코 우리가 받아들일 수 없는, 궁극적으로 적화(赤化) 의지를 관철하기 위한 저들 나름대로의 통일 방식을 지속적으로 주장하게 될 것이다. 더욱이 한반도 문제에 대한 주변 강대국들의 입김이 갈수록 강해지는 추세에서 가까운 시일 내에 통일을 이루는 것도 어렵고 우리 의지대로 통일 과업을 수행하는 것은 더더욱 불가능할 것으로 보인다.

국내외 한반도 및 통일문제 전문가들도 한반도에서 독일식 흡수통일은 불가능한 것으로 보는 견해가 지배적이다. 대한민국이 계속 지금과 같은 상태를 유지한다면 분명 그럴 것이다.

하지만 우리나라가 1960년대 이후 기적 같은 경제 발전을 이루어 세계 최빈국에서 10위권의 경제대국으로 올라선 것처럼, 다시 한 번 기적 같은 제2의 경제 성장을 이루어 그와 같은 고정관념을 완전히 깨뜨려야 한다.

우리는 지금부터 정신을 바짝 차리지 않으면 안 된다. 한편으로는 앞으로 5~10년 후에(어쩌면 그보다 앞당겨질 수도 있지만) 닥쳐올 수 있는 복합적인 안보 위기에 대비하고, 또 한편으로는 우리가 주도하는 자유민주주의체제 하의 통일 과업을 수행하기 위한 힘을 길러야 한다.

다시 말해서 지금은 불가능한 것처럼 보이지만 10~20년 후 우리나라가 중국, 일본과 어깨를 나란히 하는 선진 강대국의 위치에서 우리가 주도하는 자유민주주의 체제하의 통일 과업을 추진하고자 하는 포부를 가지고 그 실현을 위해 총력을 기울여야 한다.

• 정신을 바짝 차리고 남북 경제협력을 지혜롭게 추진해야 한다

2018년 6월 북·미 정상회담 결과 모처럼 한반도에 봄기운이 돌고 각종 대북 지원과 남북 간 경제협력이 재개될 것 같은 분위기가 감지되고 있다.

사실 우리가 주도하는 자유민주주의체제 하의 통일 과업 및 통일 후 남북한 통합의 성공적 수행을 위해 남북 경제협력 프로젝트 추진은 필수 과제이다. 따라서 할 수만 있다면 우리가 주도하는 남북 경제협력 프로젝트를 서둘러 지속적으로 추진하는 것이 바람직하다.

그렇지만 그동안 개성공단과 금강산 관광 같은 남북 경제협력 사례를 통해 알 수 있듯이 북한이 우리가 완전히 신뢰할만한 경협 파트너가 되기 위해서는 앞으로도 넘어야 할 산이 많은 것 같다. 우선 북·미 정상회담 이후 후속 조치를 통해 북한에 완전한 비핵화가 이뤄지고, 북한이 남북 경제협력을 진정성 있게 받아들이는 모습을 우리와 국제사회에 확실하게 보여줄 수 있을 때 이에 대한 구체적 방안이 논의될 수 있을 것이다.

북한 비핵화가 완전히 이뤄지지도 않은 상태에서 조급증에 사로잡혀 대북 지원과 남북 경제협력을 서둘러 추진했다가 남북 관계가 다시 원점으로 돌아갈 경우 자칫 큰 낭패를 보기 십상이다. 프로젝트의 규모가 크고 수가 많아질수록 우리가 입게 될 피해 또한 재앙적 수준으로 커지게 될 것이다.

그 대신 북한 비핵화가 이뤄지고 남북 경제협력에 대한 북한의 진정성이 확인될 경우에는 언제라도 경협 프로젝트를 가동할 수 있도록 실효성 있는 남북 경제협력 프로젝트를 되도록 많이 준비해 두어야 할 것이다.

• 통일된 대한민국의 모습은

통일 후 남북한 경제 및 국민 통합을 추진하는 데 얼마 동안 '경제·사회적 1국 양제(一國 兩制)' 체제를 유지하는 것이 효과적일 것으로 보인다. 이렇게 5~10년 동안 남북한 지역에 가장 적합한 경제·사회 체제를 각각 유지하면서 종합적인 국토·경제 개발 계획을 추진함으로써, 통일

비용을 적게 들이면서도 통일 한국의 경제력을 급속하게 키우는 일이 가능하게 될 것이다. 또한, 이 과정에서 사상과 문화적 차이 등 극도로 이질화된 구 남북한 국민 간의 갈등 관계도 서서히 완화시킬 수 있다.

만약 처음부터 남북한의 경제·사회 체제를 무조건적으로 통합시킬 경우 갑자기 감당하기 어려운 경제·사회적 혼란에 직면하고, 남북한의 극심한 경제 수준 격차로 인해 천문학적으로 들어가게 될 북한 재건 비용 등으로 통일 한국이 위기에 처할 수도 있다.

독일의 경우 통일 직후 동·서독 화폐를 1대 1로 교환토록 하는 등 단일 경제 체제로 즉시 전환함으로써, 구동독 지역 재건 비용이 1조3,000억 유로(약 2,200조 원)가 들어가는 등 필요 이상의 막대한 통일 비용을 지불하였다. 이로 인해 독일은 통일 후 10여 년이 지난 2000년대 초에 이르러 유럽의 병자라는 말을 들을 정도로 극심한 경제 위기를 겪었다. 우리는 그 당시 독일보다 오늘날 남·북 간 경제력 격차와 갈등 관계가 훨씬 더 심각한 상태라는 사실을 너무나 잘 알고 있다.

이렇게 우리가 주도하는 통일을 이룩한 후 남북한 통합을 단계적으로 지혜롭게 추진할 경우 엄청난 경제적 시너지 효과로 통일 한국이 세계적인 강국으로 부상할 수 있게 될 것이다. 북한지역의 지하자원 매장량은 한국의 20배가 넘을 것으로 추정된다. 특히, 『뉴욕타임스』 보도에 따르면 북한 지역의 가채(可採) 우라늄 매장량이 400만 톤에 달하여 북한을 제외한 전 세계 우라늄 매장량(474만 톤)에 육박하는 수준이라고 한다. 앞으로 전 세계적으로 원자력발전소, 우주 개발 등 우라늄 수요가 급증할 경우 통일 한국에 엄청난 경제적 이점으로 작용할 것이다.

또한, 북한 지역의 경제체제가 개방될 경우 값싼 땅값·인건비, 노조 없는 기업 환경, 남쪽에 든든한 경제적 배경 등 기업을 경영하기 좋은 여건으로 인해 외국인 투자가 봇물 터지듯 밀려올 것이다. 게다가 통일 한국을 중심으로 한국, 중국, 일본, 러시아를 연결하는 고속도로, 고속 철도, 송유관 등 건설을 통해 주변 3국과의 경제적 의존·협력 관계가 돈독해지고 함께 번영을 누릴 수 있게 된다.

아울러 통일 한국은 유라시아 대륙과 태평양을 연결하는 철도망의 기·종점으로서 유라시아 대륙과 일본 등 해양 국가들을 이어주는 연결 자 임무를 수행할 수도 있다. 통일이 되면 그동안 남북 분단으로 막혀 있던 대동맥 혈관이 뻥 뚫리게 되는 것이다.

통일이 되면 우리 소유가 되는 금강산은 세계적인 명산으로 국제 관 광의 명소가 될 것이 틀림없다. 그 옛날 중국 송나라 때 시인이 "고려국 에 태어나 직접 금강산을 보기 원한다(願生高麗國 一見金剛山)"고 예찬했 던 금강산이 아닌가! 통일이 되면 금강산과 그 주변을 관광특구로 개발 하여 세계에서 가장 신비롭고 우아한 관광 명소로 명성을 떨치게 된다. 통일 한국은 금강산으로 인해 그 존재 가치가 더욱 빛나게 될 것이다.

통일된 대한민국은 남북 대치상황이라는 커다란 혹을 떼어내고 주변 강대국들과 부담 없이 교류하면서 마음껏 국력을 키우고 국가 위상을 드높일 수 있게 된다. 그리하여 중국, 일본과 함께 아시아의 중심국으 로, G7 국가의 일원으로서 세계 정치를 이끌어가는 강대국으로 부상하 게 될 것이다.

드디어 우리 대한민국이 세계 주요 강대국의 일원이 된다

우리나라는 한때 동북아의 강국으로 군림하던 때가 있었다. 5세기의 고구려 광개토왕과 장수왕 시대에는 우리나라 영토가 중국 만주지방의 대부분을 차지하면서 동북아의 주역으로 자리매김하였으며, 7세기 전반기의 고구려는 초강대국인 수·당에 맞서 조금도 흔들리지 않는 강대국의 면모를 유지할 수 있었다.

그러나 668년 나·당 연합군에 의해 고구려가 멸망한 뒤 우리나라는 중국이 지배하는 동북아의 주변국으로 밀려나 약소국의 지위를 유지해오다가 결국 20세기 초 신흥 강대국인 일본에 나라를 빼앗겼다. 그렇지만 우리는 여기서 좌절하지 않고 1945년 나라를 되찾은 후 온갖 고초와 노력 끝에 세계 10위권의 중견 국가로 우뚝 서게 되었다.

• 돌고 도는 역사, 대한민국 다시 세계 속의 중심국가로

여기서 우리나라 국가 위상의 변화 추이를 장기적인 역사적 흐름으로 바라볼 때 5~7세기경 동북아의 강국으로서 전성기를 누리다가, 7세기 중반 이후에는 중국의 그늘 아래서 수백 년 동안 이류 국가로 그럭저럭 명맥을 유지할 수 있었다. 그러나 17세기 중반 이후 국력이 점점 쇠약해져 나라를 빼앗기는 수모를 겪는 등 국가 위상이 밑바닥까지 추락했다가 1960년대 이후 급속도로 상승 국면에 접어들었다.

지금 우리는 국가 위상이 바닥을 친 후 다시금 그 옛날 동북아의 강국으로 군림하던 시대로 되돌아가기 위한 반환점을 갓 통과한 상태이다. 물론 여기서 우리가 '토끼와 거북이' 우화처럼 게으름을 피운다면 모든 희망과 비전이 물거품이 되고 말겠지만, 역사의 커다란 물줄기는 틀림없이 그런 방향으로 움직이는 것 같다.

우리나라가 통일을 이루고 그 옛날 고구려 때처럼 아니 그보다 더한 강대국으로 자리매김할 때, 지금까지 우리에게 불리한 것으로 작용하던 지정학적 여건이 대한민국을 동북아와 세계 속의 중심축 국가로 만드는 것으로 대전환이 이뤄질 것이다.

대한민국은 세계 1~3위의 경제·군사 대국인 미국, 중국, 일본, 러시아가 각축을 벌이는 동북아에서 주변 강대국인 중국, 일본, 러시아에 삥 둘러싸여 있다. 이와 같은 지정학적 여건은 우리의 국력이 주변 강대국에 훨씬 못 미칠 때 화근이 될 수 있지만, 우리의 국력이 거의 대등한 수준일 때는 강대국 간 또는 강대국, 개도국, 약소국 간 조정자로서 더욱 큰 임무를 수행할 수 있다.

사실은 한국이 G20 회원국이 되면서 강대국과 개도국 간 중재자의 역할이 기대된 바 있으나 지금까지 눈에 띄는 역할을 찾아보기 어렵다. 그렇지만 우리나라가 통일 강국이 된 후에는 약소국의 설움과 개도국의 고충을 뼈저리게 경험해본 나라로서 강대국, 개도국, 약소국 간 조정자의 역할을 충실하게 수행해야 한다.

나아가서 우리가 국내 각종 분쟁과 갈등 그리고 세계에서 가장 폐쇄적이고 무모한 집단인 북한과의 이념적 갈등을 모두 극복하고 통일 강국을 이룬 다음에는 세계 평화와 질서를 파괴하는 국가간, 인종간, 종교간, 종파간 분쟁과 갈등을 해소하는 데 주도적인 역할을 담당해야 한다. 우리 스스로 각종 분쟁과 갈등을 해소한 경험을 바탕으로 세계 각지에서 분쟁과 갈등을 일으키는 당사자들에게 영향력을 행사함으로써 이들을 인류 화합의 장으로 끌어들여야 한다.

이를 위해 대한민국의 국제정치 및 글로벌 경제 역량과 함께 문화적 역량 확충에도 노력을 아끼지 말아야 할 것이다. 우리나라가 문화대국으로서 전 세계인이 우리 문화를 따르고 우리 문화에 동화되는 현상이 널리 퍼질 때 세계인에 대한 우리의 영향력은 한층 강화될 것이다.

• 강성해진 국력을 바탕으로 해양 진출에도 힘써야 한다

예로부터 "바다를 지배하는 자가 세계를 지배한다"고 했다. 15세기 이후 돌아가면서 세계 패권국의 지위를 누렸던 스페인, 포르투갈, 네덜란드, 영국, 미국 등 강대국 모두 바다를 통해서 국력을 키우고 세계를 제패했다.

우리 대한민국은 비좁은 영토에 삼면이 바다로 둘러싸여 있는데다 유라시아 대륙과 태평양을 잇는 교량국가의 위치에 있다. 따라서 한반도 영해는 물론 공해(公海), 북극해, 심해저(深海底) 등 해양세계로의 진출을 통해 국토가 협소하고 부존자원이 빈약한 취약점을 최대한 만회하고, 유라시아 – 태평양의 교량국가로서 두 지역 간 연결자적 역할을 충실하게 수행할 수 있어야 할 것이다.

아직은 인간의 손길이 닿지 않은 심해저 등 해양 생태계에 부존된 각종 자원의 경제적 가치는 연간 20조 달러가 넘을 것으로 추정된다고 한다. 다만 지구 바다 면적의 60퍼센트를 차지하는 공해(公海)와 북극해 등은 앞으로 세계 각국 간에 개발·이용권을 놓고 치열한 경쟁이 벌어질 것이 틀림없다.

그러므로 경제성이 높은 공해와 북극해의 일정 구간에 대한 개발·이용권을 확보하기 위해서는 우리나라가 주요 강대국들과 대등한 경쟁을 펼칠 수 있는 국력을 갖추는 것이 급선무다. 우리가 해양세계로 마음껏 진출하는 것은 우리나라의 국력을 키우는 데 필요조건이면서, 우리나라의 국력이 강해졌을 때 이뤄질 수 있는 충분조건이 될 것이다.

우리는 앞으로 언젠가 세계 각국 간에 공해, 북극해, 심해저 등에 대한 개발·이용 경쟁이 치열해질 때를 대비하여, IoT, 빅데이터, 인공지능, 나노 기술 등을 이용한 탐사, 자원개발, 심해(深海) 등 극한 상황에서의 작업 기술 개발 등 사전 준비에 총력을 기울여야 한다.

문화 대국의 꿈도 이뤄야 한다

한 나라가 강대국으로서 그 지위를 오래도록 유지하기 위해서는 전세계 모든 나라에 모범이 되고 표준이 되는 문화를 가져야 한다. 그 옛날 로마제국이나 역대 중국 왕조들이 그랬고 오늘날 미국이 그렇다. 다행히도 우리나라는 세계적인 문화 대국이 될 수 있는 전통과 자질을 충분히 보유하고 있다.

우리의 자랑스러운 문화유산인 한글은 세계 350여 종의 문자 가운데 가장 뛰어난 문자로서 영어처럼 국제어로 사용하는 데 조금도 손색이 없다. 우리 한글은 UN에서도 과학적 문자 조합과 표현의 우수성을 인정할 만큼 독창적이고 과학적, 체계적이면서 이 세상의 모든 현상을 거의 완벽하게 표현해낼 수 있는 독보적인 문자이다.

한국 현대 문화의 산물인 '한류(韓流)' 열기는 아시아와 중동을 거쳐 전 세계로 뻗어 나가고 있다.

• 우리의 자랑스러운 한글, 국제어로 손색이 없다

일반적으로 한 나라의 언어가 국제어로 자리매김하는 데는 그 나라의 국력이 크게 좌우한다. 오늘날 영어가 국제어로 자리 잡게 된 것은 영국과 미국이 차례로 세계 패권국으로서의 지위를 보유했기 때문이다. 언젠가 통일 한국이 세계적인 강국으로 부상하게 되면 우리 한글의 우수성이 크게 드러나면서 세계인이 즐겨 사용하는 국제어로 자리매김할 가능성도 그만큼 커지게 될 것이다.

그런데 우리 한글의 우수성에 비하여 우리는 그동안 우리의 자랑스러운 한글을 너무 홀대하고 한글 가꾸기에 너무 등한시한 것은 아닌지 반성해 보아야 한다. 영국의 셰익스피어 같은 작가들이 영어를 갈고 다듬어 세계적인 언어로 키우는 동안, 우리의 한글은 창제 후 500년간 지식층으로부터 사용이 배제되다가 일제 36년 동안 사용이 중단되기까지 했다.

해방 이후 한글 사용이 재개된 후에도 우리는 한글 어휘를 가꾸고 늘리는 등 세계적인 언어로 발전시키는 일을 소홀히 하였으며, 최근 들어 한글을 왜곡하고 한글의 품위를 떨어뜨리는 언어를 마구 만들어 퍼뜨리는 풍조까지 생겨났다.

언어를 가꾸고 발전시키는 일은 하루아침에 이루어질 수 있는 일이 아니다. 우리는 지금부터라도 한글 문법 체계를 재정비하고 새로운 어휘 개발 및 어휘를 가꿔 나가는 노력을 아끼지 말아야 한다.

아울러 문자를 가지지 못한 소수 민족[59] 또는 한류 영향권에 드는 나라들을 대상으로 한글 보급 사업을 적극적으로 추진함으로써 한글의

---

59   전 세계에는 6,000여 종의 언어가 있는데 이를 표기할 수 있는 문자는 350여 종에 불과할 정도로 세계에는 자신들의 말을 표기할 문자를 가지지 못한 소수 민족이 아주 많다. 우리 한글은 2009년에 인도네시아의 소수 민족인 찌아찌아 족이 사용할 문자로 보급되었다가 2012년에 중단된 적이 있다.

우수성이 입증되고 세계에 널리 알려지도록 해야 한다. 언젠가 우리 한글이 국제어로 자리매김하게 된다면 한류와 함께 대한민국의 문화 대국화에 큰 힘이 되어줄 것이다.

• 한류 만세

21세기 들어 아시아와 중동 지역에서 한국 드라마에 대한 한류 열풍이 뜨겁다. 이란에서는 2007년에 한국 드라마인 〈대장금〉 시청률이 90퍼센트, 2009년엔 〈주몽〉 시청률이 85퍼센트에 이른 적이 있었는데, 2013년에는 다시 스리랑카에서 〈대장금〉 시청률이 90퍼센트였다고 한다. 이렇게 한국 드라마에 대한 관심이 높아지면서 이들 지역에 한국어와 한국 문화를 배우려는 젊은이들이 많아지고 있다.

창조적이고 독창적인 완전히 새로운 스타일의 한류 콘텐츠(대중가요)와 ICT(정보통신기술) 융합의 산물인 싸이의 〈강남스타일〉은 2012년 발표된 직후부터 전 세계적인 돌풍을 일으켰다. 1990년대 이후 드라마와 대중가요 중심으로 보급되기 시작한 한류가 클래식, 무용, 음식, 패션 등 다양한 분야로 범위를 넓혀 가면서 세계를 향해 우리 문화의 우수성을 드러내고 있다.

우리는 아시아와 중동 지역을 비롯해 지구촌 이곳저곳에 불붙고 있는 한류 열기를 그냥 구경만 하고 있어서는 안 된다. 자칫 한때의 유행처럼 스쳐 지나갈 수도 있기 때문이다. 정부, 문화계, 관련 기업들이 공동 전략을 마련하여 지구촌 곳곳에서 일어나는 한류 열기를 지구촌 전역으로 확산시키고 정착시키는 노력을 아끼지 말아야 한다.

이렇게 세계인들의 마음을 움직일 수 있는 감동적인 드라마, 음악, 영화, 스토리, 무용, 음식, 패션 등을 끊임없이 만들어 전 세계에 유통함으로써 우리나라가 세계 문화 허브로 자리매김할 수 있게 돼야 한다.

한류가 지구촌 방방곡곡에 전파되어 세계인들이 다 함께 공유하게 되면, 지구촌 곳곳에서 갈등과 분쟁을 겪고 있는 국가와 민족 그리고 종파 간의 공감대 형성을 통해 이들 상호 간의 갈등과 분쟁을 해소하는 세계 평화의 전도사 역할도 수행할 수 있게 될 것이다.

한때 적대적 관계에 있는 이스라엘과 팔레스타인 젊은이들이 함께 K 팝을 듣고 한국 드라마를 보면서 서로 자연스럽게 대화를 나누는 모습을 드물지 않게 볼 수 있었다고 한다.

• 살기 좋은 금수강산을 만들자

미국이 오늘날과 같은 세계 최대의 강대국이 될 수 있었던 이유 가운데 하나로 세계 각국의 수많은 인종이 마치 용광로처럼 섞여 거대한 합중국을 이룩한 점을 들 수 있다. 19세기 이후 종교적·정치적인 박해를 피하거나 경제적인 성공을 위해 유럽 각국의 수많은 학자, 발명가, 숙련 기술자, 자본가, 노동자, 농민들이 신천지인 미국으로 몰려왔다. 19세기 초부터 20세기 초까지 약 100년 동안 3,000만 명이 넘는 유럽인들이 미국으로 이주하였으며, 이 같은 두뇌와 산업 인력들의 대거 이동은 유럽의 쇠퇴와 미국의 약진으로 이어졌다.

이제는 우리도 미국처럼 세계 모든 나라 사람들을 이 땅에 불러들여 함께 어울려 사는 다문화 사회가 되어야 한다. 그러자면 우리나라에서 외국인들이 사는 데 불편을 느끼지 않고 오히려 본국에서보다 더 안락한 생활을 누릴 수 있게 외국인 거주자를 위한 교육, 문화, 생활 등 인프라 구축에 힘써야 한다. 아울러 세계 모든 나라 사람들이 와서 살고 싶어 하고 그것이 여의치 않으면 잠깐 들렀다가 가고 싶은 마음이 드는 아름다운 나라를 만들어야 한다.

우리는 세계인들이 아름다운 금수강산에 반해 이 땅에 자리를 잡고 살거나 자주 들르고 싶은 마음이 들도록 국토를 더욱 아름답게 가꾸고 단장하는 일을 소홀히 하지 말아야 한다.

사회 갈등이 최소화된 정의사회를 구현하자

미래 우리 사회는 사회적·경제적 약자들이 고도로 선진화된 사법제도의 보호 아래 조금도 불편하거나 억울한 일을 당하지 않고 살 수 있게 돼야 한다. 간혹 본의 아니게 소송에 휘말리게 될 경우에도 정의감이 넘치는 유능한 변호사의 조력을 받아 비교적 적은 비용으로 소송을 진행할 수 있고, 보통 3~6개월이면 결론이 나서 이후 사업 또는 생활에 안정을 되찾을 수 있어야 한다.

전직 법관[60] 출신 변호사들은 공정하고 합리적인 소송 문화를 정립하는 데 앞장서고 사회적 약자 보호와 정의사회 구현에 선구자적 임무를 수행하는 등 사회 지도층 인사로서 만인의 존경과 사랑을 받게 된다. 이들은 돈이 없어 변호사를 선임할 수 없는 소송 당사자들을 위해 돌아가면서 국선 변호인을 자임하고 일반 의뢰인과 똑같이 소송 업무를 수행한다.

---

60 여기서는 검사도 광의의 법관에 포함되는 것으로 간주하기로 한다.

• 정의의 사각지대를 해소하자

최근 정치권을 중심으로 우리 사회의 양극화 현상을 완화하기 위한 경제민주화 논의가 뜨겁다. 그런데 이와 비슷한 논리로서 우리 사회에는 사회적·경제적 약자들이 각종 소송에 휘말려 들어갈 경우 대처 능력 부족으로 매우 곤경에 처하는 일이 자주 발생한다. 소위 돈 없고 백 없는 사람은 각종 재판에서 상대적 불이익을 당하는 경우가 많아 '유전무죄, 무전유죄'라는 유행어까지 생겨났다.

우리 주변에서는 일반 서민들이 자의 반 타의 반으로 각종 소송에 휘말릴 경우 수임료도 비싸고 고액의 성공보수금까지 따로 지급해야 하는 부담 때문에 승소율이 높은[61] 전관예우 변호사를 선임하지 못해 애를 태우는 모습을 많이 볼 수 있다.

세상에서 가장 공정하고 평등해야 할 소송 업무가 많은 돈을 들여 전관예우 변호사를 선임하면 승소율이 높아지고, 일반 변호사를 선임하면 승소율이 낮아지며, 그나마 변호사 선임할 비용도 없어 국선 변호인을 선임하면 승소율이 더욱 낮아지게 된다. 세상에 이런 법이 어디 있다는 말인가! 이는 경제민주화 논쟁의 주요 타깃인 소득 양극화 현상 못지않게 아니 어떤 의미에서는 소득 양극화 현상보다 심각한 우리 사회의 병폐요 어두운 면이다.

그런데도 그동안 정치권에서는 경제민주화를 위해 그렇게 많은 노력을 기울이면서도 사회적 약자들이 각종 소송에 휘말리면서 겪는 설움과 절망감에 대하여는 그다지 관심을 기울이지 않았던 것 같다. 미래 사회는 이처럼 정의의 사각지대에서 남모르게 고통받고 사는 사회적·경제적 약자들의 눈물을 닦아주는 법조 시스템이 구축돼야 한다.

---

61 형사재판에서 무죄 판결을 받거나 형량이 낮아지는 것도 같은 개념에 포함하기로 한다.

• 전관예우를 근절하고 재판을 신속화해야 한다

우리 사회 최고의 지식인 그룹이요 성직(聖職)이라고 할 수 있는 법관들이 퇴임 후에는 전관예우로서 큰돈을 버는 길이 보장된다는 말을 듣는다는 것은 어쩐지 씁쓸한 느낌이 든다. 법관 퇴임 후 평생 변호사 업무를 수행할 수 있다는 것만으로 만족하면서, 전관예우라는 말뜻이 현직 법관들과 일반 변호사들에게 귀감이 되고 존경을 받는 대상이라는 의미로 받아들여진다면 얼마나 좋을까. 문제는 일부 전직 법관 출신 변호사들이 전관예우로 많은 돈을 버는 것이 사회적·경제적 약자들이 소송 수행 과정에서 겪는 좌절과 눈물로 직결된다는 사실이다.

그동안 정치권에서는 수차례 전관예우 금지 법안을 만들어 통과시켰지만 아직까지 각종 소송 과정에서 전관예우가 사라졌다는 말은 들리지 않는다. 잊혀질만 하면 터져나오곤 하는 각종 법조비리 사건만 봐도 우리 사회에 여전히 전관예우 관행이 성행하고 있다는 사실을 부인할 수 없다. 이 또한 대증요법이 아닌 근원적 근절 방안이 마련돼야 할 것 같다.

사법부의 영향을 받지 않는 완전히 독립적인 사법개혁위원회를 설치하고 전관예우 관행을 근절하는 방안을 마련하여 국민 앞에 내놓아야 한다. 그리하여 국민적 지지를 바탕으로 절대로 전관예우가 통하지 않는 법조 시스템을 확실하게 구축해야 한다.

참신하고 유능한 새내기 또는 일반 변호사들이 각자 능력에 부합하는 수준의 사건을 최대한 수임하여 드라마의 주인공처럼 사회적 약자의 편에서 종횡무진 활약할 수 있는 무대를 마련해줘야 한다. 이렇게 해서 변호사의 소송 수행 능력이 법관과의 친분 관계가 아닌 변호사 자신의 실력과 노력으로 좌우되는 사회가 되어야 한다.

한편, 국내의 다양한 사회 갈등 해소를 위해서는 각종 재판의 신속화를 통해 억울한 일을 당한 사람이나 기업 간 또는 개인 간의 갈등 관계를 즉시 또는 조기에 해소할 수 있어야 한다. 우리 사회 전반에 걸쳐 수많은 갈등 관계가 장기간 얽히고설키다 보면 그만큼 우리 사회의 활력이 떨어지게 된다.

그런데 우리나라에서는 웬일인지 그다지 복잡하지 않은 사건이라도 소송을 제기한 후 최종 판결이 이뤄지기까지는 보통 수년이 걸린다. 특히 억울한 일을 당해 소송을 제기했거나 잘못한 일이 없는데도 소송을 당한 사회적 약자 또는 중소기업인의 경우, 최종 판결로 억울함을 씻고 재산상의 손해를 보전하기까지 피를 말리는 하루하루를 보내야 하고, 심한 경우 재판 도중에 망해 버릴 수도 있다.

정치권과 법조계 그리고 정부에서는 이 문제를 사법 제도상 불가피한 일이라고 간과할 것이 아니라 문제점을 해소할 방안을 심도 있게 검토하여 합리적인 방안을 내놓아야 한다. 산적한 소송 건수를 감당하기에 법관 수가 턱없이 부족하다면 법관 수를 대폭 늘려서라도 소송 기간을 크게 단축함으로써, 사회적 약자들의 고통을 덜어주고 사회 갈등을 완화하는 것이 꼭 필요하다.

미래 우리 사회는 각종 소송 제도가 두려움의 대상이 아니라 사회적·경제적 약자들의 근심을 덜어주고 애로사항을 해결해주는 고마운 존재로 획기적인 변화가 이뤄져야 한다.

세계에서 가장 살기 좋은 복지사회를 구현하자

우리나라가 통일 강국이 되는 과정에서 막강해진 국부와 자연스럽게 늘어나는 조세 수입을 통해 그동안 국가 위기극복 과정에서 자제해 왔던 복지 체제를 합리적으로 확대 재편하는 것이 가능하게 된다. 그동안 70여 년을 절망과 기아 속에서 힘든 고난의 세월을 보냈던 북한 동포들에게도 따뜻한 구호의 손길을 마음껏 보낼 수 있게 될 것이다.

그런데 사실은 아무리 나라가 부강해져도 상대적으로 가난한 사람 또는 불행한 사람은 있기 마련이다. 이와 같은 복지의 사각지대를 최소화하는 것이 복지 정책의 진수(眞髓)라고 할 수 있다. 우리는 지금부터 복지 사각지대를 최소화할 수 있는 세계에서 가장 합리적이고 효율적인 복지 제도를 고안하여 점진적으로 정부 정책에 반영해 나가도록 해야 한다. 그리하여 우리나라가 통일 강국이 된 이후에는 세계 모든 나라 사람들이 부러워하는 최상의 복지사회를 반드시 구현하도록 해야 한다.

나아가서 이 땅에 세계인이 부러워하는 최상의 복지사회를 구현하기 위해서는 물질적인 풍요로움 못지않게 누구나 마음 놓고 살 수 있는 안심 사회, 성숙한 시민의식이 뿌리내린 아름다운 사회를 만들어야 한다.

• 복지 사각지대를 최소화하자

우리 속담에 "급히 먹는 밥이 체한다"고 했다. "급할수록 돌아가라"는 말이기도 하다. 이미 말했듯이 지금 우리가 처한 위기 상황을 극복하고 통일 강국을 이루기 위해서는 눈덩이처럼 불어나는 복지 예산을 지혜롭게 조절해 가면서 우리 경제를 다시 성장 가도에 올려놓고, 늘어나는 국부(國

富)를 바탕으로 명실상부한 복지국가를 이뤄나가도록 해야 할 것이다.

이를 위해 우리 경제를 주요 선진국 수준으로 끌어올릴 때까지 이 땅에 세계 최고 수준의 복지국가를 구현할 수 있는 제도와 시스템을 갖춰나가는 것이 필요할 것으로 보인다.

먼저, 제3부 제4장에서 말한 것처럼 국민복지 증진 효과를 입체적으로 측정·분석할 수 있는 시스템을 구축하는 것이다. 빅데이터와 인공지능 기술을 통해 빈곤·저소득층 삶의 참모습과 변화 추이를 정확하게 인식하고 분석할 수 있는 시스템을 구축하는 것이다.

다음으로, 지원 대상 빈곤·저소득층의 유형을 ①당장에 현금 또는 현물 지원이 절박한 경우, ②자활 의지와 능력을 갖추고 있지만 자금 또는 기회가 없거나 무엇을 어떻게 해야 할지 방법을 찾지 못하는 경우, ③특정 분야에 재능을 갖추고 있으나 교육 또는 훈련 기회를 얻지 못한 경우, ④자활 능력을 갖추고 있음에도 게으르고 의타심이 많아 빈곤·저소득층을 벗어나지 못하는 경우 등으로 확실하게 구분한다.

그리고 나서 ①~③의 경우에는 본인 실정에 맞는 지원 또는 교육·훈련 및 컨설팅 기회를 제공하고, ④의 경우에는 자립정신을 키워줄 수 있는 프로그램을 진행하면서 본인이 각성할 때까지 지원 대상에서 제외한다.

그 무엇보다 복지 사각지대를 최소화하기 위해서는 첨단 빅데이터 시스템을 이용하여 빈곤·저소득층을 유형별로 빠짐없이 정확하게 파악하는 것이 급선무다. 그리고 나서 지금과 같은 천편일률적 지원 대신 그들 각각의 유형별로 맞춤형 지원을 제공함으로써 그들 모두가 하루속히 빈곤·저소득층에서 벗어나도록 하는 것이다.

• 세계인이 부러워하는 안심 사회를 구축하자

요즘은 TV를 보는 게 겁날 정도로 끔찍하고 어처구니없는 사건이 자주 일어나는 것 같다. "이래서야 어디 마음 놓고 어딜 가거나 각종 시설을 이용할 수 있을까" 하는 생각도 든다. 미래 우리 사회는 치안 및 안전 유지에 필요한 각종 첨단 시스템을 충분히 갖추고 관련 공직자들의 자질 또한 크게 향상시킴으로써 모든 시민들이 불의의 참사, 사고, 피습을 당하는 일이 없도록 해야 할 것이다.

한국이 제4차 산업혁명 선도(先導) 국가로 자리매김하면서 IoT, 빅데이터, 인공지능, 로봇 등 첨단 기술 분야에서 세계 최고의 기술력을 보유하게 될 것이다. 이와 같은 첨단 기술을 이용하여 실시간 범죄 예측, 각종 시설물 안전 진단, 도로교통상 위험 요인 등 사전 탐지 시스템을 완벽한 수준으로 구축함으로써 각종 범죄와 사고를 미연에 방지할 수 있도록 해야 한다. 아울러 시민들의 각종 범죄 및 사고 발생 신고에도 신속하게 출동하여 수습할 수 있는 스마트 신고센터를 완벽하게 구축할 필요가 있다.

이렇게 IoT, 빅데이터, 인공지능, 로봇 기반의 첨단 기술과 우수한 인적 자원을 토대로 세계 각국이 부러워하는 한국형 치안 및 안전관리 시스템을 구축해야 한다.

• 전 국민이 한 가족처럼, 이름다운 사회를 구축하자

우리나라가 국가 개혁의 성공적 추진으로 통일 강국의 꿈을 이루고 문화대국으로 자리매김하면서 우리 국민들의 의식세계 또한 세계 모든 사람들의 귀감이 되고 모범이 될 만큼 깨어 있어야 한다. 이 나라의 미래를 이끌어갈 주인공인 꿈나무들은 세계 최고 수준의 공교육 시스템 덕분에 감수성이 예민한 학창시절부터 올바른 가치관과 인성 함양에 많은 공을 들임으로써 성숙한 민주시민, 애국시민, 문화시민으로 성장할 수 있어야 한다. 모든 사회 구성원들은 성숙한 민주·문화시민으로서 서로 공경하는 마음을 잃지 않고 정의사회 구현을 위해 다 함께 노력해야 할 것이다.

• 전 국민이 똑똑한 '스마트 시티'에서 길이 복락을 누리자

제4차 산업혁명 시대를 맞이하여 IoT, 빅데이터, 인공지능 기반으로 조성되는 만물초지능 생태계는 21세기 미래 산업구조뿐 아니라 우리가 사는 도시 형태까지 몽땅 바꿔놓을 것으로 보인다. 이와 같이 최첨단 정보기술(IT)을 이용하여 네트워크화되고 지능화된 똑똑한 도시를 '스마트 시티(Smart City)'라고 할 수 있겠다.

지금 주요 선진국과 작지만 똑똑한 축에 들어가는 싱가포르, 두바이 같은 나라들을 중심으로 스마트 시티 개발 붐이 일기 시작하는 것 같은데, 우리는 지금부터라도 전국을 수많은 스마트 시티로 연결하는 프로젝트를 수립하고 그 추진에 박차를 가할 필요가 있다.

우리는 전국 스마트 시티 종합 개발을 통해 지역 간 갈등과 도시 안에서 발생하는 공해, 위생, 범죄, 교통, 안전 문제 등을 해소함과 동시에, 모든 시민들이 가장 효율적으로 배치된 각종 공공, 문화, 복지 시설을 마음껏 이용하면서 최상의 복지와 안락을 누릴 수 있도록 해야 한다.

남북한을 합한 우리나라 국토 면적은 22만3,348제곱킬로미터로 중국 충칭시 면적(8만2,000제곱킬로미터)의 2.7배에 불과하다. 따라서 제3부 제5장에서 말한 것처럼 전국을 10개 정도의 대도시와 100개 정도의 중소

도시로 재편하면서 각각을 세계 최고 수준의 스마트 시티로 차츰 업그레이드시켜 나가야 할 것이다.

이 땅에 아담하면서 초지능적이고 똑똑한 스마트 시티 천국을, 세계인이 부러워하는 지상 낙원을 건설하는 것이다.

에필로그

위기 극복의 길, 개혁의 길, 통일 강국의 길

지금 우리나라는 국가를 지탱하는 두 기둥이라고 할 수 있는 안보와 경제가 동시에 위기를 맞고 있는 비상시국이다.

2018년 6월 북·미 정상 간 비핵화 합의 이후 북핵 위협과 북한의 잦은 도발로 꽁꽁 얼어붙어 있던 한반도에 모처럼 훈풍이 돌고 있지만, 지금까지 말한 것처럼 중·장기적인 관점에서 여러 가지 정황을 종합적으로 고려할 때, 우리의 국가 안보는 여전히 위기 상황이다. 우리나라가 지금처럼 자주국방 태세를 완전히 갖추지 못한 상태에서 북한의 핵개발 재개, 비핵화 상태에서 북한의 도발 재개 또는 동북아에서 우리나라가 주변 강대국 간 분쟁에 휘말려 들어가는 등 감당하기 어려운 여러 위기 상황에 직면할 수 있다는 얘기다.

지금 우리 경제는 일부 경제 지표의 양호한 성적표에도 불구하고 속으로는 이미 깊은 골병이 들어 통상적인 경기 부양책이 전혀 먹혀들지 않는 상태이다. 규제·노동시장 등 열악한 기업 환경과 우리 경제 내부의 구조적 문제점들이 한반도의 지정학적 위기 심화, 중국 경제의 성장 둔화 및 공급 과잉, 주요 강대국들의 근린궁핍화 정책 등 대내외 악재들과 맞물리면서 우리 경제가 장기 불황의 늪 속으로 서서히 빠져 들어가고 있다.

이러한 때 정치권, 공직자, 기업인 그리고 국민들은 현 위기를 똑바로 직시하고 위기 상황에 걸맞은 가치관과 의지와 추진력을 갖춰야 함에도, 저마다 국가적 위기 극복이라는 큰 뜻을 저버리고 각자도생의 길을 가고 있는 것 같다.

"국가 위기 상황이라고 말들 하지만 세상은 이렇게 평온하기만 하지 않은가. 또 설사 위기가 닥쳐온다 해도 미국이나 당국 또는 나 아닌 다른 사람들이 알아서 잘 대처하겠지." 우리 모두가 이런 생각을 하면서 위기 극복 과제를 서로 미루기만 한다면 소리 없이 다가오는 미래의 재앙을 막을 길이 없다.

정치권, 공직자, 기업인 그리고 국민 모두가 주인의식을 가지고 위기 극복의 길을 다 함께 걸어야 한다. 만약에 이 일이 어렵게 느껴진다면 최소한 며칠 동안에 걸쳐 단 몇 시간이라도 지금 우리나라가 처해 있는 위기의 내용과 그 대처 방안에 대하여 단 한 번이라도 깊이 생각해 봐야 할 것이다.

지금 우리나라가 총체적인 위기에 처해 있다고 하지만 그렇다고 19세기 말처럼 그렇게 대책 없는 상태는 아니다. 물론 위기 극복에 실패했을 경우 닥치게 될 위험은 그때에 비해서 절대 가볍지 않을 것이지만, 아무튼 오늘날의 대한민국은 1차 개혁을 성공적으로 추진하여 괄목할 성과를 거둔 후 대내외적인 여건 변화로 새로운 도전에 직면한 상태라고 보아야 한다. 1차 개혁을 성공적으로 추진했던 저력과 경험을 토대로 2차 개혁도 얼마든지 성공적으로 추진할 수 있다. 따라서 현 위기는 새로운 도약을 위한 기회가 될 수도 있다.

우리는 지금 "1차 개혁의 성공적 추진으로 이룩한 그동안의 성과에 자족하여 유유자적(悠悠自適)하다가 언젠가 소리 없이 다가올 실체적 위기 앞에 좌절하느냐, 다시금 2차 개혁의 깃발을 높이 쳐들고 위기를 넘어 통일 강국을 이룩하느냐"의 갈림길에 서 있는 것 같다. 두말할 나위 없이 우리는 당장은 좀 힘이 들더라도 다시금 2차 개혁의 길로 들어서 쉬지 않고 달려야 한다.

우리가 현 위기를 극복한 이후 더 이상의 위기를 안고 살아가지 않을 유일한 방법은 통일 강국을 이루는 것이다. 한반도에서 남북 대치상황이 지속되는 한 우리는 지금과 같은 안보 위기 상황에서 결코 벗어날 수 없다. 또한, 세계 주요 강대국의 각축장인 동북아에서 우리 스스로 강한 나라가 되지 않고서는 강대국의 틈바구니에서 절대로 살아남을 수 없다.

지금부터 우리의 '대한민국호'는 오천만 국민이 다시는 위기를 겪지 않고 위풍당당하게 살아갈 수 있는 곳을 향해 힘찬 항해를 시작해야 한다. 번뜩이는 지혜와 강인한 정신력으로 거친 파도와 풍랑을 이겨내면서 통일 강국이라는 최종 목적지까지 전진하고 또 전진해야 한다.

오천만 국민이 함께 가는 통일 강국의 길. 비록 험난하고 고생스러운 길이지만 그 끝은 창대하고 찬란하리라!